Ferdinand Viebig

Der Krieg 1870/71

RHEIN-MOSEL-VERLAG
Zell / Mosel
Brandenburg 17, D-56856 Zell / Mosel
Tel 06542 / 5151 Fax 06542 / 61158

ISBN 978-3-89801-450-2
Ausstattung: Stefanie Thur
Abbildungen Titel: © Dr. Michael Göring, Aglasterhausen

Damit die kulturelle Vielfalt erhalten und für die Leser bezahlbar bleibt, gibt es die gesetzliche Buchpreisbindung. Deshalb kostet ein verlagsneues Buch in Deutschland immer und überall dasselbe. Ob im Internet, in der Großbuchhandlung, beim lokalen Buchhändler, im Dorf oder in der Großstadt – überall bekommen Sie Ihre Bücher zum selben Preis.

Ferdinand Viebig

Der Krieg 1870/71

Aus den Erinnerungen eines preußischen Offiziers

basierend auf:

Aus meinem Leben

Erinnerungen eines alten Staatsanwaltes

herausgegeben von Thea Merkelbach

Rhein-Mosel-Verlag

Vorwort der Herausgeberin

Vor einigen Jahren recherchierte ich mit meinem Mann und Dieter Heimer, Daun, über die letzten Lebensjahre der Schriftstellerin Clara Viebig in Berlin. Die Ergebnisse wurden 2012 in einem ausführlichen Beitrag im Düsseldorfer Jahrbuch, Band 82, des Düsseldorfer Geschichtsvereins veröffentlicht. Titel: Thea und Wolfgang Merkelbach und Dieter Heimer: »Die letzten Lebensjahre Clara Viebigs. Die Rollen von Viebigs Bevollmächtigten Ernst Leo Müller, Berlin, und des Düsseldorfer Stadtarchivars Dr. Paul Kauhausen.«

Bei diesen Recherchen lernte ich Irene Viebig aus Frankfurt/Main kennen. Sie ist die Witwe Bernd Viebigs (1939–1994), des Urenkels von Clara Viebigs Bruder Ferdinand. Sie übergab uns die 4 Bände von Ferdinand Viebigs Lebenserinnerungen, die er 1910, ein Jahr nach seiner Pensionierung als Oberstaatsanwalt in Kassel, für seine Familie geschrieben hatte: *Am Tage meines 65. Lebensjahres (17.11.12) … will ich an diesen Erinnerungen den letzten Federstrich tun, um mit Hilfe der Tippmamsell die 3 lesbaren Exemplare herzustellen, die ich meiner treuen Gattin* (Henriette), *meiner lieben Schwester* (Clara) *und meinem treuen Sohn und Enkel* (Jost-Bernd) *als schwaches Zeichen meiner Liebe und Dankbarkeit zu hinterlassen gedenke.* – (Bd. IV, S. 986) Am 7. Oktober 2021 übergab Irene Viebig die Erstschrift von Ferdinands erwähnten drei Exemplaren mit einer handschriftlichen Widmung für den Sohn Werner an das Stadtarchiv in Trier. Das in diesem Buch verarbeitete Exemplar ist eines der beiden Durchschriften. Es gelangte über den Enkel Jost-Bernd und Urenkel Bernd in den Besitz von Irene Viebig. Über den Verbleib der Durchschrift für Clara Viebig ist Irene Viebig nichts bekannt. Die Texte wurden von Ferdinand Viebig handschriftlich korrigiert und mussten daher transkribiert werden.

Als Ferdinands Sohn Werner, Hauptmann der Reserve, als Beobachtungsoffizier der Luftwaffe im 1. Weltkrieg 1916 fiel, fügte sein Vater anhand der vielen Dokumente und Briefe seines Sohnes an seine Familie und seine Eltern einen 5. Band als

Andenken an seinen Sohn hinzu. Von Irene Viebig erhielt ich ein Exemplar dieses Buches: »Mein Sohn, Neue Lebenserinnerungen von Ferdinand Viebig«. Über die Beerdigung seines Sohnes schrieb Viebig: *Und dann kam der schwere Tag heran, Montag, der 17. Juli 1916, meiner Schwester Clara 56. Geburtstag, an dem wir ... von Werner ... für immer Abschied nehmen mussten.* (Bd. V, S. 209)

Gegen Ende des Buches zitiert der Vater aus dem vielbeachteten Nachruf seiner Schwester Clara in der Sonntagsausgabe der »B. Z. am Mittag« vom 30. Juli 1916. Darin schildert sie ihre traurige Fahrt von Zehlendorf nach Bonn, wo sie mit Mann (Friedrich Cohn) und Sohn (Ernst) am Sonntag morgen zur Bestattung eintraf. Der Bericht ist eine einzige Anklage gegen den Krieg. Sie schreibt: *»Deutschland, mein Deutschland, wo gehen all deine Männer hin? ... Deutschland, mein Deutschland, was wird aus dir?«* (Bd. V, S. 210) Das Familiengrab mit Wappen befindet sich auch heute noch wegen des künstlerisch gestalteten Grabsteins auf dem Poppelsdorfer Friedhof in Bonn. Dort fand auch Ferdinand drei Jahre nach seinem Sohn Werner 1919 seine letzte Ruhestätte. In dem Familiengrab ruhen auch seine Frau Henriette, die Tochter Elisabeth (1888–1896) und der Enkel Jost-Bernd.

Im Buch, das der Leser in der Hand hält, erinnert sich Viebig am Ende des ersten Bandes und im gesamten Band II an seine Erlebnisse bei der Ausbildung zum Einjährig-Freiwilligen in Düsseldorf und der unmittelbar anschließenden Einberufung zum Einsatz im Deutsch-Französischen Krieg 1870/71. Er nimmt vom ersten bis zum letzten Tag am Feldzug mit mörderischen Schlachten und zermürbenden Belagerungen teil und verbringt anschließend bis zu seiner Heimkehr am 8. Juni 1871 seine angenehmste Zeit im Krieg als Besatzungssoldat an der Côte d'Or in Burgund und in Nancy. Bei seiner Heimkehr überreicht ihm seine spätere Frau Henriette Göring, *inzwischen zu einem stattlichen Backfisch herangeblüht, hochrot vor Verlegenheit den obligaten Lorbeerkranz.* (Bd. II, S. 385)

Zur Arbeitsweise:

Die Texte hat Fabian Lender unter Berücksichtigung der handschriftlichen Korrekturen Viebigs transkribiert, wofür ich ihm herzlich danke. Um für die Leser die Erinnerungen möglichst original zu erhalten, wurde die damalige Rechtschreibung beibehalten, was besonders bei der Groß- und Kleinschreibung auffällt.

Die Schreibweise **ss** statt **ß** und **Ae**, **Oe** und **Ue** statt **Ä**, **Ö** und **Ü** ist dem Alter der Schreibmaschine, die Viebigs Sekretärin zur Verfügung stand, geschuldet. Sie entsprechen nicht der damaligen Rechtschreibung, wie man z. B. im »Orthographischen Wörterbuch der deutschen Sprache«, von Dr. Konrad Duden, Leipzig und Wien, 1902, sehen kann.

Ferdinand Viebig weist in seinen Erinnerungen regelmäßig auf seine Fotoalben mit Aufnahmen der genannten Persönlichkeiten und Ansichtskarten hin, die leider verschollen sind. Das einzige, noch existierende Familienalbum hat Irene Viebig Dr. Michael Göring, Aglasterhausen, geschenkt.

Für die Anmerkungen zum Kriegsgeschehen wurden Informationen bei Wikipedia und aus der Fachliteratur benutzt:

- Tobias Arand: »1870/71. Die Geschichte des Deutsch-Französischen Krieges erzählt in Einzelschicksalen«, Hamburg, 2018
- Friedrich von Bodelschwingh: »Tagebuch-Aufzeichnungen aus dem Feldzuge 1870«, Gadderbaum/Bielefeld, (Bethel), 1896
- Karl Mewes: »Leiden und Freuden eines kriegsfreiwilligen hallenser Studenten vom Regiment Nr. 86 in den Kriegsjahren 1870–1871« Magdeburg/Leipzig, 1898
- Fröschweiler Chronik von Karl Klein: »Kriegs- und Friedensbilder aus dem Jahre 1870«, 29. Aufl., München, 1912

Da Viebigs Text über 100 Jahre alt ist, enthält er viele militärische Begriffe und Fachausdrücke, die heute antiquiert sind. Für ihre Erklärung leisteten Internet-Recherchen und alte Fremdwort- und Fachbücher gute Dienste:

- das »Neue große Fremdwörterbuch« von Dr. Adolf Genius Habbel Verlag; Regensburg, 1912 in 2 Bänden, 2. Aufl.
- das »HANDBUCH DER FREMDWÖRTER« von Dr. F. E. Petri GERA, 1896
- das »Orthographische Wörterbuch der deutschen Sprache« Dr. Konrad Duden, Bibliographisches Institut, Leipzig, 1902, 7. Aufl.
- der Sprach-Brockhaus: »Deutsches Bildwörterbuch für jedermann«, Wiesbaden, 1948

Für die Anmerkungen danke ich Wolfgang Merkelbach.

Thea Merkelbach

Vorwort

Am 01. Januar 1909 musste ich aus Gesundheitsrücksichten verhältnismässig früh in den »wohlverdienten Ruhestand« treten, nachdem ich bereits seit dem 25. Juli 1908 beurlaubt war. Anfangs war das Ruhebedürfnis so vorherrschend, dass ich die gewohnte Arbeit kaum vermisste und mir die grosse Veränderung meiner Lebensverhältnisse kaum zum Bewusstsein kam. Jetzt aber, seitdem es mir körperlich besser geht, regt sich wieder der alte Tatendrang und ich will versuchen, mich schriftstellerisch etwas ausgiebiger zu beschäftigen. –

Im 40. Jahr nach dem Ausbruch des Krieges von 1870/71 beschloss ich auf Grund der Briefe, die ich damals an meine Eltern geschrieben und später von meiner Mutter zurückerhalten habe, meine persönlichen Erinnerungen an jene grosse Zeit soweit als möglich zu sammeln und zu ordnen. Dadurch traten aber allmählich auch andere Erinnerungen aus meinem früheren und späteren Leben hervor, und so bin ich im Februar 1910 in Lugano auf den Gedanken gekommen, die Bilder der Vergangenheit in weiterem Umfange festzuhalten und niederzuschreiben, so wie sie dem 62-jährigen jetzt erscheinen. –

Vieles ist inzwischen verblasst und manches erscheint im Laufe der Zeit vielleicht in verklärterem Licht der Phantasie, aber ich möchte wenigstens retten, was jetzt noch zu retten ist. Nicht, als ob ich ausserordentliche oder aussergewöhnliche Erlebnisse zu verzeichnen hätte, wie etwa mein väterlicher Freund und Gönner, der Oberlandesgerichtspräsident a. D. und Kanzler von Holleben (Anm. 1), der im Alter von 93 Jahren in Kassel verstorben ist und dessen hinterlassene Lebenserinnerungen sein zweiter Sohn, mein Jugendfreund H. von Holleben, Korvetten-Kapitän a. D. in Honnef mir freundlichst mitgeteilt hat. Ich schreibe weder Geschichte, noch einen Roman und denke nicht daran, meiner Schwester Klara (Anm. 2) ins Handwerk pfuschen zu wollen. Auch eine eigentliche Selbstbiographie liegt mir nicht im Sinn. Das überlasse ich bedeutenderen Männern und anspruchsvolleren Naturen. Ich schreibe überhaupt nicht für die Oeffentlichkeit, sondern nur für mich, für meine nächsten Angehörigen und allenfalls für einige besonders vertraute Freunde, und will einfach erzählen, was mir gerade einfällt und was mir selbst erzählenswert erscheint. –

Eine zusammenhängende Darstellung meines Lebens- und Werdeganges traue ich mir überhaupt nicht zu. Innere Wandlungen und Lebenserfahrungen, berufliche Betrachtungen und juristische Erörterungen scheiden gleichfalls aus. Die Fehler und Dummheiten die ich begangen habe, die bitteren Enttäuschungen, die auch mir nicht erspart geblieben sind, behalte ich für mich. Ich bin als richtiger Sohn meines Vaters zeitlebens ein ziemlich verschlossener Mensch gewesen, der intimere Gedanken und Gefühle nicht preis zu geben und zur Schau zu stellen liebt, und so wird es nun auch wohl bleiben. Sollte ich aber im Verlauf meiner Aufzeichnungen dennoch einzelne Streiflichter auf eigene Welt- und Lebensanschauungen fallen lassen, so möge man das nicht als Bekenntnisse einer schönen Seele, sondern als Entgleisungen eines eitlen Toren betrachten, der im Alter nicht mehr überall schweigen konnte, wo er vielleicht auch jetzt noch besser den Mund gehalten hätte. Im Allgemeinen genügt es mir, die kurzen Daten meiner Personalakten und der von mir nach meiner Verheiratung begonnenen Familienchronik durch diese losen Blätter zu ergänzen und dieses dürre Gerippe mit etwas mehr Blut und Leben zu erfüllen. –

Meine Ausbildung als Einjährig-Freiwilliger

Am 1. Januar 1870 erwachte ich ohne das inzwischen abgeschaffte zweite Examen als wohlbestallter Referendar, war aber wie oben erwähnt bereits am 01. April 1869 als Einjährig-Freiwilliger (Anm. 3) bei der 4. Kompagnie des Niederrheinischen Füsilier-Regiments Nr. 39 (Anm. 4) eingetreten. –

Die Kaserne der »Nüngendrüxiger« und die Ulanenkaserne, beide nur durch die heute allein noch stehende Garnisonkirche, lagen in der Kasernenstrasse ungefähr da, wo jetzt die neue Oberpostdirektion, das Schauspielhaus, die neue Synagoge, der rote Bankpalast und andere Gebäude stehen, und dahinter dehnte sich bis zum Kanal an der Königsallee der jetzt vor lauter neuen Strassenzügen durchquerte Exerzierplatz aus. Dort lernte ich die Beine strecken und das Gewehr anfassen – »Fasst das Gewehr an«, so lautete ein jetzt verschollenes Kommando – und dort fühlte ich den ersten Affen (Anm. 5), darin den ersten Sandsack auf dem Buckel, bis ich endlich fähig war, mit dem Bataillon im Dünensande der Golzheimer Heide zu waten.

Im Allgemeinen kann ich über schlechte Behandlung beim Militär nicht klagen, wenn es mir auch zunächst keineswegs leicht wurde, mich in des Dienstes ewig gleichgestellte Uhr zu fügen, nachdem ich das freie Studentenleben genossen und mich bereits als höheren Justizbeamten fühlen gelernt hatte. Sergeant Wippler, dem unsere erste Ausbildung übertragen wurde, sorgte für unfreiwillige Komik. »Der Viebig steht wieder da wie die Gans wenns wittert.« Oder beim Präsentieren des Gewehrs: »Die rechte Hand ist nur zum Schauder da.« (Er meinte damit »zur Schau«). In den Unterrichtsstunden wurden auch schriftliche Arbeiten gemacht, und als einer meiner Kameraden sich dahin äusserte, dass der militärische Briefstil kurz und bündig sein müsse, verzierte Wippler das Wort bündig mit zwei roten Strichen und verbesserte »kurz und pintig«. Jeden Vormittag zog Wippler ganz kameradschaftlich mit zum Frühstück in eine benachbarte Kneipe, nahm übrigens bescheiden mit einem Glas Bier und einem Zipfel Leberwurst vorlieb und schimpfte eine Viertstunde später wieder wacker auf uns los. Einige Jahre später hatten wir die Rollen vertauscht. Ich war Staatsprokurator (*staatl. Prozessbevollmächtigter*) in Coblenz, da erschien eines Tages der Polizeisergeant Wippler aus Simmern vor den Schranken des Zuchtpolizeigerichts und hatte sich wegen Misshandlung im Amte zu verantworten. Er hatte einen Arrestanten, der ihm nicht gutwillig folgen wollte, zunächst auf eine Karre gebunden, dann aber auf dem Transport durch die Stadt mit Säbelhieben derart zugerichtet, dass ich auf Grund des § 340 des Strafgesetzbuches 4 Monate Gefängnis beantragen zu müssen glaubte. Ob er mich in meiner schwarzen Robe wiedererkannt hat, weiss ich nicht; aber ich habe ihn gut erkannt.

Nach der Einstellung in der Kompagnie kam ich in die Korporalschaft des Sergeanten Lagermann, genannt »der schöne Lagermann«. Er beehrte mich zwar mit seiner Freundschaft und war tief gekränkt, als ich in einem Manöverquartier nicht gern mit ihm in einem Bette schlafen wollte, war aber wegen seines Jähzorns nur mit Vorsicht zu geniessen. Wenn ihm etwas auf der Stube nicht passte, liess er die armen Kerle antreten, mit beiden Händen einen Schemel fassen und kommandierte: »Stillgestanden! Fersen hebt! In den Knien beugt! Arme vorwärts streckt!« So liess er sie stehen, bis sie anfingen zu wackeln und umzufallen. Dann allerdings war sein Zorn verraucht, und er backte vor versammeltem Kriegsvolk seinen abendlichen Pfannekuchen, worin er eine besondere Virtuosität besass. Für 2 Pfennige Mehl, dazu ein Ei, eine Zwiebel und etwas Speck, und fertig ist die Laube. Später soll er ganz verrückt geworden sein, sodass er schon bei der Mobilmachung 1870 nicht mehr zur Stelle war. Bald kamen auch die ersten Wachen, die mich jedes Mal ungezählte Krüge Bieres für die mitbeteiligten Mannschaften kosteten. Mutter schickte mir durch meinen Putzkameraden immer ein besonders gutes Mittags- und Abendessen, aber im Allgemeinen schätzte ich diese Wachen wenig. Vor dem Jägerhof Posten zu stehen, wo damals seine Königliche Hoheit der Fürst Karl von Hohenzollern (Anm. 6) residierte, und jetzt nach

Niederlegung der beiden Seitenflügel der Oberbürgermeister seine Wohnung hat, und in dem jetzt gleichfalls verschwundenen Marstallgebäude (*herrschaftlicher Pferdestall*) in der Pempelforterstrasse auf der Pritsche zu kampieren, das ging allenfalls noch an; aber draussen bei Wind und Wetter am Pulvermagazin in finstrer Mitternacht so einsam auf der fernen Wacht (Anm. 7) zu stehen, das war kein Genuss, und man war froh, wenn sich hie und da ein anderer Füsilier (*Infanterist*) für Geld und gute Worte zur Uebernahme einer Nachtschicht anbot. Im zweiten Halbjahr kam der Gefreite Viebig schon als Kommandant auf Pulverwache, aber auch das war ein mässiges Vergnügen und wurde mir durch einen ärgerlichen Zwischenfall noch besonders versalzen. Der Wachhabende muss sich von seinem Vorgänger u. a. auch das Inventar übergeben lassen und die Richtigkeit im Wachbuch bescheinigen. Natürlich tut man das auf Treu und Glauben und keinem Menschen fällt es ein, die Brocken näher nachzuprüfen. Als ich aber am folgenden Mittag abgelöst wurde, vermisste mein Nachfolger eine schon seit Jahr und Tag fehlende Leiter, die sicherlich längst den Weg in den Ofen gefunden hatte, und darüber musste die Intendantur nun Ströme von Tinte vergiessen. »Die preussische Armee wird noch mal im Tintenfass untergehen«, habe ich mal irgendwo gelesen. Einstweilen aber durfte ich die Leiter bezahlen und das Vaterland war gerettet. Im Jahre 1871 war ich bei der Okkupationsarmee (*Besatzungsarmee*) in Frankreich mit der Abnahme einer Victualienlieferung (*Lebensmittellieferung*) beauftragt, und als ich eine gelieferte Speckseite als ranzig beanstanden zu müssen glaubte, bekam ich einen Rüffel, weil alle anderen Abnehmer den Speck als tadellos befunden hatten.

Das Herbstmanöver 1869 führte uns an die Ruhr nach Werden und Essen, und ich besitze noch einen am 05. September aus Heidhausen (*jetzt Stadtteil von Essen*) bei Werden an meine Eltern gerichteten Brief. Bei dieser Gelegenheit lernte ich zum ersten Male auch das freundliche Städtchen Kettwig, die später öfters von mir besuchte Heimat meiner Schwiegertochter

Hedde (Anm. 8) kennen. Der Feind lag in Kettwig, wir waren auf Vorposten und in einer dunklen Nebelnacht führte Major von Wichmann unser ganzes Bataillon auf Schleichpfaden lautlos zwischen den feindlichen Vorposten durch und wir rückten – unglaublich, aber wahr – mit klingendem Spiele in Kettwig ein, bevor der Feind aus den Federn war. An einem anderen Tage schoss unsere Artillerie vom Kanonenberge aus die Kettwiger Brücke in Brand, sodass die feindliche Kavallerie neben der Brücke durchs Wasser musste, und meiner Kompagnie fiel die undankbare Aufgabe zu, eine Feldbatterie auf dem kürzesten Wege, d.h. ohne Weg und Steg im Trabe den Berg hinauf zu lotsen. Die Sache war sehr anstrengend, und wir glaubten eine besondere Leistung vollbracht zu haben, ahnten aber freilich nicht, dass binnen Jahresfrist noch ganz andere Anforderungen an unsere Leistungsfähigkeit gestellt werden würden. Zum Schluss lernte ich bei Aplerbeck auch das erste Biwak mit greulichem Regenwetter und reichlichem Dortmunder Kronenbier kennen und bin heute noch im Zweifel, ob der Klapperfrost, der mich am nächsten Morgen schüttelte, mehr von der äusseren oder inneren Anfeuchtung herrührte. –

Mit meinem Hauptmann Herrn von Asmuth, einem ebenso gutmütigen wie unpraktischen Theoretiker stand ich mich gut. Er lobte meine Meldungen und Antworten beim Felddienst und im Unterricht und war von meinen Schiessleistungen so überrascht, dass er sich auf dem Scheibenstand im Bilkerbusch eines Nachmittags selbst in die Anzeigendeckung begab, um persönlich festzustellen, ob nicht etwa zu meinen Gunsten gemogelt würde. Ich hatte gerade meinen besten Tag, und von da ab hatte ich bei ihm einen Stein im Brett. Meine Ahnung, dass er im Ernstfalle kein grosser Kriegsheld sein würde, sollte sich nur zu bald erfüllen. –

Im Winter 1869/70 bekam ich durch den Regimentskommandeur von Woyna (Anm. 9) ein paar Tage Stubenarrest, weil ich gegen das Verbot des Offiziers, der uns zur Reserveoffiziersprüfung vorbereitete, gelegentlich einen Blick in den allwissenden Dilthey (*Militärratgeber*), den unfehlbaren Ratgeber aller künftigen Reserveoffiziere, geworfen hatte. Aber sonst passierte mir nichts. Rechtzeitig hatte ich am 01. Oktober die Knöpfe bekommen (Anm. 10) und wurde am 01. April 1870 mit dem Qualifikationstest zum Reserveoffizier entlassen. »Dem überzähligen Unteroffizier Viebig, welcher sich als ein gebildeter moralischer junger Mann bewiesen, auch im Dienst regen Eifer und guten Willen gezeigt hat, wird hiermit auf Grund der mit ihm abgehaltenen Prüfung bescheinigt, dass er sich zur demnächstigen Beförderung zum Reserveoffizier empfiehlt.« Fröhlich konnte ich also mit meinen Kameraden das alte Reservelied anstimmen:

»Leb wohl, du liebe Kompagnie,
Leb wohl, mein altes Regiment!
Das Herz uns jetzt zur Heimat zieht,
Denn unsre Dienstzeit ist zu End.«

Wer hätte geahnt, wie bald ich Regiment und Kompagnie schon wieder sehen würde. –

Meine Heimat war zunächst das Düsseldorfer Friedensgericht bei Herrn Justizrat Pelzer; denn durch Präsidialverfügung vom 17. Februar 1870 war mein Vorbereitungsdienst dahin geregelt worden, dass ich zunächst auf 5 Monate bei einem Friedensgerichte, auf 3 Monate bei einem Notar (Justizrat Lützeler), sodann wenigstens 8 Monate bei dem Landgerichte und weiter wenigstens 6 Monate bei einem Advokatanwalte beschäftigt werden sollte. Kaum aber war ich in meinem eigentlichen Berufe wieder etwas warm geworden, als die bekannten politischen Verwickelungen begannen, die mich von neuem unter die Fahnen riefen. Mein Vater war in Carlsbad, und während wir, meine Mutter und ich, an dem bevorstehenden Ausbruch der Feindseligkeiten längst nicht mehr zweifelten, zögerte er bis zum letzten Augenblick mit dem Abbruch seiner Kur, da er immer noch glaubte, dass der gesunde Menschenverstand bei den Franzosen die Oberhand gewinnen müsse. Endlich traf Vater noch vor Toresschluss in Düsseldorf ein, als bereits auf allen Strassen ›Hurra‹ gerufen und die ›Wacht am Rhein‹ gesungen wurde.

Und wenn die Kriegeswaffe blitzt
Für Kaiserkron' und Deutschlands Ehre,
Sag an, wer unsern Rhein beschützt,
Im freien Mannesarm die Wehre?
Getreu dem Freund
Ein Schreck dem Feind!
Wer schlägt im Kampf so kühn und kräftig drein?
Es ist das Regiment vom Nieder-Rhein!
Die Nummer 39 ziert
Auch meine Schulter, lasst euch sagen:
Wohin mich auch mein König führt
Nach Freud und Schmerz
Bricht einst mein Herz,
Dann schreibt mir auf meines Grabes Stein:
»Er stand im Regiment vom Nieder-Rhein«

(Nach einem Lied von C. Protzen
bearbeitet von dem gehorsamst
unterzeichneten Ferd. Viebig.)

Kriegszeiten.

Von Düsseldorf bis Gravelotte

»Gestellungs-Ordre (*Gestellungsbefehl*). Der Uffz Viebig, Ferdinand Carl Heinrich Herrmann zu Düsseldorf wird hierdurch angewiesen, sich den 20. Juli 1870 vormittag 9 Uhr auf dem grossen Exerzierplatz hinter der Infantriekaserne unfehlbar zu gestellen, wo er weitere Befehle zu gewärtigen hat. Im Falle des ungehorsamen Ausbleibens steht ihm die Strafe nach der Strenge des Gesetzes bevor. Düsseldorf, den 16. Juli 1870. Landwehrbezirkskommando.« –

Die wenigen Tage bis zum Ausmarsch vergingen wie im Traum. Einer meiner ersten Gänge war mit meiner Mutter zum Meister Einbrod in der Bahnstrasse, um mir noch schnell ein paar tüchtige Marschierstiefel mit hohen Schäften machen zu lassen. In der Tat lieferte mir der brave Schuster ein wahres Meisterstück. In einem Briefe vom 13. Oktober konnte ich berichten, dass sie erst einmal neu besohlt seien, obwohl ich die gelieferten Kommisstiefel (Anm. 11), die mich entsetzlich drückten, bis dahin nur zweimal getragen hatte. Ausserdem gab er mir gratis noch einen ganz besonderen Segen mit auf den Weg. Das sogenannte Zungenreden (Anm. 12) ist doch kein leerer Wahn. Einbrod gehörte zu irgendeiner religiösen Sekte und war sonst ein stiller, in sich gekehrter Mann. Jetzt aber packte ihn die patriotische Begeisterung, er geriet vollständig in Verzückung und fing an zu predigen wie ein Apostel und Prophet. Die wundersamsten Worte strömten ihm nur so von den Lippen, und wenn ich mich auch des Inhalts nicht mehr erinnere, so ist mir doch der Eindruck eines seltenen Erlebnisses geblieben, dem ich aus meinen Erfahrungen nichts Aehnliches an die Seite zu stellen wüsste. –

Etwas realistischer ging es in der Kaserne zu. Ich wurde gleich wieder in die 4. Kompagnie eingestellt und hatte so den Vorteil, mich nicht erst an lauter fremde Gesichter gewöhnen zu müssen. Hauptmann von Asmuth blieb samt seinem bisherigen Feldwebel Kleinert beim Ersatzbataillon zurück. Ein neuer Herr, der Premierleutnant (*Oberleutnant*) Bernecker, der die Stammmannschaften noch gar nicht kannte und erst am 22. August zum Hauptmann und Kompagniechef befördert wurde, übernahm die Führung, und eine neue »Mutter« in Gestalt eines soeben erst aus der Unteroffizierschule entsprungenen, demnächst bei Spichern gefallenen Sergeanten Paasche, der von Tuten und Blasen keine Ahnung hatte, wurde der Kompagnie zugeteilt. Beide waren daher von vornherein in mancher Beziehung auf mich angewiesen, und doch wäre ich um eines Haares Breite überhaupt nicht ins Feld gezogen. Der alte Feldwebel war mir nicht gewogen, seitdem ich mit seinem intimsten Feinde, dem Bataillionsschreiber Leist auf vertrautem Fusse stand. Während des Dienstjahres hatte er mir nicht viel anhaben können, da ich pünktlich meinen Dienst besorgte, mir keine Blössen gab und keine besonderen Vergünstigungen beanspruchte; aber wenn er mich irgendwo schikanieren konnte, so tat er es gern. Nun hatte das Bataillon vor dem Ausrücken einen federgewandten Unteroffizier zu stellen, der als Schreiber beim Bezirkskommando in Düsseldorf zurückbleiben sollte, und dass die Wahl auf mich, den Offizieraspiranten fiel, das glaube ich heute noch den Bemühungen des intriganten Feldwebels zuschreiben zu müssen. Ich steckte mich hinter den mir wohlgesinnten Regimentsadjutanten Premierleutnant Fleischhammer, jetzt Oberst a. D. in Berlin, den Onkel der netten Frau von Bunsen auf Haus Leppe bei Engelskirchen, und diesen gelang es, mich bei dem Bezirkskommandeur Oberst Mensing durch persönliche Vorstellungen wieder loszubetteln. Der Feldwebel rächte sich durch eine letzte Tat, aber schaden konnte er mir nicht mehr. Als am letzten Nachmittag von der 4. Kompagnie ein Unteroffizier kommandiert werden musste, der am Morgen des 24. Juli das Verladen der Bataillonsfahrzeuge auf dem Bahnhof in Obercassel zu leiten hatte, so erschien ich ihm natürlich als die geeigneteste Persönlichkeit. Ich kam so um den einem Triumphzug gleichenden Ausmarsch durch Düsseldorf und musste schon um 5 Uhr morgens drüben sein, während der Extrazug des Bataillons erst um 7 Uhr abgehen sollte; aber das half mir vielleicht über den Abschied vom Elternhause nur umso schneller hinweg. –

Im Morgengrauen lief meine Mutter noch in den Garten, um mir eine weisse Rose auf den Helm zu stecken – ein Motiv, das Clara Viebig im 25. Capitel der »Wacht am Rhein« (Anm. 13) verwertet hat – und dann gings hinaus ins feindliche Leben. »Die gute Frau hat dir noch lange nachgeweint da droben am Fenster«, so schrieb mir Klostermann nach einem Besuch bei meinen Eltern. –

In Obercassel begrüsste mich noch der Regierungsrat Richter, ein Freund meiner Eltern, der später ein hohes Tier in der elsasslothringischen Schulverwaltung geworden ist, und wenn unterwegs in unserem Zuge eine Kupplung riss und bei der Ankunft in Stolberg unsere Kompagniekarre eine Böschung hinunter fiel und dem armen Kutscher ein Bein zerbrach, so war ich wenigstens nicht schuld daran. –

Ich bin der Königlichen Vierten während des ganzen Feldzugs treu geblieben, habe 11 verschiedene Kompagnieführer kommen und gehen sehen, und so ist es denn kein Wunder, dass ich mit dieser Kompagnie besonders verwachsen bin. –

In Stolberg bei Aachen besuchte ich den Pfarrer Spiess, des Trierer Pfarrers (Anm. 14) ältester Sohn, um mich nach meinem Freunde Rudolph zu erkundigen, der in Neuwied beim Ersatzbataillon NO 40 stand, und von Stolberg aus begannen wir am 25. Juli den Vormarsch an die Saar, der nur durch eine Abschwenkung zur Beobachtung der Luxemburger Grenze unterbrochen wurde. Mit frohem Mut waren wir in Stolberg angekommen und fanden überall den gleichen freundlichen Empfang, aber die heissen Marschtage durch das hohe Venn und die unwirtlichsten Teile der Eifel gehören zu den fürchterlichsten Erinnerungen. Neues Schuhzeug, ungeübte Reservisten, kümmerliche Quartiere und noch kümmerlichere Verpflegung. In dem Staub und der Schwüle fielen die Leute wie die Mücken, und gleich am ersten Tage hatte die 250 Mann starke Kompagnie nicht weniger als 30 Marode (Anm. 15). Premierleutnant Bernecker war der jüngste Kompagnieführer und deshalb bekamen wir die entlegensten Quartiere und hatten die weitesten Märsche. Schon am ersten Marschtage jagte der Kompagnieführer den unbrauchbaren Feldwebelaspiranten, der nicht einmal Rotten abzählen und Sektionen abteilen konnte, Knall und Fall zum Teufel. »Scheren Sie sich in die Front! Unteroffizier Viebig, Sie übernehmen von heute ab die Feldwebelgeschäfte!« Aber was verstand ich von Feldwebelgeschäften? Es ist zwar kein Kunststück, aber man muss es doch kennen. Ich hatte nach den erschöpfenden Märschen gerade genug zu tun, um für das Unterkommen der Leute zu sorgen und die von meinem Vorgänger hinterlassenen schriftlichen Arbeiten zu erledigen und hatte z. B. keine Ahnung davon, dass ich in jedem Marschquartier mit den Ortsvorstehern wegen der Verpflegung abzurechnen hatte. Noch im Jahre 1871 kamen die Reklamationen, die ich dann nur annähernd nach Gutdünken beantworten konnte. –

Am 26. Juli passierten wir mit klingendem Spiele die romantisch gelegene Kreisstadt Montjoie (*Monschau*) (vergl. das »Kreuz im Venn«) (Anm. 16) und nach 18-stündigem Marsche von Lammersdorf gelangte die Kompagnie gegen 5 Uhr nachmittags nach Wollenberg, »einem miserabelen Neste von wenigen Häusern auf hohem schroffen Berge.« –

Die letzten Nachzügler trafen erst um 09:30 Uhr abends ein, und inzwischen war ich nach dem Genuss von Kartoffeln und Sauerkraut – das beste was die Leute hatten – längst wieder unterwegs zum Befehlsempfang in dem 1,5 Stunden entfernten Städtchen Hellenthal. Der Kompagnieführer requirierte zwar für mich ein Fuhrwerk, aber Pferde und Wagen gab es in Wollenberg nicht und so wurde ich auf ein mit zwei Kühen bespanntes Leiterwägelchen gesetzt, das auf dem abschüssigen und steinigen Karrenwege derart stiess und stolperte, dass ich es dann doch vorzog, die Equipage (*vornehme Kutsche*) wieder nach Hause zu schicken und mich auf meine eigenen Füsse zu verlassen. Ich war beauftragt, dem Bataillonskommandeur

Major von Wichmann zu melden, dass die Kompagnie wegen der vielen Fusskranken dringend einiger Schonung bedürfe und voraussichtlich morgen nicht so früh zum Rendez-vous erscheinen könne; aber unbewegten Antlitzes hörte der hohe Herr, ein ebenso tüchtiger als rücksichtsloser Offizier, meine gehorsame Meldung an und schnarrte mit schneidender Schärfe: »Sagen Sie dem Herrn Premierleutnant, die Kompagnie ist morgen früh zur befohlenen Minute zur Stelle.« Das einzige, was ich erreichen konnte, war der Befehl, den Stabsarzt aufzusuchen, und ihn im Namen des Kommandeurs zum Besuche der Kranken in Wollenberg aufzufordern. Unterdessen aber kam ein Donnerwetter und der Arzt erklärte mir, es falle ihm gar nicht ein, bei solchem Wetter im Dunkeln den Berg hinaufzulaufen. Bei sinkender Nacht kam ich allein da oben wieder an und löffelte noch etwas von einer elenden Brotwassersuppe oder Wasserbrotsuppe, vermochte aber vor Aerger und Uebermüdung nicht zu schlafen und war in aller Herrgottsfrühe wieder auf den Beinen. Natürlich kamen wir bedeutend zu spät zum Rendez-vous, und nachdem Bernecker die Kompagnie zur Stelle gemeldet hatte, liess der Major stillstehen, die Offiziere eintreten und durch den Adjutanten die Kriegsartikel verlesen. Bernecker war über diese mindestens überflüssige Behandlung ausser sich und wollte sich allen Ernstes eine Kugel durch den Kopf schiessen.

Am Abend versammelten sich die Kompagnieoffiziere in seinem Quartier zu Manderfeld, wo heute das von meiner Schwester durch ihre Novelle »Auf dem Rosengarten« in der Kölnischen Zeitung angeregte Krankenhaus steht (Anm. 17). Auch meine Wenigkeit wurde auf Bernecker's persönliche Einladung hinzugezogen und nur mit Mühe gelang es, den Kompagnieführer vor übereilten Entschlüssen, als da sind Abschiedsgesuch, Herausforderung zum Zweikampf, Beschwerde u.s.w. abzuhalten. Die Spannung zwischen Bernecker und von Wichmann sollte nur zu bald eine unvorhergesehene Lösung finden. –

Am 28. Juli passierten wir die Kreisstadt Prüm, wo der neue Regimentskommandeur Oberst Eskens (Anm. 18) bei drückender Hitze Parademarsch machen liess und sich anerkennend darüber auszudrücken geruhte, und am 29. Juli rückten wir in Bitburg, der Heimat meines bei der Garde Fussartillerie stehenden Freundes Limbourg (Anm. 19) ein. Ich besuchte schnell seinen Vater, der dort einen grossen landwirtschaftlichen Betrieb besass und u. a. einen vorzüglichen Schweizerkäse erzeugte, und widmete mich dann zum letzten Male den unseligen Feldwebelgeschäften. Bernecker hatte meinen fortgesetzten Bitten nachgegeben und die Abordnung eines berufsmässigen Vertreters beantragt, der in Bitburg zu uns stiess, und als wir nun in der Nacht herausgetrommelt wurden, nahm ich wohlgemut Gewehr und Tornister, die damals viel schwerer waren, von neuem auf den Puckel. Während der Feldwebelepisode hatte ich wenigstens den Affen auf die Kompagniekarre legen dürfen, und merkte nun doch, dass die letzten Tage auch ohne diese Last nicht spurlos vorübergegangen waren. –

Wir kamen am 30. vormittags nach Helenenberg (Anm. 20) ins Quartier und ich erinnere mich, wie ich hier als Student mit Limbourg bei seinen Verwandten zu Besuch gewesen war. Onkel und Tante Limbourg waren Geschwisterkinder und hatten zwei blühend aussehende, aber taubstumme Töchter, die an unserer übermütigen Laune Gefallen fanden und beide a tempo in Tränen ausbrachen, weil sie nicht gleiches mit gleichem vergelten konnten. Jetzt hätte ich diese Mädchen gerne wiedergesehen, aber es kam wiedermal anders. Kaum war ich ins Heu gekrochen, um zunächst die gestörte Nachtruhe nachzuholen, da wurde Generalmarsch geschlagen und um 13:30 Uhr mittags ging es ohne Mittagessen weiter. Die nötigen Leiterwagen für die Maroden wurden diesmal von vornherein mitgenommen, und die Stimmung war nichts weniger als begeistert. Als ich aber von der »Hohen Sonne« *(heute Ortsteil von Aach an der B51)* das alte Trier da unten im Moseltale liegen sah, da biss ich noch einmal die Zähne zusammen, um das Ziel des Tages glücklich zu erreichen. –

Beim Einzug um 7 Uhr abends merkte man gleich, dass hier in der Nähe der Grenze die allgemeine Stimmung doch noch eine viel gehobenere war, als ich es in dem nüchterneren Düsseldorf kennengelernt hatte. An einem Parterrefenster in der Brückenstrasse stand Frau Schleicher (Anm. 21) mit ihrer Tochter Ella und kredenzte aus einer Giesskanne Milchkaffee, und noch durch einen Brief vom 27. Juli 1910 hat Frau Ella, jetzt Witwe Geheimrat Buss mich nachträglich darüber beruhigt, dass jene Giesskanne ganz neu gewesen sei und ihren Zweck ausgezeichnet erfüllt habe. Erst auf dem Kornmarkt wurde Halt gemacht, und als ich dort vor dem Casino auf meinem Tornister an der Erde sass, da erschien auch schon der gute alte Oberst »Icke« (Oberst a. D. Modrach) (Anm. 22), um sich mit rührender Fürsorge meiner anzunehmen. Auch Mathieu's (Anm. 23) fanden sich mit Frl. Fuxius (Anm. 24) ein und machten ältere Rechte geltend, und so zog ich denn mit Mathieu's nach der Dampfschiffartsstrasse. Es gab ein für Mathieu'sche Verhältnisse sehr gutes Abendessen, aber schon während des Essens fielen mir die Augen zu. –

Am folgenden Vormittag, den 30. Juli, wurde auf dem Palastparadeplatz exerziert, weil bisher noch gar keine Zeit und Gelegenheit gewesen war, mit der kriegsstarken Kompagnie die üblichen Gefechtsformationen durchzunehmen. Dann war ich bei Modrach am Trierschen Hof zu Tisch und um 3 Uhr Nachmittags führen wir mit der Bahn bis Beurig, um die kriegsmässige Sicherung des wichtigen Defilees (*Brückenengparade*) von Conzerbrück mit möglichster Schnelligkeit durchzuführen. Am 01. August kam endlich bei Beurig in Irsch der ersehnte Ruhetag und ich benutzte ihn, um einmal gründlich Toilette zu machen und meinen fusskranken Burschen Breidenbach zu pflegen, der sonst immer alles »vermoost« d. h. famos fand, jetzt aber doch ziemlich kleinlaut geworden war. –

In den nächsten Tagen marschierten wir anscheinend zwecklos hin und her. Vermutlich galt es der näheren Zusammenziehung der unter dem Oberbefehl des Generals von Steinmetz gebildeten I. Armee bzw. des VII. Armeekorps unter General Zastrow und der 14. Division unter General von Kameke (Anm. 25). Jedenfalls aber bekam die Sache jetzt schon ein etwas kriegerischeres Aussehen. Es wurden Vorposten bezogen und Feldwachen ausgestellt, und meine Mutter hatte nicht unrecht, als sie mir am 04. schrieb: »Wenn Du diese Zeilen erhältst, stehst Du dem Feinde wahrscheinlich im Angesicht und kannst jeden Augenblick erwarten, dass Du die Schrecknisse des Krieges in seinem ganzen Umfange kennen lernst. Der liebe Gott und die Segenswünsche deiner Eltern begleiten Dich und die Gebete eines ganzen Volkes folgen den Kriegern auf ihren Wegen.« Ich selbst schrieb am 05. August auf einer Feldpostkarte, und zwar wie befohlen ohne Ortsangabe, an meinen Vater: »Unser Ziel ist bald erreicht. Vielleicht stossen wir morgen auf den Feind.« Woher ich das wusste? Im allgemeinen begreift man ja nicht viel vom Zusammenhang der Dinge, wenn man so als einer von Hunderttausenden im grossen Haufen mit marschiert, und den Gang der Ereignisse erfährt man manchmal erst aus späteren Briefen und etwaigen Zeitungen, die man selten genug zu sehen bekommt. An diesem 05. August aber wurde uns die erste Siegesnachricht von der Erstürmung Weissenburg's und des Geissberges (Anm. 26) bekannt gemacht und mit lautem Hurra begrüsst, und auch bei uns lag etwas in der Luft, als ob wir ernsten Stunden entgegen gingen *(Pfarrer Bodelschwingh schreibt dazu nach dem Gottesdienst für die 14. Division »Auch für uns wird nach dem Ruhetage ein Schlachttag kommen, an dem für manchen Kriegsmann der ewige Ruhetag anbricht.«)*

Vom 05. zum 06. August biwakierte die 1. und 4. Kompagnie bei Landsweiler an der Strasse nach Saarbrücken. In der Nacht fiel starker Regen, Zelte gab es ausser den Offizierszelten damals noch nicht, und die in der Eile zusammengeflochtenen Laubhütten gewährten nur wenig oder gar keinen Schutz. So kam es, dass ich zwar mit dem Oberkörper im Trockenen, die Beine aber im Freien lagen und meine Tuchhose sich wie ein Schwamm voll Wasser sog, das mir noch bis zum Nachmittag des folgenden Tages immer am blossen Körper herunter rieselte. Gegen 11 Uhr vormittags erreichten wir mit der Vorhut der 14. Division St. Johann und überschritten die Saar auf der unteren Brücke, wo wir dem Kommandierenden des VIII. Armeekorps General von Goeben mit der historischen Brille begegneten (s. Anm. 25). Von dem übereilten Angriff der Franzosen auf Saarbrücken (Anm. 27) und von den Heldentaten des kleinen preussischen Detachements *(vorgeschobener Truppenverband des Hauptheeres),* das sich gegen die Uebermacht in den ersten Augusttagen dort gehalten hatte, wussten wir noch nichts und sahen mit Verwunderung die Spuren der französischen Granaten am Bahnhof in St. Johann. Saarbrücken selbst war in den letzten Tagen von deutschen Truppen völlig entblösst gewesen. Man nahm an, dass der Feind im Abziehen begriffen sei und die Spicherer Höhen (Anm. 28) nur noch mit einer Arrieregarde (*Nachhut*) besetzt halte. Bei unserem Einzug herrschte heller Jubel, die Regimentsmusik spielte lustige Märsche, von allen Fenstern winkten die Damen mit den Taschentüchern und wir wunderten uns nur, dass wir nicht Halt machten und in Saarbrücken einquartiert wurden. Die halbe Stadt lief neben uns auf der Strasse her, zu mir hatte sich der gute Landgerichtsrat von Westhofen gesellt, der mir in späterer Zeit noch näher treten sollte und begleitete mich bis zur Höhe des Exerzierplatzes jenseits der Stadt. –

Kaum hatten wir den Hohlweg vor dem Exerzierplatz erreicht, als eine Granate, vom roten Berge kommend, vorn ins Bataillon einschlug. Ein Splitter streifte die Flinte auf der Schulter meines Nebenmannes und alsbald verschwanden die Civilisten. Die Regiments-Musik, die sich noch immer an der Spitze befunden hatte, kam zurückgelaufen und verkroch sich unter der Führung des biederen alten Köllner in einen nahen Felsenkeller. Die hinter uns marschierende Batterie kam in voller Karriere den Berg herauf gerasselt, um auf dem Exerzierplatz abzuprotzen (*das Geschütz vom Wagen lösen*), ein schneidiger ermutigender Anblick. Wir selbst drückten uns instinktiv an die linke Wand des Hohlweges. »Nur ruhig, Kinder«, sagte der brave Unteroffizier Hausmann, »sie treffen nicht alle, ich kenne das von 66 (*deutsch-österr. Krieg*) her.« Da wurde ich auch schon zur ersten Kompagnie gerufen, denn der erste Verwundete – die Seite war ihm aufgerissen – war der lange Einjährige van Gelder, mit dem ich ein paar Stunden vorher während einer Pause auf dem Marsche nach Saarbrücken noch friedlich zusammen gefrühstückt hatte. Aber bevor ich noch dem Rufe folgen konnte, ging es weiter. Das dritte Bataillon setzte den Vormarsch in der Richtung auf das Stiringer Waldstück fort, das 1. Bataillon aber, in Kompagnie Kolonnen auseinandergezogen, bog links seitwärts aus und stieg längs des Repperts- und Winterberges nach der uns von den Spicherer Höhen trennenden Mulde hinab. –

Unten empfing uns ein ziemlich wirkungsloses Artilleriefeuer. Ein Granatsplitter schlug unter dem Pferde unseres Kompagnieführers ein, und der Gaul machte einen mächtigen Satz, hatte aber weiter nichts mitbekommen. Bernecker stieg ab und nun kam von der Höhe des Gifertwaldes auch das erste Chassepotfeuer (Anm. 29), bevor wir mit unseren veralteten Zündnadelgewehren überhaupt an eine Erwiderung denken konnten. Bald lag auch einer aus der Kompagnie am Boden, verdrehte die Augen und tastete mit den Händen in der Luft herum. Auch Leutnant von Forell, »die dicke Forelle«, bekam eine Kugel durch den Schnurrbart, zückte sein Taschenspiegelchen, besah sich den Fall und zog sich zurück. Einzelne Füsiliere warfen, um besser laufen zu können, das schwere Schanzzeug weg, ohne dass jemand sie daran hinderte, und mit möglichster Schnelligkeit suchte alles den unteren Waldrand zu erreichen. Dort waren wir im toten Winkel, die feindlichen Geschosse gingen über uns hinweg und dort legten wir in Reih und Glied die Tornister ab, um durch den Pfaffenwald zwischen Stifts- und Giffertwald die steil ansteigende Höhe zu erklettern. Die steilsten Stellen konnten nur dadurch erklettert überwunden werden, dass wir uns gegenseitig an den Gewehren hinaufzogen oder Bäume und Strauchwerk zur Unterstützung benutzten, aber dadurch löste sich natürlich der Kompagnieverband in lauter kleine Gruppen und Grüppchen auf, und als wir nun glücklich oben waren, wo sich die anderen Kompagnieen bereits im Feuergefecht befanden und der Dampf des damals nichts weniger als rauchlosen Pulvers sich bereits im Waldesdikicht festgesetzt hatte, da ging vollends aller Ueberblick und Zusammenhang verloren. –

Schon im Hohlweg beim Exerzierplatz hatte ich ein gelb und rotes Abzeichen, wie es die Franzosen auf den Tschako's (Anm. 30) trugen, gefunden und mitgenommen, das ich heute noch besitze, und jetzt sah ich zwischen den Bäumen wieder etwas rotes am Boden schimmern. Ich ging mit einem Füsilier darauf zu und fand einen französischen Infanteristen in roten Hosen, der durch den Knöchel geschossen und mit dem Verbinden seiner Wunde beschäftigt war. »Ach nur a Tröpfle Wasser«, so redete der erste Franzose, den ich zu Gesicht bekam, mich in seiner elsässischen Mundart an, aber meine Feldflasche war bereits bis auf den letzten Tropfen geleert, und mein Begleiter hatte aus dem letzten Quartier nur noch etwas flüssigen Honig, den er dem armen Verwundeten einzuflössen versuchte. Weiter gings in den Wald hinein und dabei klatschten fortwährend die Kugeln gegen die Bäume und pfiffen einem um die Ohren, als ob einem jemand eine Hand voll Bohnen an den Kopf werfen wollte. An einer Lichtung stiess ich auf den Kompagnieführer, der zu mir sagte: »Sehn Sie doch mal, ob Sie irgendwo einen Tambour finden, er soll schlagen (d. h. die Trommeln rühren)«. Ich fand den Tambour und ging in gleichem Schritt und Tritt mit ihm von neuem vor. Der brave Tambour schlug aber nicht blos auf sein Kalbfell los, sondern haute mit seinen Trommelstöcken im Vorbeigehen auch auf den wohlgenährten Unteroffizier Sedig ein, der mit hochgerötetem Gesichte hinter einem Baume stand und nicht von der Stelle zu bringen war. Der mutige Ostpreusse, der wegen seiner »Blachbüchsen und seiner Arbsen mit Speck« schon im Frieden der Gegenstand allgemeiner Verhöhnung war, ist nachher überhaupt nicht wieder zum Vorschein gekommen und ich habe später nur noch gehört, dass er sich als unverwundeter Patient in irgendeinem Lazareth befinde. –

Am Waldrand angekommen, wo uns die feindlichen Schützen hinter einem Grabenrande gegenüberlagen, kniete ich hinter einem Baume nieder, zielte auf die im Pulverdampf zuweilen sichtbar werdenden Gestalten und verschoss so langsam einige Patronen, bis wir auf einmal aus der linken Flanke mit einem Hagel überschüttet wurden – es soll Mitrailleusenfeuer (Anm. 31) gewesen sein –, in dem sich einzelne Geschosse überhaupt nicht mehr unterscheiden liessen. Da kam plötzlich eine Rückwärtsbewegung in unsere schwachen Reihen. Von wo und von wem sie ausging, weiss ich nicht. Ich weiss nur, dass auf einmal alles lief, dass ich mitlief, und dass wir in wenigen Minuten wieder unten am Berge waren. Auf einmal sah ich meinen Freund, den Bataillonsschreiber Sergeant Leist mit dem schönen roten Vollbart neben mir laufen und wir wechselten wohl ein paar Worte, aber auf einmal sah ich ihn nicht mehr. Lautlos war er verschwunden, um nicht wieder aufzustehen. Unten am Berge – es wird zwischen 3 und 4 Uhr Nachmittags gewesen sein – pflanzte sich der Vicefeldwebel (*Unterfeldwebel*) Kuhn auf freiem Felde mit der zerschossenen Fahne auf, um das Bataillon zu sammeln und zum Stehen zu bringen. Ein schöner stolzer Anblick, aber eine ebenso grosse Dummheit, denn die Franzosen folgten uns auf den Fersen, und wenn nicht einer von den Offizieren den Fahnenträger fortgetrieben hätte, so war es um die Fahne geschehen. Premierleutnant Bernecker lag plötzlich am Boden und stiess einen lauten Schrei aus. Er war in den Oberschenkel geschossen worden und niemand vermochte sich seiner anzunehmen. –

Bis dahin war man gar nicht zur Besinnung gekommen, aber jetzt auf dem Rückzug erwachte der Selbsterhaltungstrieb und jeder suchte sich selbst, so gut er konnte, in Sicherheit zu bringen. Ich drückte den Helm in den Nacken und lief mit den anderen dem Winterberge zu, konnte es aber doch nicht lassen, mich an jeder Regenwasserpfütze auf den Boden zu werfen und wie das liebe Vieh die trübe Flüssigkeit einzuschlürfen, bis mich die ins Wasser einschlagenden Kugeln wieder auf die Beine brachten. Viele konnten überhaupt nicht mehr laufen und so wurde es 8 Uhr abends und später, bis die letzten Reste des Bataillons sich am Winterberge unweit des jetzigen Aussichtsturmes sammelten. Am Abhang lag ein Häuschen in einem

Garten oder Weinberg, mit einer massiven Mauer umgeben. Hinter dieser Mauer suchten wir Schutz gegen das uns anfangs noch verfolgende Geschützfeuer. In das Häuschen aber hatte man den tödlich getroffenen Füsilier Butzmühlen gebracht, der bis dahin immer der Spassmacher der 4. Kompagnie gewesen war. Wenn auf dem Marsche alles die Köpfe hängen liess, dann wusste er durch ein Scherzwort immer die Stimmung zu retten, und das beliebte Soldatenlied von der schönen Müllerstochter mit dem Refrain:

»Lauf Müller, lauf Müller lauf,
Mein lieber Müller lauf«

wurde in der vierten nie anders als mit der Variante »Putzmüller lauf, Müller lauf« gesungen. Jetzt lag der arme Putzmüller da drinnen röchelnd in den letzten Zügen und niemand sang ihm mehr sein Lieblingslied. –

Das erste Wiedersehn des kleinen Häufleins auf dem Winterberg war niederschmetternd. Im ersten Augenblick meinten wir, es sei überhaupt fast niemand übriggeblieben – auch Sergeant Paasche, der unglückliche Feldwebelaspirant gehörte zu den Gefallenen – aber allmählich kamen die Versprengten einzeln heran, und man hatte, wenngleich zu Tode erschöpft, doch wieder Augen und Ohren für den Fortgang des Gefechts. »Wären im Gifert- und Pfaffenwalde rechtzeitig hinlängliche Unterstützung vorhanden gewesen, so hätte durch vollständige Besitznahme der Hochfläche dem Gefecht wohl zu einer früheren Stunde eine entscheidende Wendung gegeben werden können.« So drückte sich Hauptmann Rinteln auf Seite 501 seiner »Geschichte des Niederrheinischen Füsilier-Regiments NO 39« sehr zurückhaltend aus. Er hätte dreist auch sagen können, dass ohne das vorschnelle und unüberlegte Draufgehen unserer Oberleitung der Sieg um einen Tag später mit weit geringeren Opfern möglich gewesen wäre und bei einer leicht ausführbaren Umgehung des Feindes voraussichtlich mit einer vollständigen

Vernichtung des Korps Frossard (Anm. 32) geendigt haben würde. Wir wussten ja nicht einmal, wo unsere anderen Bataillone steckten, und erst als wir wieder auf dem Winterberg gelandet waren, sahen wir neue Bataillone herankommen und in den Kampf eingreifen. Wir sahen die preussischen Schützenschwärme am roten Berge langsam höher kriechen und ahnten nicht, wie sich dort auch unsere 9. Kompanie unter der persönlichen Führung unseres Brigadekommandeurs, des heldenmütigen Generalmajors von François am Sturme beteiligte (Anm. 33). Erst nach Jahren habe ich diese Scene auf dem Wandgemälde A. von Werner's (Anm. 34) im Saarbrückener Rathaus zu Gesicht bekommen. Wir merkten wie die feindlichen Schrapnellwölkchen allmählich seltener wurden und das Chassepotfeuer auf der Höhe immermehr verstummte. Wir sahen staunend wie die erste preussische Batterie am roten Berge hinaufgeschafft wurde und alsbald die Verfolgung des abziehenden Feindes eröffnete. Wir sahen schliesslich eine lange Reihe von Geschützen ihr Feuer in der Richtung auf Forbach vereinigen und vergassen darüber Hunger, Müdigkeit und Durst. –

Im Kreise unserer Offiziere kam die Rede auf meinen schwer verwundeten Kompagnieführer Bernecker, und der Regimentsadjutant Premierleutnant Fleischhauer meinte: »Viebig macht sich gewiss ein Vergnügen daraus ihn zu holen.« Ich war natürlich sofort bereit und fühlte mich dennoch erleichtert, als in demselben Augenblick die Meldung kam, dass Bernecker bereits geborgen sei. Im Sommer 1880 sah ich eines Nachmittags im alten Wiesbadener Kurhaus einen kranken Mann in einer Sofaecke sitzen und ging unwillkürlich auf ihn zu: »Kennen Sie mich noch, Herr Hauptmann?« Da belebte sich das wachsbleiche Gesicht und er sagte nur das eine Wort: »Spichern!« Nach kurzer Unterhaltung nahmen wir für immer Abschied. Er ist aber wie ich sehe erst am 17.10.1889 im Alter von 53 Jahren gestorben. Ausser Bernecker war, ohne dass ich es bemerkt hätte, auch unser Premierleutnant von Beaulieu im Stiftswalde durch einen Schuss in die linke Brust verwundet worden – er starb am 10. August im Lazareth zu St. Johann – und von den Kompagnieoffizieren war nur noch der Sekondeleutnant (*Leutnant*) der Reserve Bäumer, ein älterer Referendar aus Dortmund, von dem noch mehr die Rede sein wird, unverwundet zur Stelle. Die Folge war, das Hauptmann Köppen, der als ältester Hauptmann an Stelle des an der Spitze der 3. Kompagnie gefallenen Majors von Wichmann die Führung des Bataillons zu übernehmen, noch am Abend der Schlacht zu mir sagte: »Sie legen von heute ab den Degen an, tun Offiziersdienst und übernehmen die Führung des 8. Zugs.« –

Gegen 9 Uhr kamen die Weiber von »Dale«, d. h. St. Arnual (*Saarbrücker Stadtteil*) und brachten was sie hatten. Ich habe an diesem Abend sogar gebackene Kartoffeln gegessen, und als mir eine der Frauen eine grosse blecherne Milchkanne reichte, da konnte ich sie kaum wieder vom Munde bringen, obschon ich mir immer sagte, dass ich den anderen doch auch etwas übrig lassen müsse. Noch in der Nacht hörte man einzelne Schüsse fallen – es waren Signalschüsse der im Walde liegenden Verwundeten, die sich auf diese Weise bemerklich zu machen suchten –, sah aber auch die Handlaternen der braven Saarbrücker sich hin und her bewegen, die dort oben ihren Samariterdienst (Anm. 35) verrichten. –

Gross war die Zahl der Opfer, die das Regiment gebracht hatte: 27 Offiziere und 628 Mann waren ausser Gefechte gesetzt, davon 9 Offiziere, 149 Mann tot und 78 vermisst. Aber diese schweren Opfer waren, wie mein Vater schrieb, »wenigstens nicht umsonst gebracht.« »Die Wirkung dieser Siege (Spichern und Wörth Anm. 36) ist in militärischer wie politischer Beziehung ungleich grösser gewesen als man irgend erwarten konnte.« Am Morgen des 7. August betraten wir noch einmal das Schlachtfeld, um die Leiche des von unseren Füsilieren leider wenig betrauerten Majors von Wichman zu suchen. Ich selbst habe sie nicht gesehen, aber die Leichen von Freund und Feind genug und übergenug, und die Bilder, die sich da dem Auge boten, lassen sich nicht beschreiben. Stille Schläfer und verstümmelte Körper, blauschwarzgefärbte Gesichter und wild verzerrte

Hände. Vorüber, vorüber, nur vorüber! Jetzt erst bemerkte ich das von den Franzosen im Stich gelassene Zeltlager vor dem Dorfe Spichern und jetzt erst sah ich, wie nah wir überhaupt an jener Lichtung des Waldes den französischen Schützen gegenüber gestanden hatten. –

Unsere Tornister fanden wir noch vor, aber gänzlich durchwühlt und ausgeraubt. Nur die zur feldmarschmässigen Ausrüstung gehörenden Gesangsbücher hatten die Franzosen drin gelassen. Die Bagage (Anm. 37) mit meinem Köfferchen, das schon bei dem Unfall in Stolberg Schiffbruch gelitten hatte, war bis auf weiteres nicht erreichbar und so besass ich einstweilen nichts als was ich auf dem Leibe trug. Was sonst an diesem Tage noch geschah, das ist mir völlig in Nebel gehüllt. Es ist mir dunkel, als sei ich noch einmal durch Saarbrücken gekommen und hätte den dicken Forell mit einem weissen Maulkorb am Fenster stehen sehen, aber die Erschöpfung war zu gross, um an irgend etwas denken zu können. Nach Hause schrieb ich auf einer am 9. August dort angelangten Feldpostkarte nur die wenigen Zeilen: »Gestern grosses 7stündiges Gefecht zwischen Saarbrücken und Forbach, das nach hartnäckigem Kampfe mit dem Siege der Unsrigen endete. Ich selbst drei Stunden im mörderischen Feuer, unversehrt. Massenhaft Tote und Verwundete. Ich danke Gott und hoffe auf ihn.« –

Die Eltern hatten mir schon am 7. August von dem allgemeinen Jubel über die Siegesnachricht von Wörth berichtet. »Behufs Ausstattung eines der Lazarethbedürfnisse«, so schrieb mein Vater, »war gestern die liebe Mutter einen grossen Teil des Tages im Depot beschäftigt und kam sogar nicht einmal Mittags zum Essen nach Hause. Herr Goering (Anm. 38) ist gestern mit einem grossen Transport Lazarethbedürfnisse aller Art von hier über Call nach Trier abgegangen.« Aber von Spichern wussten die Eltern bei Abgang dieses Briefes noch nichts, und um so rührender war die Freude meiner Eltern und aller Bekannten, die in den folgenden Briefen vom 11. des Monats, beim Vater in ruhigerer bei der Mutter in leidenschaftlicherer Weise zum Ausdruck kam. In meiner ehemaligen Kaserne waren inzwischen fast 500 Verwundete, darunter auch viele Franzosen untergebracht und meine Mutter war mit der Pflege derselben so beschäftigt, dass sie fast nur noch als Gast nach Hause kam. Aber so viel konnte sie doch schreiben: »Gott sei gelobt und gedankt, dass du uns erhalten geblieben bist! Möchte er dich auch ferner behüten und beschützen. Sei tausendmal gegrüsst und ans Herz gedrückt von Deiner treuen Mutter.« –

Die Nacht vom 7. auf den 8 August biwakierten wir am Fusse des roten Berges in der Nähe des französischen Zollhauses, am folgenden Tage jenseits Forbach in Feindesland, und ich war froh, dass ich mich wenigstens nicht an dem traurigen Totengräberdienste zu beteiligen brauchte. Dass auch der Unteroffizier Walter Wiegmann aus Düsseldorf, der Sohn unserer Hausfreundin Frau Prof. Wiegmann zu den Toten der 3. Kompagnie gehörte, wusste ich damals noch nicht, sonst hätte ich mich doch wohl darum gekümmert. Die schwergeprüfte Mutter hat die Leiche später ausgraben lassen und ich hörte Bedenken äussern, ob man auch wieder die richtige gefunden habe. –

Am 8. August war ich mit einem Kameraden vormittags in Forbach, um mich für meinen Tornister wieder mit den nötigsten Wäschegegenständen und Esswerkzeugen zu versehen. Wir besahen uns das Haus, in dem General Frossard die Schlacht geleitet oder vielmehr nicht geleitet hatte, stärkten uns im ›Hotel au chariot d'or‹ mit warmem Kalbsbraten und einem Fläschchen Sekt, radebrechten die ersten französischen Brocken und stöberten in dem verlassenen französischen Lager umher, wo es noch wüst und schauderhaft aussah. Die Pferdekadaver begannen schon anzuschwellen und streckten die Beine steif in die Luft und deutliche Spuren zeugten von der Eile, mit der am 6. das Lager geräumt worden war. Ich sah einen Toten, dem der rechte Arm glatt abgerissen war. Neben der Hand lag noch ein blechener Becher gez. Charpeil mit einem kleinen Restchen Rotwein, und diesen Becher habe ich bis der Henkel brach, am Trageriemen einer französischen Feldflasche mit mir geführt, die wegen ihrer Grösse und Unzerbrechlichkeit viel praktischer als die unsrigen war. Den Becher und auch die Flasche besitze ich heute noch. Im Tornister des Gefallenen fand ich einen Brief, den ich mit allen orthographischen Fehlern hier wiedergebe (Frei übersetzt durch die Herausgeber).

Gaillac, den 3. August 1870

Liebster Freund,

lass mich Dir für die guten Neuigkeiten, danken die Du mir in Deinem letzten Brief geschickt hast, denn es war nötig mich zu beruhigen. Mein Glückwunsch zu Deiner Beförderung und zu Deinen Erfolgen dort.

Eigentlich sollte ich nicht verärgert sein, trotz der guten Gründe, die es dafür gibt. Es hat mich aber verdrossen, dass Du mich in den Tagen, als Du in Monestier warst, nicht besucht hast, vor allem aber, dass Du weggegangen bist, ohne mir Adieu zu sagen.

Du hast mir in Deinem Brief geschrieben, du hättest keine Zeit gehabt. Aber ja doch! Du hattest! Denn da ist neulich an einem Tag Militär in der Nähe vorbeigekommen und sie waren von Deinem Regiment. Aber wollen wir denken, Dein Brief hat die Wunden in meinem Herzen geheilt.

Schreibe mir oft, mein Freund, denn ich versichere Dir, dass mir immer bewusst ist, welch grosser Gefahr Du ausgesetzt bist.

Aber Gott im Himmel wird die Seinen nicht verlassen und er wird Dich beschützen.

Schreib mir bald, halte mich auf dem Laufenden über die Ereignisse. Heute ist ein Telegramm angekommen, dass die Franzosen die erste Schlacht gewonnen haben (Es handelt sich dabei um die franz. Besetzung von Saarbrücken am 2.8.1870), und ich zweifele nicht daran, dass das Gewinnen weiter gehen wird.

Ich schliesse, mein lieber Philipe, Dich mit ganzem Herzen umarmend

Deine treue Freundin
Marie Gaston

(Der Schluss des Originalbriefes:

ce matin on a recu un dépeche annoncant que les francais avait gagné la première bataille, je ne doute pas qu'il gagne tout à faits.Je termine Mon cher philipe en tembrassent de tout mon coeur ta devoué ami Marie Gaston)

Am Abend des 8. August wurde durch unseren Divisionspfarrer, dem sogenannten Divisionsjesus ein feierlicher Feldgottesdienst abgehalten, dessen ich mich noch heute deutlich erinnere. Der gute Mayer, der später von seiner jungen Frau aus Frankreich abgeholt, am 7. Oktober 1870 in Münster an Typhus starb, spielte zwar eine etwas komische Figur, wenn man ihn mit seinem schwarzen Rock auf seiner Rosinante (*Stute von Don Quijote*) reiten sah, hier aber traf er den rechten Ton und manchem rauhen Krieger rollte eine stille Träne in den Bart. –

Am 9. August fand im Offizierszelt der 4. Kompagnie ein origineller Kriegsrat statt. Premierleutnant Hesse von der 9. Kompagnie (später Amtmann in Westfalen) der am roten Berge dem sterbenden General von François von der dargebotenen Hand den Trauring abgezogen hatte, war mit der Führung der 4. Kompagnie beauftragt. Jetzt sollte er, der uns ja gar nicht gesehen hatte, einen Gefechtsbericht über unsere Taten einreichen und der wurde dann von M. Bäumer und mir, so gut es ging, zurechtgeschmiedet. Auch die ersten Vorschläge zur Verleihung des Eisernen Kreuzes sollten bereits eingereicht werden und Hesse sagte mir, dass er mich eingeben wolle. Ich solle ihm nur sagen, was ich gemacht habe und wo ich gewesen sei. Nun konnte ich zwar mit guten Gewissen sagen, dass ich nicht aus der Nähe meines Kompagnieführers gewichen sei, war aber dumm genug zu sagen, ich sei mir keiner besonderen Heldentat bewusst, und es werde sich ja wohl noch später Gelegenheit bieten, mir das Kreuz zu verdienen. Die Folge war, dass ich es erst viel später bekam, nachdem ich inzwischen allerlei Erfahrungen gesammelt hatte, wie man sich diese Auszeichnung verschaffen konnte. Oberst Eskens, der bei Spichern die Führung des stundenweit auseinandergerissenen Regiments vollständig verloren und auch später gar keine Gelegenheit zu persönlicher Bewährung hatte, bekam das Kreuz schon am 21. August, und als am 3. März 1871 dem Regiment eine Anzahl von Kreuzen 1. Klasse zur Verteilung überwiesen wurde, nachdem er vom 13. November 1870 bis 12. Februar 1871 infolge eines Sturzes mit dem Pferde krank und dienstunfähig gewesen war, da nahm er für sich das erste davon und erklärte dann ganz naiv, dass er die Dekoration zu Ehren des Regiments tragen werde. So wenigstens ist mir die Sache erzählt worden, während die Regimentsgeschichte auf Seite 425 allerdings von einer besonderen Allerhöchsten Anerkennung »der Umsicht und persönlichen Tapferkeit« spricht, womit der Oberst »sein Regiment in den Schlachten bei Spichern und Gravelotte geführt hatte.« –

Am 10. August begann der weitere Vormarsch in der Richtung auf Metz und wir biwakierten bei strömenden Regen wieder einmal ohne Stroh zwischen Carling und l'Hôpital und lebten, wie unsere Füsiliere sagten, von dem »eisernen Verstand«, den wir wie gewöhnlich »in lebenden Häuptern« empfangen hatten. Ich kroch in eine der berühmten Laubhütten und rannte mir dabei die Spitze eines vorstehenden Baumastes ins Auge, das sofort derartig anschwoll, dass es gar nicht geöffnet werden konnte. Die ganze Nacht wurde es im Offizierszelt gekühlt und war am folgenden Morgen wenigstens soweit abgeschwollen, dass die Unverletztheit des Augapfels festgestellt werden konnte. Ich war buchstäblich mit einem blauen Auge davon gekommen und bildete in den nächsten Tagen eine interessante Person. Wir 39er im Allgemeinen und ich im Besonderen waren bei den uns begegnenden Regimentern, die noch nicht im Feuer gewesen waren, der Gegenstand besonderer Aufmerksamkeit. »Kleine Kerle, aber sie beissen«, hörte ich einen General im vorbeimarschieren sagen, und es wurde sogar berichtet, dass ein gefangener französischer Offizier vor jedem Mann mit der NO 39 sein Käppi gelüftet habe. Die Schramme unter meinem Auge hielt man natürlich für die Spur eines Streifschusses, und irgendein General, der die Unteroffiziertroddel an meinem Degen und an meinem Kragen keinen Knopf bemerkte, fragte mich ganz verwundert: »Was sind Sie denn für einer?«

Am 12. August passierten wir St. Avold und biwakierten am 13. bei Domangeville in der Nähe der französischen Nied, wo wir wieder in enge Fühlung mit dem Feinde kamen. Am Sonntag den 14. August um 3:30 Uhr nachmittags wurde die 14. Division im Biwak plötzlich alarmiert und bald hörte man Kanonendonner aus der Richtung von Colombey (Anm. 39), die in ihren Folgen für die »Rheinarmee« des Marschalls Bazaine (Anm. 40) so verhängnisvoll werden sollte. Wir selbst, die 27. Infantriebrigade wurden als allgemeine Reserve des VII. Armeekorps nach der Gegend zwischen Marsilly und Colombey abkommandiert und nahmen nach einem beschwerlichen Eilmarsch Aufstellung in der Nähe des mir später noch bekannt gewordenen Dorfes Coincy. Hier fand auf den Feldern unter allgemeinem Geschimpfe ein ganz schulmässiges Brigadeexerzieren statt, wie es heutzutage selbst im Frieden nicht mehr denkbar ist. Die Bataillone standen »nach der Mitte in Kolonne«, eine jetzt verschollene Formation. Die Abstände zwischen den Bataillonen wurden von den Adjutanten abgeritten, um eventuell in die »Intervalle« »aus der Tiefe rechts und links deployieren (*ausschwärmen*)« zu können. Verschiedene Abschwenkungen, wobei ein bestimmtes Bataillon das »pivot« (*Flügelmann*) hatte und irgend ein Punkt des Geländes als »point de vue« (*Aussichtspunkt*) dienen musste, wurden ausgeführt, um die richtige Front herauszubekommen u.s.w. Schliesslich aber sahen wir bei einem wunderbar schönen Sonnenuntergang dem heissen Kampfe zu, der sich einige Tausend Schritte vor unserer Front abspielte. Zwei Füsiliere wurden durch verirrte Geschosse verwundet und einem ging eine Chassepotkugel durchs Tornister, aber zur weiteren Verwendung gelangten wir an diesem Tage nicht. Ohne Stroh und ohne Verpflegung – Brot fehlte seit mehreren Tagen – verbrachten wir die Nacht auf dem Schlachtfelde. Es war empfindlich kühl und ich verkroch mich irgendwo in einem Reiserhaufen, wo ich von vorübergehenden Soldaten für einen Verwundeten gehalten und deshalb ungestört gelassen wurde. In mich zusammengekauert hockte ich da und sah nach den Sternen, die so friedlich auf uns herniederschienen.

Mit Tagesanbruch – es war Napoleonstag (15.8.1769, Geburtstag von Napoleon Bonaparte) gingen wir in die vor der Schlacht eingenommene Stellung zurück. Gefangene Franzosen sagten: »Napoléon est un méchant, c´est la ruine de la france.« *(Napoleon ist ein Schurke, das ist der Untergang Frankreichs)* und dergleichen. (Anm. 41) Um so stolzer konnten wir auf unseren guten König Wilhelm sein, der am Morgen des 15. August in Begleitung seines Stabes auf das Schlachtfeld ritt. »Das Regiment hatte nicht das Glück, seines Allhöchsten Kriegsherrn ansichtig zu werden«, heisst es auf Seite 311 der Regimentsgeschichte. Ich aber, der ich an der Strasse auf Wache lag, habe ihn samt Moltke und Bismarck und unserem Trierer Hausfreund Längerich, der Adjutant bei General von Goeben war, in nächster Nähe gesehen, ich habe meinen Helm geschwenkt und mit meinen Leuten ein freudiges Hurra angestimmt. (Anm. 42)

Meine Feldpostkarte vom 15. August schloss ich mit den Worten: »Nächstens erwarten wir den entscheidenden Tag«, und in der Tat gab es schon am 16. wieder einen sehr anstrengenden, heissen Marsch bis ins Biwak bei Sillegny. Dort wurden wir am 17. morgens 6 Uhr alarmiert, der halbfertige Inhalt der Kochgeschirre wurde ausgegossen und wir traten den Weitermarsch auf Corny an, wo wir auf einer Pontonbrücke die Mosel überschritten. Auf dem linken Moselufer kamen uns die ersten deutschen und französischen Verwundeten und zahlreiche französische Gefangene von Mars la Tour – Vionville entgegen (Anm. 43). Angesichts des Mont St. Quentin und der Kathedrale von Metz erreichten wir das freundlich gelegene Ars sur Moselle – zufällig bin ich am 17. August 1911 in umgekehrter Richtung desselben Weges gefahren – und bogen dort in das Tal des Mance-Baches ein. Von einem Landhaus hatte ein Herr, vermutlich ein deutscher Direktor oder Ingenieur der dortigen Hüttenwerke, mit zwei Damen eine ganze Waschbütte voll Rotwein mit Wasser aufgestellt, aus der sie uns im Vorbeimarschieren zu trinken reichten oder schöpfen liessen. Mehr Zeit hatten wir nicht, da im Mance-Tal Schüsse gefallen waren und wir, das 1. Bataillon die dort gelegene Mühle besetzen sollten, dieselbe Mühle, in die am folgenden Tage der schwer verwundete Hauptman Graf von Stosch der 3. Kompagnie gebracht wurde, um dort am 21. August nach grässlichen Qualen – er war in die Blase getroffen – zu sterben. Wir verbarrikadierten die Mühle mittels der vorgefundenen Mühlsäcke, hörten auch in einiger Ferne Gewehrfeuer und das nicht zu verkennende Knarren der »Kugelspritzen« oder »Kaffeemühlen« (*Mitrailleusen*), und erst nach dem Kriege erfuhr ich aus meinen Militärpapieren, dass ich ein »rencontre (*Gefecht*) bei Ars sur Moselle« mitgemacht hatte. Ausserdem hatte ich hier das erste Rencontre (*Treffen*) mit dem Einjährigen Scheuer von den 15. Husaren, der später als Gerichtsassessor in Coblenz wieder mit mir zusammentraf. Sein Pferd fiel beim Tränken in den Mühlenteich, sodass man nur noch die Ohrenspitzen sah, und konnte nur mit vieler Mühe gerettet werden. Er selbst ist später als Aachener Amtsgerichtrat in der Nähe der Kölner Hütte bei Karersee verunglückt und es musste ihm in Innsbruck ein Bein amputiert werden. –

Dann gings weiter hinauf und es folgte eine kalte Nacht ohne Stroh am Rande des Bois des Ognons nahe bei Gravelotte. Das Abendessen wurde durch stramme Haltung ersetzt, denn wir befanden uns in solcher Nähe eines grossen französischen Feldlagers, dass man den Schein der Lagerfeuer deutlich sehen und das dort herrschende Leben deutlich hören konnte. Ein merkwürdiger Kontrast. Bei uns Grabesstille und tiefes Dunkel, drüben ununterbrochener Lärm, Musik und Getöse. Ich meine sogar, ich hätte nicht nur die Marseillaise, sondern auch die Freischütz-Ouverture spielen hören. –

Kaum graute der Tag, so hörte man von neuem Hornsignale und lebhafte Bewegung, aber der unserseits erwartete Angriff blieb so lange aus, dass ich im Laufe des Vormittags den Befehl erhielt, mit einigen Füsilieren, zu denen auch mehrere Offiziersburschen gehörten, nach Ars sur Morselle hinunter zu marschieren, um das dort für das Bataillon gebackene Brot zu holen. Das Brot war noch im Backofen und ich benutzte die Wartezeit, um den Ort nach käuflichen Lebensmitteln abzusuchen. Viel gab es nicht, indessen gelang es mir, einige Flaschen Rotwein, 2 Flaschen Chartreuse (*Kräuterlikör*) und ein paar Tafeln Chocolat Monier aufzutreiben. Während ich aber noch so beschäftigt war, hörte ich von Gravelotte her immer heftiger werdenden Kanonendonner. Was tun? Nach kurzer Ueberlegung beschloss ich das Brot im Backofen zurückzulassen. Den schönen Rotwein konnten wir leider nicht mitnehmen, ich steckte nur meinen Burschen eine Flasche Chartreuse in den Brotbeutel, barg die Chocolade unter dem Waffenrock auf meiner Brust und begab mich auf die Suche. Aus Seite 315 der Regimentsgeschichte ersah ich, dass das Regiment um 2 Uhr nachmittags in Marsch gesetzt worden war, und es muss also zwischen 2 und 3 Uhr gewesen sein, als ich auf der Hochfläche wieder angelangt war. Dicht beim Dorfe Gravelotte stiess ich auf eine feuernde Batterie unserer Divisionsartillerie und erfuhr dort, wohin ich mich zü wenden hatte. –

In Bois des Ognons traf ich die 1. & 4. Kompagnie beim Abstieg ins obere Mance-Tal und hatte meine Leute noch nicht wieder einrangiert, als wir auch schon ins Feuer kamen. Ein Mann – ich meine es wäre ein Hornist gewesen, vielleicht aber auch der Unteroffizier Künnemeyer von meiner Kompagnie – fiel lautlos hinten über, und der brave Unteroffizier Hausmann (s. Saarbrücken) sagte auf einmal »Hä« (ganz kurz), griff mit der rechten Hand nach seinem linken Ellenbogen und verschwand im Hintergrunde. Wir überschritten die ausgetrocknete Mance und stiegen auf der anderen Seite den Hang des Bois de Vaux hinan, um dessen Ostrand zu besetzen, wo vor uns schon andere Truppenteile im Gefecht gewesen waren. Am Waldrande schwärmte das Halbbataillon zu beiden Seiten eines ins freie führenden Fusspfades in die dort befindlichen Gräben und harrte der Dinge, die da kommen sollten, während von hinten die Granaten unserer Artillerie fortwährend über unsere Köpfe sausten und zischten. Halblinks vor uns hatten wir, nur etwa 600 Schritt entfernt, die berühmt gewordene Ferme

(*Gehöft*) St. Hubert, halb rechts die vielgenannte Steinbrücke von Rozerieulles, vor uns, gegenüber Point du jour, eine sanft ansteigende, nur von einigen Kiesgruben unterbrochene, sonst auf 1200 Schritt ganz deckungslose Fläche bis zu den etagenweise übereinander eingegrabene Schützenlinien des Feindes. Zum Schusse kamen wir fast gar nicht, bekamen aber jedes Mal Feuer, sobald wir uns blicken liessen. –

Ein paar Schritte links von mir lag ein Verwundeter von einem anderen Regiment und hatte noch sein Gewehr auf dem Rande der Böschung liegen. Er war durch die Schläfe geschossen, sodass man das Gehirn hervorquellen sah, und gab noch Lebenszeichen von sich, indem er sich mit der Hand über die Schläfe wischte. Bald wurde er ganz still. Mir selbst streifte eine Chassepotkugel über die Stiefelsohle, ohne irgendwelchen Schaden zu tun. Oberst Eskens, sein Adjutant Fleischhammer mit zerschossener Helmspitze und einige andere Offiziere standen beobachtend am Ausgang des Waldes, aber Eskens, dessen Leibesbeschaffenheit den feindlichen Geschossen eine besonders breite Fläche bot, meinte nicht mit Unrecht: »Kommen Sie, meine Herren, hier ist nicht gut sein«, und zog sich ebenfalls in die Deckung zurück. Bald kam auch Hauptmann Köppen, der mit dem anderen Halbbataillon in den Kiesgruben gekämpft hatte, mit blutigem Notverband um die rechte Hand und sagte: »Seht ihr wohl, man ist nicht gleich tot«, begann aber doch zu schwanken und musste von 2 Füsilieren abgeführt werden. Die Gefechtslage in der er seine Wunde davontrug, ist auf dem Gemälde von Professor Hünten in der Düsseldorfer Kunsthalle dargestellt. Die Zersplitterung der Hand erwies sich nachher als eine schwere und es dauerte bis in den Februar 1871, ehe er wieder zum Regiment zurückkehren konnte. –

Gegen 7:30 Uhr abends hörte man aus der Ferne das immer näher kommende, von Hornist zu Hornist weitergegebene Signal »Das Ganze avancieren (*vorrücken*)«, man hörte irgendwo eine Regimentsmusik den Avancier-Marsch spielen, man hörte ferner und näher Hurrageschrei und jetzt erst merkten wir, dass wir uns inmitten eines gewaltigen Völkerringens befanden. Mit einem befreienden Hurra stürmten nun auch wir die 4. Kompagnie unter Führung des Premierleutnants Hesse möglichst gebückt übers freie Feld vorwärts bis in eine der Kiesgruben 250 Schritt vor Point du jour. Es dunkelte bereits und als nun von halb rechts ein Schwarm von menschlichen Gestalten auf uns zugelaufen kam, da fingen unsere Füsiliere ohne Kommando zu schiessen an, bis wir durch Rufe verständigt wurden, dass es sich um versprengte preussische Soldaten verschiedener Truppenteile handelte. –

Gegen 9 Uhr abends führte Hesse die Kompagnie bis vor den Waldrand zurück, wo das Bataillon sich wieder sammelte und die Gewehre zusammengesetzt wurden. Jetzt erst war der Augenblick gekommen, wo ich den Becher mit Chartreuse im Kreise der Offiziere kredenzen konnte, und als ich mich nun auch meiner Chocolade erinnerte, da griff ich zwar unter dem Waffenrock in eine breiige Masse, aber schmecken tats doch und ich sollte den Rest meiner Kräfte ja auch noch nötig haben.-

»Während ein Teil der Leute sich bereit hielt, etwaige Vorstösse der Franzosen zurückzuweisen, suchte ein anderer Teil das vorliegende Feld nach Verwundeten ab und trug sie nach den am Waldrande eingerichtete Verbandsplätzen zusammen.« So heisst es auf Seite 329 der Regimentsgeschichte, und dieser Teil bestand aus je einem Zuge der 3. & 4. Kompagnie unter Führung des Vicefeldwebels Witting, u. des Offiziersdiensttuenden Unteroffizier Viebig; aber kein dritter kann ahnen, welch überwältigende Eindrücke hinter diesen nüchternen Worten verborgen sind. Wir liessen sämtliche Waffen u.s.w. zurück und nahmen nur die Mäntel mit. Im Hintergrunde die lodernden Flammen von Moscou, St. Hubert und Point du jour und noch vier anderer Feuerstellen mit rotem Widerscheine, daher im Vordergrunde trotz sternenklaren Himmels tiefe Finsternis, von allen Seiten die Jammerrufe »Ach kommt doch, holt mich doch.« Alle Augenblicke stiess man mit dem Fusse gegen einen Toten oder Verwundeten und beugte sich nieder um zu sehen, ob er noch lebte oder nicht. Da habe ich in manches brechende oder gebrochene Auge geschaut, manchem schwer getroffenen Mut zugesprochen, und wenn sich Witting darüber wunderte, wie ich das konnte, dann musste ich mich selbst darüber wundern. Alle Müdigkeit war vergessen, ich fühlte überhaupt keine Knochen mehr, schwebte wie ein körperloser Schatten übers Feld und tat wie im Traume das Selbstverständliche, als hätte ich nie etwas Anderes getan. Noch Heute ist's mir manchmal so, als hätte ich das ganze geträumt. –

Die leichter Verwundeten wurden sitzend von je 2 Füsilieren auf den verschlungenen Händen getragen und so wie auf einer Bahre zum Verbandplatz getragen, der freilich einstweilen nur in der Idee existierte. Weit und breit war kein Lazarethgehülfe (jetzt sagt man Sanitätssoldat), geschweige denn ein Arzt zu finden. Die ganze Hülfeleistung bestand zunächst darin, dass die Verwundeten so gut es ging auf der Erde gebettet wurden und wenigstens den schwachen Trost des Beisammenseins hatten. Nicht einmal Wasser konnten wir schaffen, um den brennenden Durst zu stillen, denn die ersten nach Gravelotte geschickten Leute kamen mit leeren Kochgeschirren zurück. Vergeblich hatten sie sich um den Zutritt zu den Brunnen geprügelt, die doch statt Wasser nur noch Jauche von sich gaben. Erst bei Tagesanbruch konnte Leutnant Kohtz, das sogenannte Kötzchen die Verwundeten mit Wasser erquicken. –

Etwa 60 bis 80 Verwundete hatten Witting und ich zusammengebracht, als wir uns von neuem weiter vorwärts auf die Suche machten. In unserem Eifer hatten wir nicht bedacht, wie nahe wir den französischen Stellungen waren, und auf einmal krachte aus nächster Nähe eine Salve über uns hinweg. Alles lief sauve qui peut (*rette sich, wer kann!*) nach dem Walde zurück, es gab ein allgemeines Durcheinander, die Gewehrpyramiden wurden umgerannt und das ganze Bataillon ging in die am Nachmittag besetzt gehaltenen Schützengräben zurück, wo ich alsbald in hockender Stellung in einen kurzen, aber tiefen Schlaf versank. Um 3 Uhr morgens verliess das Regiment seine Stellung und die Verwundeten mussten trotz ihrer Rufe »Nehmt uns doch mit« bis auf weiteres ihrem Schicksal überlassen werden. Wir traten den Rückmarsch nach unserem früheren Biwakplatz an, aber mein Helm, mein Mantel und mein Degen waren nicht mehr zu finden und ich musste mich mit dem, was man gerade auf dem Felde fand, einem Offiziershelm ohne Vorderschiene, einem Mantel mit fremder Nummer und andersfarbiger Achselklappe und einem Degen ohne Scheide, der mich beim Gehen jeden Augenblick in die Beine stach, begnügen. Auch ein kleines silbernes Essbesteck in rotem Leder hatte mein Bursche für mich erobert und erst gegen Ende des Feldzugs, als eines Tages die erste Kompagnie bei uns zu Gaste war, entdeckte der Leutnant der Reserve H. von der Leyen aus Crefeld in meiner Hand – sein längst verloren geglaubtes Eigentum. Ich selbst hatte beim Aufsuchen der Verwundeten 2 blutbefleckte Generalstabskarten gefunden, die mir während der Belagerung von Metz noch manche gute Dienste leisteten und mitsamt dem eingetrockneten Blute noch heute in meinem Besitze sind. Dann stiegen wir wieder in die Mance-Schlucht hinab und nahmen unseren Weg bachaufwärts bis zu der denkwürdigen Chaussee-Enge zwischen St. Hubert und Gravelotte, wo jetzt das wirkungsvolle Denkmal der 8. Jäger steht. Zwischen zerfetzten Bäumen, aufgehäuften Leichen, toten Pferden, zerbrochenen Geschützen und Fahrzeugen wanden wir uns im ersten Tagesgrauen nach Gravelotte hindurch und neben mir rasten fortwährend die Lazarethwagen auf u. ab. Im Dorfe – ich habe es zuletzt am 18. August 1911 von Lorry aus noch einmal wiedergesehen – lagen auf den Düngerhaufen vor den überfüllten Häusern ganze Reihen von Verwundeten, und man war froh, als wir wieder draussen auf den Biwakplatz gelangten. Sofort liess ich mich in eine Ackerfurche fallen und streckte alle Viere von mir, aber es dauerte nicht lange so erwachte ich wieder und sah wie durch einen grauen Schleier ein paar Reiter dicht vor mir halten. Ich rieb mir den Schlaf aus den Augen und erkannte den alten Steinmetz, der vom Pferde herab zu uns sagte: »Na Kinder, Ihr habt Euch brav geschlagen, aber nun auch die Mäntel rollen, es kann gleich wieder losgehen.« Wir waren empört. Er hatte ja recht, denn noch niemand wusste bei uns, dass auf dem linken Flügel bei St. Privat (Anm. 44) die Entscheidung bereits gefallen war; aber dass er bei unserer Stimmung ans Mäntelrollen dachte, das entlockte uns manchen stillen Fluch. Gott sei Dank war's auch überflüssig, denn bald erschien sogar unsere Bagage und auch die heissersehnte Proviantkolonne und man begann allmählich wieder etwas Mensch zu werden. –

Die Feldpost im Dorfe bekam nun bald genug zu tun. Am 19. schrieb ich nur einige Worte, am 20. aber auf zwei Feldpostkarten einen längeren Bericht, der zugleich die erfreuliche Meldung enthielt, dass ich am letzteren Tage zum Vicefeldwebel befördert worden war. Bis zur Ankunft dieser Karten, die erst am 25. u. 26. August in Düsseldorf eintrafen, waren die Eltern in begreiflicher Unruhe. Sie hatten sich eingebildet, dass wir 39er nach Spichern länger in der Reserve bleiben und nicht sobald wieder in's Feuer kommen würden, und als nun gar ein Angehöriger des Regiments nach Düsseldorf gelangte, der mich am 18. beim Beginn der Schlacht gesund und munter gesehen hatte, nachher aber zufälligerweise nicht mehr mit mir zusammengetroffen war, da war die Not natürlich doppelt gross. »Nach Tagen bängster Sorgen um dich«, so schrieb mein Vater am 26. August, »erhielten wir endlich gestern Deine ersten Zeilen vom 19. und dankten Gott aus Herzensgrunde, dass Du abermals so wunderbar erhalten geblieben.« Unter Vaters Brief vom 28., der mich zugleich über die allgemeine Kriegslage unterrichtete, schrieb auch Clara mit kindlichen Buchstaben, die ich von ihrer Hand besitze. »Herzlichen Gruss von deiner dichliebenden und oftgedenkenden Schwester Clara Viebig.« Auch Herr Limbourg aus Bitburg, dessen Sohn Joseph sich als Vicefeldwebel bei der 2. schweren Reservebatterie der Gardelandwehrdivision an der Beschiessung von Strassburg beteiligte, gratulierte mir am 28. August, dass der liebe Gott mich so sichtlich in seinen Schutz genommen habe und sprach die Hoffnung aus, dass der jetzige Kampf eine entscheidende Abrechnung mit Frankreich bringen und uns die Früchte des

Sieges dauernd sichern möge. Mein Kollege Referendar Hugo Wirtz schrieb an demselben Tage: »wie sich unsere guten vergnügungssüchtigen fidelen Düsseldorfer verändert haben«, musste aber in demselben Briefe leider auch berichten, wie sich das Interesse der krankenpflegenden jungen Damen – er nennt die Namen Hagedorn, Jäger und von Sybel – hauptsächlich den Franzosen zugewandt und dies sogar »einen furchtbaren Sturm in den Zeitungen« hervorgerufen habe. –

So weit waren wir nun freilich noch nicht, und doch ersehe ich aus meinen eigenen Feldpostkarten, dass auch wir Krieger selbst schon von baldiger Beendigung des Feldzuges träumten und mindestens auf baldige Quartiere statt des »ewigen Biwakierens hofften.« Auch mein Vater schrieb schon vor dem 26. August: »Wären nur Metz u. Strassburg erst in unseren Händen, dann dürfte der Krieg bald sein Ende erreicht haben. Um die Herausgabe von Elsass u. Lothringen dürfte es sich beim Friedensschluss hauptsächlich handeln, – und Elsass wäre das mindeste!« – Die grossen Schlachttage waren freilich für uns vorbei und ich habe von jetzt ab nur noch kleinere Gefechte mitgemacht; aber töter wie tot kann man schliesslich nicht geschossen werden und dazu fand sich auch auf Vorposten und Patrouillengängen noch reichlich Gelegenheit. Kein Mensch ahnte damals, wie lange die Geschichte noch dauern sollte und mit Recht sang Emanuel Geibel (Anm. 45):

»Wir träumen nicht von raschem Sieg,
Von leichten Ruhmeszügen;
Ein Weltgericht ist dieser Krieg
Und stark der Geist der Lügen;
Doch der einst unsrer Väter Burg
Getrost, er führt auch uns hindurch,
Vorwärts!

Zernierung (Einschließung) von Metz (Anm. 46)

Am Sonntag, den 21. August, begann für uns die von dem Prinzen Friedrich Carl (Anm. 47) geleitete Zernierung der Festung Metz und der darin eingeschlossenen Armee Bazaine (Rheinarmee). Wir verliessen die Hochfläche von Gravelotte, die ich in späteren Zeiten von Metz u. Lorry aus noch mehrmals gesehen und einmal auch in Begleitung meiner Frau (Anm. 48) aufgesucht habe und richteten uns auf dem rechten Moselufer im Weinberg des Herrn – so nannten wir den Weinberg bei Jouy aux Arches am Abhang des Mont St. Blaise – mit Hülfe der Pioniere häuslich ein. Die Reben wurden ausgerissen und als Flechtwerk für die Mannschaftshütten verwendet, die aber gegen den strömenden Regen bald keinen Schutz mehr boten und die völlige Aufweichung des lehmigen Erdbodens auf die Dauer nicht verhindern konnten. Die Verpflegung wurde nun bald in befriedigender Weise geregelt und an petit vin du Pays (*an einfachem Landwein*) war kein Mangel; aber die Kerls frassen massenhaft trotz strengen Verbots die unreifen Trauben, und die Folge waren die ersten Ruhranfälle (»wie ein Reiher über sechs Beete weg«), die sich bald in erschreckender Weise vermehrten und verschlimmerten. –

Von unserem Lager hatte man einen reizenden Blick in das liebliche Moseltal, und feierlich drangen am 22. August von Ars sur Moselle die ernsten Klänge von »Jesus meine Zuversicht« zu uns herüber. Es war der Hauptmann Graf Stosch, der dort zu Grabe getragen wurde; aber man hatte wenig Zeit die Aussicht zu geniessen und trüben Gedanken nachzuhängen. Mein Freund und Kompagniekollege Bäumer war zu dem Beobachtungsposten auf dem Mont St. Blaise abkommandiert, wo sich jetzt die gewaltige Panzerfeste Graf Häseler (Anm. 49) erhöht, und in Ermangelung eines zweiten Offizieres fiel mir der Löwenanteil des Kompagniedienstes zu, in dem ich abwechselnd entweder auf Feldwache zog oder die Anlegung von Schanzen (Anm. 50) und Schützengräben zwischen Orly ferme und Polka ferme zu beaufsichtigen hatten, an denen täglich bis in die späte Nacht gearbeitet wurde. Wiederholte Alarmierungen und Beschiessungen sorgten für die nötige Abwechslung und die Herren Füsiliere waren auch nicht immer so leicht zu behandeln. Einmal beim fouragieren (*Quartier machen*) kam es sogar zu offenen Widersetzlichkeiten der übermüdeten Leute. Ein Steinwurf von unbekannter Hand traf mich im Dunkeln in den Rücken und ich musste mit dem flachen Säbel dazwischen hauen, um die sonst so gutmütigen Menschen wieder zur Vernunft zu bringen. –

Am 25. August übernahm der mit dem ersten Nachschub vom Ersatzbataillon eingetroffene Hauptmann von Asmuth seine alte Kompagnie, und obschon ich ihn persönlich gerne mochte, war ich von diesem Wechsel nicht sehr erbaut. Wir lagen auf Vorposten u. ich war gegen Abend unter freiem Himmel mit dem Backen von Reibekuchen (Kartoffelpuffer) für die Herren Offiziere beschäftigt, als er bei uns eintraf. »Das soll ich essen?« war eine der ersten Sorgen des kränklichen Herrn, und ich erwiderte wenig respektvoll: »Das werden Sie wohl essen müssen, Herr Hauptmann, wenn Sie überhaupt etwas essen wollen.« In der Nacht rief er jedesmal »An die Gewehre!« wenn irgendwo ein harmloser Schuss fiel, und als er uns am folgenden Morgen nach seiner Karte in's Biwak zurückführen wollte, da warfen Bäumer und ich uns bedenkliche Blicke zu, bis wir ihm schliesslich begreiflich machen mussten, dass er uns in der eingeschlagenen Richtung rettungslos dem nahen Feinde in die Arme führe. –

In besonders unangenehmer Erinnerung, die ich während meiner Hauptmannsübung im Jahre 1883 an Ort und Stelle wieder aufgefrischt habe, steht mir die Feldwache Nr. 3 am Schnittpunkt der Chaussee und Eisenbahn nordöstlich Tournebride in der Nähe des jetzigen Exerzierplatzes bei Freseaty. Nicht nur konnte man die Fenster der Metzer Kathedrale deutlich zählen, sondern man lag auch den feindlichen Posten auf 400 Schritt fast ohne Deckung gegenüber, sodass zur Vermeidung unnötiger Verluste unsere Posten nicht wie sonst üblich alle 2 Stunden, sondern nur in der Morgen- u. Abenddämmerung abgelöst werden konnten und so lange einfach auf dem Bauche liegen blieben. Natürlich musste aber der Wachhabende die Postenlinie zuweilen revidieren, und so wie sich nur eine Helmspitze von uns sehen liess, ging drüben das Geschiesse los. Als ich eines Vormittags schnell über die Chaussee hinüberlief, um nach den jenseitsbefindlichen Posten zu sehen, bemerkte ich dicht vor mir im Kartoffelkraut ein rotes Käppi. Ein feindlicher Schütze war so nahe herangekrochen, dass ich sein Gesicht erkennen konnte. Ich sah ihn auf mich anlegen, bückte mich, und in demselben Augenblick pfiff die Kugel gerade über meinen Kopf hinweg. Ein anderesmal kam des Nachts ein französischer Ueberläufer und meldete, dass in derselben Nacht ein Angriff auf uns beabsichtigt sei. Ausser der üblichen Knallerei ereignete sich jedoch nichts besonderes. Dagegen unternahm am Morgen des 30. August eine französische Infanterie-Abteilung in der Tat einen Angriff auf Tournebride. »Längs des Eisenbahndammes vorgehend« – so heisst es auf Seite 337 der Regimentsgeschichte – »stiess sie auf die Feldwache Nr. 3 der 4. Kompagnie unter Vicefeldwebel Viebig. Mit Ruhe u. Sicherheit trat dieser dem Feinde entgegen. Auch führte alsbald Hauptmann von Asmuth den Rest der 4. Kompagnie zur Unterstützung der Feldwache vor. Nach kurzem wirkungslosem Feuergefecht zog der Feind wieder ab.« Auch unser neuer Bataillonskommandeur, der vom Ersatzbataillon gekommene Major Herrmann war, als die ersten Schüsse fielen, persönlich herbeigeeilt und ich genoss wenigstens den seltenen Vorzug, ausnahmsweise nicht angeschnauzt zu werden. –

Am 29. August hatte ich mich bei meinem Vater für die übersandte Karte des Kriegsschauplatzes bedanken können, die mir bei der Aufzeichnung meiner Kriegserinnerungen jetzt wieder zur Orientierung dient, und es scheint fast, als hätte Vater eine Ahnung gehabt, dass ich diese Karte binnen wenigen Tagen besonders nötig haben würde. Am 31. nachmittags rückten wir nach Jouy ins Quartier, um angeblich 48 Stunden Ruhe zu bekommen. »Welcher Genuss,« – so schrieb ich nach hause – »in einem geschlossenen Raume und wenigstens halb entkleidet eine Nacht zuzubringen, nachdem wir 28 Nächte hintereinander biwakiert. Die Leute hatten es allerdings fast schlechter als im Biwak, da die ganze Kompagnie auf dem Speicher u. Hausflur eines mässig grossen Hauses kampieren musste, sodass die Leute mehr auf- als nebeneinander lagen.« Inzwischen hatte am 31. August der Kampf um Noisseville (Anm. 51) begonnen, wo Bazaine, um sich mit der Armee von Châlons zu vereinigen, die Einschliesungstruppen zu durchbrechen gedachte. –

Am 1. September morgens konnte ich endlich meine schmutzigen Sachen im Dorfe zur Wäsche geben, nachdem ich bis dahin nur einmal mir eigenhändig etwas gewaschen hatte. Aber kaum war die Wäsche glücklich im Wasser, so mussten wir sie im Stiche lassen. Wir hörten den Kanonendonner von Noisseville und standen um 11 Uhr vormittags wieder marschbereit »im Weinberg des Herrn.« Zur Abwechslung wurde sogar exerziert (!!) und erst um 4:30 Uhr nachmittags marschierten wir in der Richtung auf Mercy – le Haut. Um 8:30 Uhr abends bezogen wir Biwak zwischen Fleury u. Pouilly u. der Marsch war mir ungewöhnlich schwer geworden, da ich schon im Laufe des heissen Tages und darauffolgenden Abendnebels mit empfindlichen Schmerzen im Halse zu kämpfen hatte. Ich fieberte heftig, und die Nacht unter freiem Himmel trug natürlich nicht zur Besserung bei. Am anderen Morgen entdeckte der Arzt zwei Geschwüre im Rachen und schickte mich »wegen Diphtheritis« sofort ins Lazareth nach Corny. Gehen konnte ich aber nicht, und so wurde dann das Rösslein des Unterarztes Dr. Zahn gesattelt und ich wurde darauf gesetzt. Es war ein sogenannter Falbe, ein isabellenfarbiges (Anm. 52) Tier mit einem dunkelgrauen Längsstreifen über dem Rücken. Und der Doktor hatte schon manchen schlechten Witz über seinen Maulesel auszuhalten gehabt. Nun zog ich als Ritter von der traurigen Gestalt (*Don Quijote*) meine Strasse; statt meines Breidenbach, der schon vor mir ernstlich erkrankt war, führte ein anderer Bursche den Gaul im sausenden Schritt an der Trense, und dennoch musste ich einmal aus dem Sattel, um im Chausseegraben 1,5 Stunden zu schlafen, ehe ich wieder weiter konnte. –

In Corny wurde ich von einem Lazareth zum anderen geschickt, sie waren alle mit Verwundeten überfüllt, aber endlich fand ich Unterkunft in einer Tonröhrenfabrik, die eben erst zum Lazareth eingerichtet werden sollte. In einem grossen Speicher lag zwischen den Lattengestellen, auf denen die Tonröhren trockneten, Matratze an Matratze. In dem mittleren Durchgang waren grosse Tonnen aufgestellt und ich gewahrte mit Schrecken, dass ich mich in einem Ruhrlazareth befand. »Ein Gesunder konnte hier krank werden«, so schrieb ich später nach hause, und »die Nacht, die ich hier zubrachte, wird mir zu den schauerlichsten Erinnerungen aus dem Feldzuge gehören.« Um 10 Uhr abends sprach ich noch mit einem Unteroffizier von den Jägern, der jammernd neben mir lag; am anderen Morgen war er starr und stumm. Meine sogenannte Diphtheritis stellte sich zwar nur als gewöhnliche Halsentzündung heraus, aber das Fieber stieg und der Arzt erklärte alsbald, dass ich hier natürlich nicht bleiben könnte. –

Ein Krankentransport ging am Morgen des 3. September mit der Bahn von Novéant ab und diese Aussicht machte mich fast schon halb gesund. Flüchtig begrüsste ich Herrn Direktor Hartmann aus Trier so flüchtig, dass ich nicht einmal nach hause schreiben konnte, wie er dorthin gekommen war, und dann fuhren wir los nach Pont á Mousson, durften aber wider Erwarten gar nicht aussteigen, sondern sollten nach Nancy weiter. »Hier erfreute ich mich vom Bahnhof aus an der schönen Stadt und dem ungeheueren Truppenverkehr und liess mich von eleganten Damen bewirten, aber auch hier war meines Bleibens nicht.« Ich fragte endlich, wohin die Reise denn eigentlich gehen solle, und hörte zu meinem nicht geringen Erstaunen »nach Mannheim«. Das war nun aber doch gar nicht nach meinem Sinn. Ich hoffte doch in einigen Tagen wiederhergestellt zu sein, und der Gedanke, als unverwundeter Patient so weit ins Heimatland verschlagen zu werden, hatte für mich beinahe etwas Schimpfliches. Auf der nächsten grösseren Station stieg ich also heimlich aus, um auf eigene Faust mein Glück zu versuchen, und fragte, wo ich sei. Ich war in Lunéville, in Friedenszeiten einer grossen französischen Kavalleriegarnison, und im Kaiserlichen Schloss befand sich auch das erwünschte Lazareth. –

Bevor ich nun dort aber einziehe, will ich hier gleich einschalten, welche Folgen meine Flucht aus dem Eisenbahnwagon hatte. Am 22. Oktober schrieb mein Freund Zeiler aus Heidelberg (Anm. 53): »Alle Deine hiesigen Freunde und Freundinnen glaubten Dich in irgend einem Bierdorf verwundet und zwar aus folgendem Grunde. Eines Tages behauptete nämlich Fräulein Elise Krausmann, sie habe Dich in irgend einer Zeitung als verwundet im Mannheimer Lazareth liegend gelesen. Bürgermeister K. sowie ich schrieben sofort nach dort, und sah mein Alter sämtliche Listen durch, ohne Deinen Namen zu finden. Den nächsten Sonntag darauf durchsuchte ich nochmals die Spitäler, ob Du nicht vielleicht unter anderem Namen dort liegst, allein, Gott sei Dank, umsonst. Merkwürdig ist es aber, dass Du für Mannheim bestimmt warst; es scheint dass die Liste mit Deinem Namen nach dort kam. Theresa Krausmann lässt dich freundlich grüssen; sie hatte Dir ins Spital geschrieben, bekam jedoch den Brief zurück.« –

Im Schloss zu Lunéville wurde ich zunächst mit anderen Kranken, darunter mehrere gemütliche Bayern, in einem grösseren Raume untergebracht, aber schon am nächsten Vormittag kam der vorstehende Johanniter, ein kurhessischer Rittmeister a.D. Baron von Zipf und wies mir einen netten Einjährigen, der sich mir angeschlossen hatte, ein schönes Offizierszimmer mit 3 Betten an, worin ich mich bald behaglich fühlte. Er hatte, wie er sagte, an meinem Gesichte gleich erkannt, dass ich kein gewöhnlicher Feldwebel, sondern etwas besseres sei. Nun lag ich seit Trier zum ersten Mal in einem Bett und der einzige Uebelstand war der, dass am ersten Abend ein pot de chambre (*Nachttopf*) fehlte. Die bekannte Erfahrung, dass man in manchem französischen Hause vergeblich nach einem gewissen Orte sucht, schien sogar im kaiserlichen Schloss zuzutreffen, und vor der pflegenden Krankenschwester, einer vortrefflichen bayrischen »Franziskanerin« genierten wir uns doch ein bisschen. Schliesslich erriet sie aber doch, warum wir immer aus der Stube liefen, und sagte ganz ungeniert, sie wolle uns gleich »etwas« bringen. –

Am Mittag des 4. September versammelte sich in dem grossen Innenhofe des Schlosses, nach dem sich unsere Fenster öffneten, eine merkwürdige Gesellschaft. Ich hatte wohl tags vorher etwas von Sedan läuten hören, aber es waren doch nur unbestimmte Gerüchte. Und nun trat auf dem Hofe die ganze Besatzung von Lunéville in Paradeaufstellung an. Eine Kompagnie badische Landwehrgrenadiere und 2 Züge Kavallerie zu Fuss, jeder zweite Mann in einer anderen Uniform. Und dann erschien der Kommandant, ein Oberst von irgend einem kleinen deutschen Raubstaat in einer vorsündflutlichen Montur wie Spinat mit Eiern. Die Truppen präsentierten und der Oberst hielt eine Ansprache: »Deutsche Soldaten! Die ganze Armee Mac Mahon's (Anm. 54) ist bei Sedan vernichtet. Der Kaiser Napoléon und 100.000 Mann sind Kriegsgefangene u.s.w.« Darauf Hurra u. Parademarsch, aber ich konnte nicht Hurra schreien. Mir versagte die Stimme und geschwächt wie ich war, liefen mir die Tränen über die Backen. »Viele hiesige Einwohner standen umher« – so schrieb ich noch am selben Tag nach hause – »und der Himmel fing eben an über Frankreich zu weinen.« –

Nicht lange nachher kursierte in Frankreich eine an der Uhrkette tragbare Medaille, auf der »Napoleon III. le misérable« (der Elende) mit einem preussischen Helm und einem Halseisen mit der Inschrift »Sedan« abgebildet ist. Auf der Rückseite der Medaille, von der ich noch ein Exemplar besitze, steht zu lesen: »Vampire francais. 2. Dec. 1851 – 2. Sept. 1870;« und in Reims erwarb ich später die Photographie eines Gemäldes, worauf Madam la France mit ihren Kindern an einem Denkmal trauert, auf dem die Worte stehen: »Aux victimes des deux empires (*Den Opfern der beiden Reiche*). 1815 et 1870.« Im Hintergrunde steht Napoléon I. in einem brennenden Scheiterhaufen und Napoléon III. watet in einem Bache von Blut und häuft mit eigener Hand Leichen auf Leichen.

Binnen wenigen Tagen nach der Parade von Lunéville konnte ich an meine Rückreise denken. Rittmeister von Zipf wollte mich noch länger halten, aber ich fühlte mich kräftig genug und die Ungeduld trieb mich zu den Kameraden zurück. Der liebenswürdige Baron, versorgte mich mit Zeitungen, ging mit mir im Schlossparke spazieren, zeigte mir noch die Kaiserlichen Prunkgemächer mit dem Bett, in dem Napoleon III. geschlafen hatte, und führte mich durch die »Ambulance international«, wo verwundete Turco's (des »sauvages« (Anm. 55) wie die anderen französischen Soldaten sagten) mich mit wütenden Gebärden verfolgten. Dann nahm ich mit Liebesgaben ausgerüstet u. dankbaren Herzens für immer Abschied von dieser friedlichen Oase. Auf dem Bahnhof musste ich von 5:30 bis 11:30 Uhr vormittags auf Beförderung warten und übte mich unterdessen in der französischen Konversation mit Frauen und Kindern aus dem Volke, die sich auf französische Verwundete wartend im Kreise um mich lagerten und sich nicht genug wundern konnten, als der Prussien (*Preuße*) bei seinem mitgebrachten Frühstück sich eines Bestecks »en argent« (*aus Silber*) bediente.-

An diesem Tage, dem 9. September, kam ich nur bis Nancy, wo ich ein schönes Quartier bekam und zum ersten Male die Place Stanislas (Anm. 56) bewunderte und am 10. September zunächst bis Blainville und dann bis Pont á Mousson, wo ich wieder übernachten musste. In Blainville traf ich einen Transport von württembergischen Artilleristen, die von Ulm bis hierher 6 Tage auf der Bahn gelebt hatten und doch noch fröhlich u. guter Dinge waren. Sie sangen vierstimmig mit wohlgeschulten Stimmen die bekannten schwäbischen Volkslieder, und die einfachen Töne machten mich so weich, dass ich nachher nach hause schrieb: »Ich werde die Stunde nie vergessen.« In Pont á Mousson begab ich mich nach einem trefflichen Diner alsbald zur Etappenkommandantur im Hôtel de Ville (*mairie=Rathaus*) und da hielt auf dem Platze gerade der gesamte General-Stab Mac-Mahon's, während tausende gefangene Offiziere u. Soldaten, meist sehr marode u. zerlumpt, den Ort durchfluteten. Da sassen die fremdartigen Generale auf ihren langschweifigen arabischen Hengsten und warteten auf die Bestimmung ihrer weiteren Schicksale, und ein elsässischer Schicksalsgenosse erklärte ihnen die deutsche schwarz-weisse Inschrift auf dem girlandengeschmückten Rathaus: »Nicht uns, Gott die Ehre! Heil, Wilhelm, Dir!« (Am 25. August 1911 habe ich von Lorry kommend, noch einmal vor diesem Rathaus gestanden und die wenig vertrauenserweckende Kavallerie Mussipontaine (13. Drag.= stationiert in Pont à Mousson) inspiziert.

Mir halste man in Pont á Mousson ein Kommando von genesenen Kranken und Verwundeten, 3 Unteroffiziere und 12 Mann vom II., VII., VIII., IX., X. u. XI. Armeekorps auf, die zu ihren Truppenteilen vor Metz zurückgeleitet werden sollten, und mit dieser bunten Gesellschaft trat ich am 11. September den Fussmarsch nach Novéant an. Ein kriegsbummelnder Hauptman a. D. von Binzer schloss sich mir an und hat dann in Nr. 45 der »Gartenlaube« von 1870 unter dem Titel »Bei den Zernierungstruppen vor Metz« diesen Marsch und die folgenden Tage ziemlich getreu beschrieben. Von Novéant aus, wo wir im Johanniter-Depot bewirtet wurden, begab ich mich in's preussische Hauptquartier nach Corny, um mich nach der inzwischen veränderten Stellung der einzelnen Armeekorps zu erkundigen, und wurde in's Billardzimmer des Château's geführt, wo auf dem Billard die sämtlichen in Betracht kommenden Generalstabskarten aneinandergelegt und die Stellungen der Zernierungstruppen mit Stecknadelfähnchen bezeichnet waren. Nun konnte ich meine Leute wenigstens einigermassen zurechtweisen und zum Scherze kommandieren: »II. u. X. Armeekorps links um, VIII. Armeekorps geradeaus, VII. Armeekorps rechts um!« –

Am Abend dieses Tages stiess ich, nachdem mir in Jouy aux Arches der damalige Hauptmann Arno Arndt von den 29er begegnet war, im Dunkeln endlich auf die Nr. 39 und fand in Marly sur Seille auch meine liebe Kompagnie, wo ich freundlich willkommen geheissen wurde. Sogar Major Herrmann verstieg sich zu den huldvollen Worten: »Na, es ist gut, dass Sie wieder da sind.« Eine Veränderung des alltäglichen Lebens war inzwischen nur insofern eingetreten, als wir bei der vorgerückten Jahreszeit und dem bedenklichen Gesundheitszustand nicht mehr so oft zu biwakieren brauchten, sondern möglichst in Alarmquartieren in den verlassenen Dörfern untergebracht wurden, wo man sich freilich auch nicht einmal ausziehen konnte. Der Feldwebel hatte zu seinen übrigen Dummheiten auch noch die begangen, dass er während meiner kurzen Abwesenheit 4 für mich bestimmte Briefe nach Düsseldorf zurückgesandt und dadurch den Eltern einen nicht geringen Schrecken eingejagt hatte. Nun aber fand ich in Marly zu meiner grossen Freude ein Paket mit einem wollenen Hemde vor, das der von seiner Verwundung wiederhergestellte Leutnant von Forell mir von meinen Eltern mitgebracht hatte, desgleichen auch Briefe derselben, in die von meiner Mutter auch wollene Strümpfe u. ein goldenes Fünffrankenstückchen eingelegt waren, und nun erfuhr ich denn auch, was man zu hause von den welterschütternden September-Ereignissen sagte. –

Die Mutter war durch die Nachricht vom Tode Max Berndt's der bei Vionville durch die Brust geschossen war, aufs tiefste bewegt. Ich selbst hatte bei Forbach mit dem Infanterie-Regiment Nr. 35 im selben Lager gelegen ohne zu ahnen, dass Max bei diesem Regimente stand. Jetzt war meine Mutter natürlich um meine Gesundheit nachträglich doppelt besorgt und voller Wünsche u. Pläne, was sie mir etwa schicken könnte. »Hier leben wir natürlich stets in Spannung und Erwartung der Dinge, die da kommen sollen«, so schreibt sie am 7. September, »und so schnell die Ereignisse sich auch folgen, so geht es einem doch immer nicht rasch genug. Die Proklamation der Republik (Anm. 57) in Paris hat unsere kranken Franzosen sehr auf's Haupt geschlagen. Auch ich habe Mitleid mit ihnen, zumal ihnen das hiesige Klima und Lebensweise sehr schlecht zusagt und sie massenweise sterben.« Vater hatte schon am 1. September auf die ersten Nachrichten über Mac-Mahon's Niederlagen vom 29. und 30. August geschrieben: »Frankreichs Widerstandskraft ist jetzt gebrochen.« »Wie es jetzt noch möglich sein soll, Paris in ernstlicher Weise zu verteidigen, lässt sich nicht wohl absehen.« Er hatte die Katastrophe von Sedan, wenn auch nicht in solchem Umfange kommen sehen, schrieb aber doch am 7. September, und zwar wiederum in richtiger Voraussicht: »Ohne Belagerung und wahrscheinlich Bombardement von Paris wird es aber schwerlich abgehen.« –

Auch Klara schwang sich zum ersten Brief auf und schrieb mir auf einem rosa Bögelchen mit gepresstem Rande folgendes: »Lieber Ferdinand! Ich wünsche mir sehr, dass Du bald wieder zu uns kommst und wieder gesund wirst. Als der Napoléon u. der Mahon gefangen worden waren, wurde illuminiert. Wir hatten nicht illuminiert, auch Görings (die Nachbarn der Viebigs am Schwanenmarkt) nicht, wir warten bis Du wiederkommst. Ich habe jetzt Ferien und habe deshalb sehr viel Zeit. Im Gärtchen haben wir ziemlich viele Weintrauben, die Mama wollte sie nicht abnehmen lassen, sie wollte sie aufbewahren, bis du wiederkämst, aber da haben sich die Vögel über sie hergemacht und haben sie ganz u. gar aufgefressen. Nun muss ich schliessen. Deine treue Schwester Clara Viebig.« –

Auf der Rückseite dieses Briefchens hat mein Freund Hermann Richter, der sich bei den Eltern fleissig nach mir erkundigte und mir sogar seine Doktor-Dissertation in's Feld nachsenden wollte, einige Zeilen beigefügt, worin er hoffte, dass ich nach meiner Wiedergenesung »auch das Ende dieser herrlichen Kriegszeit noch miterleben« möge. In einer späteren Feldpostkarte schreibt er sogar. »Nach dem unbeschreiblichen Jubel vom 2. September ist jetzt alles still, seitdem keine Siegesbotschaft, man ist ganz verwöhnt.« Aber wir da draussen vor Metz fanden diese Kriegszeit schon längst nicht mehr so herrlich. Schon jetzt war wohl niemand im Regiment, der sich nicht nach baldiger Beendigung des Feldzuges sehnte, und doch hatte die Metzer Leidensschule noch kaum begonnen. Man tat selbstverständlich seine Pflicht und Schuldigkeit, aber die erste Begeisterung war in der täglichen Misere nur zu bald verflogen. –

Am Abend des 11. September war ich wie gesagt in Marly angekommen und schon am folgenden Morgen um 7 Uhr durfte der »Vizeviebig« vom Strohlager wiederum auf die Walze. Es wurde nach Fleury und nachmittags – Gott weiss warum – wieder zurück bis Pouilly marschiert, wo dann ein paar ruhigere Tage zur allgemeinen Instandsetzung der bereits arg mitgenommenen Bekleidungs- u. Ausrüstungsstücke, sowie zu ausführlichen Mitteilungen an die Angehörigen benutzt werden konnten. Meine persönliche Sorge war nur die, wie ich bei längerer Dauer des Feldzuges mit meinem einzigen Waffenrock und der einzigen Tuchhose auskommen solle. Vorläufig ging es jedoch noch erträglich und ich konnte die Eltern einstweilen darüber beruhigen. –

Auf dem Marsche nach Fleury begegnete uns das zu unserer Division gehörende Infanterie-Regiment NO 77 mit den beiden Avantageuren (*Fahnenjunker*) Bogen, den Nachbarssöhnen vom Schwanenmarkt in Düsseldorf, die der ersten Feuertaufe noch entgegensahen, und in Pouilly besuchte uns der Maler Sell aus Düsseldorf (Anm. 58), dem ich mündlich Grüsse an die Eltern bestellen konnte. Er war es, der nachher das hübsche Gedenkblatt mit Porträts unserer gefallenen und verstorbenen Offiziere entwarf, das noch jetzt im Offizierskasino der 39er in Düsseldorf hängt und in meinen verschiedenen Wohnungen jahrzehntelang unter der Ansicht von Heidelberg über meinem Bette gehangen hat, bis ich es beim letzten Umzug vor gänzlicher Verblassung zu den übrigen Kriegsreliquien in meinen Schreibtisch retten musste. –

Am 13. September gab es zum Frühstück in Pouilly zum ersten Mal die vielbesungene Erbswurstsuppe (Anm. 59), die in der ersten Zeit allgemein gern gegessen, mit der Zeit aber von den Mannschaften vielfach verschmäht und zurückgewiesen wurde. Schliesslich waren die mit Gries und ranzigem Schweinefleisch versetzten Erbswürste in allen Bächen, Gruben u.s.w. massenhaft zu finden. Während die hungernden Franzosen in Metz gewiss sehr froh damit gewesen wären. –

An demselben 13. September schrieb ich auch zum ersten Mal einen geschlossenen Brief nach hause, während ich bis dahin immer nur Feldpostkarten von mir gegeben hatte. Die wiederholten Fragen meines Vaters wegen meiner etwaigen

Geldbedüfnisse konnte ich mit gutem Gewissen verneinend beantworten, denn seit meiner Beförderung bekam ich täglich 20 Silbergroschen *(Stand 1870:1 Silbergroschen = 12 Pfennige)* Ich führte mit den Kompagnieoffizieren eine gemeinsame Kasse zum Ankauf nicht gelieferter Lebensmittel u. dergl., die man allerdings »kolossal« bezahlen musste, aber zu sonstigen Ausgaben war ja meistens gar keine Gelegenheit. Trotzdem schickte mir Vater in Mutters nächstem Strumpfpaketchen 2 goldene Zehnfrankenstücke, die dann den Grundstock meiner demnächstigen Kriegskasse bildeten. –

In den folgenden Tagen wurden Feldbefestigungen von Pouilly bis zum Bois de l'Hôpital angelegt. Sonst ereignete sich bis zum 16. September nichts Bemerkenswertes. Aus französischen Lagern hörte man bei schönem Wetter zuweilen lustige Musik. Ein unbemannter Luftballon, der vermutlich mit Briefen u. Nachrichten nach Paris zu treiben sollte, – damals noch ein ganz ungewohnter Anblick – gondelte über der belagerten Stadt. Am Nachmittag des 16. aber krepierten plötzlich mehrere französische Festungsgranaten neben meiner Wache vor dem Dorf, und ein mitgenommener Splitter erinnert mich noch heute an die Gefahr, der ich mal wieder glücklich entronnen war. Die wenigen zurückgebliebenen Dorfbewohner, die nebenbei bemerkt fast ganz auf unsere Mildtätigkeit angewiesen waren, hatten sich natürlich mehr erschrocken als wir selbst. –

In der Nacht zum 17. kamen wir, d.h. das 1. Bataillon wegen einer im Dorf entstandenen Feuersbrunst überhaupt nicht zur Ruhe, hatten aber wenigstens den Vorteil davon, dass wir wegen unserer Verdienste um die Löschung nicht nur durch Divisionsbefehl besonders belobt, sondern auch von der am 17. stattfindenden Parade (!!) der 27. Brigade dispensiert wurden. In der Nacht zum 18. marschierte die Kompagnie um 2 Uhr morgens als Repli (*Unterstützungstruppe*) nach Marly sur Seille und in der Nacht zum 19. bezog ich infolge einer allgemeinen Rechtsschiebung des VII. Armeekorps wiederum um 2 Uhr die hübsch gelegene Feldwache bei Peltre, wobei uns zum ersten Male für die besten Schützen auch einige Chassepotgewehre mitgegeben waren, um zur Not auch auf weitere Entfernungen wirksam schiessen zu können. –

Dort schrieb ich am 19. September beim schwachen Scheine des Lagerfeuers u.a. folgendes an meine Eltern: »Auf Vorposten werden gewöhnlich alle Briefe die man noch bei sich trägt, immer von neuem wieder gelesen, und dazu habe ich gerade heute Gelegenheit. Hier werde ich erst morgen bei Tagesanbruch abgelöst. Das Wetter ist trocken, aber die Nächte sind schon empfindlich kalt und auch heute weht ein scharfer Wind, sodass ich kaum ein Plätzchen zum schreiben finden konnte. Da indessen meine Wache eine leidlich ruhige ist und nur beim Ablösen der Posten einige Schüsse fallen, so will ich die Gelegenheit Dir, geliebter Vater, noch rechtzeitig zu Deinem Geburtstag meine Glückwünsche darzubringen, unter keinen Umständen versäumen. Möchtest Du den Tag in Gesundheit und so heiter als es diese schweren Zeiten irgend gestatten, verleben. Wenn nur die vielen Geschäfte auch auf die Dauer Deine Kräfte nicht zu sehr angreifen (Anm. 60). Auch Dich, liebe Mutter, bitte ich von Herzen Dir ja nicht zu viel der Aufregung und Arbeit zuzumuten. Wie sehr ich am nächsten Sonnabend wenigstens in Gedanken bei Euch sein werde, könnt Ihr euch wohl denken. Ich hoffe, da wir nun doch einmal nicht alle beisammen sein können, wird Euch unsere liebe Clara doppelte Freude machen, bis wir ein fröhliches Weihnachtsfest mit einander feiern können.« –

Am 25. September erhielt ich in dem mehrgenannten Dorfe Fleury, wo wir seit dem 20. wieder hausten, Vaters Brief vom 18. worin er u.a. schreibt: »Von jetzt ab wird es wohl wieder recht unbehaglich zugehen; denn leider scheint noch immer keine Aussicht vorhanden, das Marschall Bazaine kapituliert. Wäre nur Metz und Strassburg erst in unseren Händen, dann würde der Krieg so gut wie beendet sein(?). Eine Feldarmee haben ja die Franzosen nicht mehr(?); es handelt sich also nur noch um die Belagerung der grossen festen Waffenplätze. Es heisst da Geduld haben.« In Fleury begann ich meinen ersten mit Tinte geschriebenen Brief, und da er am leichtesten den

Faden weiterspinnt und am besten die wechselnden Eindrücke und Stimmungen jener mehr oder weniger ereignislosen Tage wiedergibt, so lasse ich ihn mit einigen eingeklammerten Zusätzen auszugsweise hier folgen. –

»Hoffentlich haben Dir, lieber Vater, die Zeilen, die ich auf der Feldwache bei Peltre schrieb, meine Glückwünsche rechtzeitig übermittelt. Die Nacht ganz gegen meine Erwartungen doch eine ruhelose, ich musste, da das Repli nicht genügend gesichert erschien, vorrücken und meine Posten standen sehr exponiert. Eine feindliche Patrouille von 8 Mann schlich sich dicht heran, musste jedoch, obgleich durch das Terrain und den Nebel begünstigt, vor der Wachsamkeit meiner Leute umkehren. Bei Tagesanbruch wurden wir von dem 3. Bataillon abgelöst, das weniger glücklich wie wir, einen Toten u. zwei Verwundete mitgebracht hat. Wir liegen nun 4 Tage in Fleury und haben hier ein ganz leidliches Quartier; zwar liegen wir noch immer unausgezogen auf Stroh, man bewegt sich aber doch in einem anständigen Raume.« Hier wurde ich durch Alarm unterbrochen und setzte den Brief an Vaters Geburtstag (den 24. September) in Verny fort. »Der Aufenthalt in Fleury war auch insofern ganz angenehm, als sich eine grosse Menge von Marketendern einfanden, bei denen alles mögliche (sogar ein trinkbares Saarbrückener Jungbier) zu haben war. So haben wir manchen ganz gemütlichen Abend verlebt, wenigstens im Vergleich zu den hinter uns liegenden Wochen. Leutnant Eltester, jetzt Generalleutnant z.D. in Wiesbaden Schützenstrasse 4 steht jetzt auch in meiner Kompagnie. Die Lage der Einwohner aber ist jammervoll. Unser Quartierwirt, ein sonst nicht unvermögender aubergiste (*Gastwirt*) hatte mit seiner Familie buchstäblich nichts zu essen, sie lebten allein von uns und waren deshalb der Aussicht, preussisch zu werden, sehr günstig gestimmt. Der Hass auf Napoléon ist natürlich überall derselbe.

Vorvorgestern wurde wieder ein aus Metz aufgestiegener Ballon in unserer Nähe erbeutet; er enthielt Privatkorrespondenzen, gegen eine hohe Belohnung bei der nächsten Behörde abzugeben, die diesmal Prinz Friedrich Carl war. Vorgestern langte ein

Transport von Liebesgarben aus Düsseldorf unter Führung der Maler Hoff u. Baur (Anm. 61) an. Letzterem habe ich Grüsse an Richter mitgegeben, die dieser wohl an Euch weiter befördern wird. Die beiden Herren hatten gleich Gelegenheit, ein kriegerisches Schauspiel mitanzusehen. Zwei Forts (Queuleu und ?) begannen plötzlich nachmittags, nachdem man bereits den ganzen Tag bei den Vorposten Feuer gehört hatte, in der Richtung auf das I. Korps und unseren rechten Flügel Granaten zu werfen. Wir hatten uns schon in solche Ruhe eingewiegt, dass wir an die Möglichkeit eines nochmaligen Ausfalls von Bazaine gar nicht mehr dachten, hatten wir doch bereits seit mehreren Tagen schon wieder mit dem friedlichen Paradeexerzieren begonnen. Um so unangenehmer war unsere Ueberraschung, als wir alarmiert u. zur Besatzung von Pouilly vorgeführt wurden. Es scheint indessen nur ein unbedeutendes Gefecht gegeben zu haben. Ernstlicher sah und hörte sich die Sache gestern an, es drohte ein regelrechter Ausfall gegen Peltre. Wir nahmen bis spät Abends eine Gefechtsstellung nach der anderen ein, ohne freilich bei der frühen Dunkelheit noch zur Aktion zu kommen. Solch ein langer Zustand der Ungewissheit vor einem etwaigen Gefecht ist übrigens fast das unangenehmste Gefühl, das ich kenne. Die 9. Kompagnie verlor doch durch eine Granate zwei Mann. An eine Kapitulation von Metz, selbst bei noch langer Dauer des Krieges, glaubt hier kein Mensch, und wir können uns über manche Zeitungsnachrichten, die wir jetzt in Fülle erhalten, oft geradezu ärgern. Vielmehr hat Prinz Friedrich Carl gesagt, die Truppen möchten sich häuslich einrichten, und so werden jetzt für die Vorposten gegen die Kälte Barracken erbaut, während alles andere in Massenquartieren untergebracht wird. –

Heute früh sind wir nach Verny marschiert (5 Kilometer südlich von Pouilly). Wir sind hier mehr in der Reserve, bis wir nächsten Freitag wieder auf Vorposten kommen. Verny ist ein grösseres stadtähnliches Dorf in hübscher Lage, herrliche Trauben reifen in den Weinbergen. Wir bewohnen die von hause aus gewiss allerliebste Wohnung des Friedensrichters, die aber in einer ganz unglaublichen Weise demoliert ist. (Tatsächlich war aus den Polstermöbeln der rote Plüsch herausgeschnitten und ich brauchte mich nicht mehr zu wundern, dass ich bereits Soldaten mit einem roten Plüschstreifen um die Feldmützen gesehen hatte.) Hier ist jetzt die Zeit der Gerüchte. Die abenteuerlichsten Nachrichten werden verbreitet und geglaubt und man lässt sich manchmal selbst anführen. Kürzlich ist auch eine Anzahl Eiserner Kreuze beim Regiment angelangt, die Verteilung derselben kann die schöne Dekoration nur im Werte herabsetzen. Uebrigens bitte ich von dieser Bemerkung ja keinen Gebrauch zu machen, es schwebt noch gegenwärtig eine grosse Untersuchung, weil irgendein Soldat sich unterstanden hat, in einem Briefe an seine Angehörigen, dessen Inhalt dem Oberst zufällig zu Ohren gekommen, über ungerechte Verteilung der Lebensmittel und Liegesgaben zu klagen. –

Der Tod des jungen Weismüller hat mir sehr leid getan, er war ein liebenswürdiger Mensch. (NB. Wilhelm Weismüller aus Unterbilk, ein Neffe unseres Düsseldorfer Nachbarn B.G. Weismüller vom Schwanenmarkt, war als offiziersdiensttuender Unteroffizier im Infanterie-Reg. Nr. 17 bei Mars la Tour verwundet und am 7. September im Lazareth zu Thiaucourt *(heute: ein amerikanischer und deutscher Ehrenfriedhof vom WK I.)* bei Pont à Mousson an Blutvergiftung gestorben. Gestern sind die ältesten Vicefeldwebel bei unserem Regiment zu Offizieren avanciert und ich gehöre nun wohl zur nächsten Serie, jedenfalls aber dauert das noch viele Wochen.« Es folgen Wünsche wegen meiner Equipierung (*Ausrüstung*) und ich bitte meine Mutter, »den Rock in der Taille ziemlich bedeutend enger machen zu lassen. Ich bin sehr mager geworden, befinde mich übrigens gerade jetzt bei dem frischen Herbstwetter besonders wohl und kräftig. Damit sage ich Euch für heute lebewohl. Wir gehen jetzt zu Tische und ich werde, wahrscheinlich zur gleichen Zeit mit Euch mein Glas Wein darauf leeren, dass wir alle den heutigen Tag noch oft gesund u. froh zusammen feiern mögen.« An »meine liebe Schwester Clara« sind noch einige besondere Zeilen beigefügt. »Es hat mir sehr leid getan, dass Du krank warst.

Hoffentlich bist Du jetzt wieder so weit, dass Du von neuem recht fleissig die Schule besuchen kannst. Wie geht es denn in der Klavierstunde? Ich schicke Dir einige Briefmarken, die ich hier im Büro des Friedensrichters gefunden habe. Lebewohl und denke oft an Deinen treuen Bruder Ferdinand.« –

Meine Annahme, dass dieser Brief im Hause des Friedensrichters geschrieben sei, war übrigens nicht ganz richtig. Im Parterre befand sich allerdings das Friedensgericht, aber die dazu gehörende Wohnung war nicht die des Richters, sondern die des in Metz miteingeschlossenen Gerichtsschreibers, dem das ganze Haus eigentümlich zugehörte und der als membre du conseil génèral du département de la Moselle (*Mitglied der Bezirkskammer*) eine erheblich grössere Rolle spielte als der in einem entfernten Hause wohnende Friedensrichter. Natürlich stöberte ich mit Vorliebe in der Gerichtsschreiberei umher und amüsierte mich über die höflichen Formen, in denen sich sämtliche Formulare bewegten. Man vergleiche z. B. eine königliche preussische Gerichtskostenrechnung mit folgendem sauber gedruckten Briefchen: »Monsieur! Je vous invite à venir payer dans la huitaine, pour tout délai, ce que vous devez … J'ai l'honeur de vous saluer, Juste, Greffier de justice de paix, à Verny.« (Übersetzüng: »Mein Herr! Ich lade Sie ein, binnen acht Tagen zu zahlen, für jeden Aufschub, den Sie verschulden … Ich habe die Ehre, Sie zu grüssen, Juste, Landgerichtsschreiber zu Verny.«) Meiner Erinnerung nach habe ich auch einer Sitzung des Friedensgerichts beigewohnt. Es kann auch später an einem anderen Orte gewesen sein, aber jedenfalls habe ich dabei ein nachahmenswertes Beispiel von richterlicher Autorität erlebt. Ein Bäuerlein war auf Zahlung von soundsoviel francs verklagt und erhob dagegen verschiedene Einwendungen. Der Richter fragte ihn, ob er nicht vielleicht doch lieber bezahlen wolle, anderenfalls werde er ihn verurteilen müssen. Da griff der Beklagte ruhig in die Tasche und legte das Geld wohlabgezählt vor den Richter auf den Tisch des Hauses nieder. Hätte das ein deutscher Bauer wohl auch getan? –

Der Friedensrichter von Verny, ein ehemaliger Marinekapitän, war am Orte anwesend geblieben und machte seinen Quartiergästen, einem Artilleriegenaral Zimmermann, unserem Regimentskommandeur und Oberstabsarzt nebst den betreffenden Adjutanten und einem Tross von Burschen u. dergl. in ritterlicher Weise die honneurs, wofür sich Oberst Eskens durch tägliche Ständchen revanchierte. Die Ständchen galten aber nicht nur dem würdigen alten Kapitän, sondern er hatte auch eine schöne Tochter mit dem biblischen Vornamen Noémi, die erste Dame, die uns meines Erinnerns seit mehr als Monatsfrist zu Gesichte kam. Nicht nur die Gäste des Hauses, sondern die ganzen im Dorfe liegenden Bataillone schwärmten für dieses Madonnengesicht. Unsere Krieger waren ja nicht immer die feinsten. Ich erinnere mich, dass in jenen Tagen, als ich gerade Kantonnements- du jour (*Diensthabender für die Standquartiere*) hatte, ein »Pisang« (paysan) (*rheinisch für franz. Bauer*) händeringend zu mir kam: »Oh venez donc, monsieur, il y a quelques artilleurs là bas, qui cassent et brisent tout. Et ma pauvre femme, qui est malade il y a cinq six jours! Oh quel malheur!« *(Übersetzung: »Oh, kommen Sie doch, Monsieur, dort sind einige Artilleristen, die alles zerbrechen und kaputt schlagen. Und meine arme Frau, die schon fünf, sechs Tage krank ist! Oh, was für ein Malheur!«)* Aber Noémi konnte wie eine Königin unangefochten mit der Milchkanne über die Strasse gehen und die wildesten Kerle wichen ihr scheu und ehrerbietig aus. Später, – nach der Kapitulation von Metz – wurde unser Regimentsarzt Dr. Mittweg, der aus dem Beurlaubtenstande hervorgegangen war, auf kurze Zeit beurlaubt, und auf der Rückreise zum Regiment besuchte er die Familie in Verny. Natürlich erkundigten wir uns alle gleich nach Noémi, aber da machte er ein bedenkliches Gesicht. Sie sei krank, nicht mehr hübsch, da sei etwas passiert, mit der sei eine grosse Veränderung vorgegangen. Und des Rätsels Lösung? Nicht lange nachher erfuhren wir, dass der Adjutant des Generals Zimmermann sich erschossen habe. Von Noémi haben wir nie wieder etwas gehört, aber als ich am 19.8.1911 auf einer Autofahrt von Lorry ganz unvermutet nach Verny geriet, da habe ich doch vor Noémi's Hause halten lassen, in dem jetzt fremde Menschen wohnen und wohl niemand ihr Geheimnis kennt. »C'est la guerre.«

Schliesslich kam es in Verny noch zu einer Gründung, die mir besonders Freude machte. Der vom Ersatzbataillon der 4. Kompagnie überwiesene Vicefeldwebel Alexander Löwenstein aus Cöln, Mitglied des Cölner-Männergesang-Vereins und ausgezeichneter Tenorist, ich selbst als zweiter Tenor, der Reserveleutnant Leydel und der Landwehrleutnant Hengstenberg, letzterer Oberlehrer aus Solingen, bildeten ein Soloquartett, das bis gegen Mitte Mai 1871 zusammenhielt und uns über manche trübe Stunde hinweggeholfen hat. Leydel, an dessen Stelle später, wenn ich nicht irre, der zum Stabe der 14. Division kommandiert gewesene Hauptmann Muze (+ zu Grimmlingshausen als Oberstleutnant a. D.) trat, schrieb aus dem Gedächtnis »Aennchen von Tharau«, »Nun wohl, du stille Gasse« und andere Volkslieder, die bekannten Mendelsohn'schen Quartette u. dergl. auf, wir übten jedesmal wo sich Zeit u. Gelegenheit bot, verstiegen uns später sogar zu einem französischen Lied »Petite fleur des bois, toujours toujours cachée« und brachten es allmählich so weit, dass sich während des Waffenstillstandes in Nuits (Weinort in Burgund) sogar der Divisionskommandeur Generalleutnant von Senden (Anm. 62) bei uns ansagen liess, um sich nach Tisch etwas vorsingen zu lassen und uns seine Anerkennung auszusprechen. –

Auf die gute Zeit in Verny folgte wieder eine Periode der »Aufregungen, Anstrengungen und Entbehrungen aller Art.« Schon am 27. September wurden wir mitten in einer unter anhaltendem Kanonendonner durch den Bataillonskommandeur vorgenommenen Kompagniebesichtigung plötzlich alarmiert und marschierten gen Mercy-le Haut, das von den Franzosen in Brand geschossen, dann erneut besetzt und inzwischen wieder geräumt war. Die Einwohner von Verny liessen sich unterdessen unsere Vorräte trefflich schmecken und am 1. Oktober begann nach abermaliger Alarmierung eine allgemeine Truppenverschiebung, um die durch einen Durchbruchsversuch nach Thionville bedrohte nördliche Einschliessungsfront nach Möglichkeit zu verstärken. Auch Coincy, wohin wir mittels Eilmarsch über Courcelles sur Nied in tiefer Dunkelheit gelangten, war »ein freundliches, zwischen Weinbergen mit herrlichen Trauben gelegenes Dorf, das aber von den Einwohnern bis auf einen 84- und einen 70-jährigen Greis und einige Frauen gänzlich verlassen und infolge des längeren Aufenthaltes der Ostpreussen voller Ungeziefer war.« (Uebrigens waren es nicht die ersten u. nicht die letzten Filzläuse, die ich zu bekommen hatte.) Am 2. Oktober benutzte ich die ruhige Stunde nach den gewöhnlichen Morgenbegrüssungen der beiderseitigen Vorposten zu einem Besuche des Schlachtfeldes vom 14. August (Colombey) und fand noch viele Granatsplitter und manche andere Spuren jenes mörderischen Kampfes. Mein Freund u. Kompagniekollege Bäumer entdeckte bei dem ausgebrannten Schlosse Colombey das Grab eines Vetters, von dem er bisher noch nichts vernommen hatte und ich selbst gewahrte im durchweichten Felde einen kleinen schwarzen Wachtelhund, dem augenscheinlich durch ein Geschoss ein Bein zerschmettert war. Wie lange das arme Tier da schon im Regen gelegen hatte, das wissen die Götter, aber allem Anscheine nach gehörte er einem französischen Offizier, denn er verstand nur französisch u. war offenbar an Soldaten gewöhnt. Ich nahm ihn mit, labte ihn und wickelte ihn in eine wollene Decke, fand ihn aber doch so schwach und erbärmlich, dass ich ihn lieber aus der Welt zu schaffen beschloss. Schon hatte ich den Revolver angesetzt, da sah mich das Tier mit einem so flehenden Blicke an, dass ich es doch nicht übers Herz bringen konnte, sondern es noch einmal mit ihm versuchen wollte, und diese Lebensrettung hat es mir mit rührender Treue und Anhänglichkeit gelohnt. Unter guter Pflege erholte es sich in wenigen Tagen, das Beinchen heilte zusammen, und der Hund lernte deutsch und ich gab ihm zu Ehren des Kaiserlichen Prinzen, der bei Saarbrücken den ersten französischen Kanonenschuss abgefeuert hatte, den Vornamen Loulou (Anm. 63). Nachts schmiegte er sich am liebsten dicht an meine Seite, und bald begleitete er mich auf jede Feldwache, wo er sich durch seine Klugheit und Wachsamkeit oft nützlicher machte wie mancher törichte Füsilier. Jeden Civilisten bellte er an und auf eine unglückliche Wöchnerin in einem meiner Quartiere fuhr er dermassen los, dass sie beinahe Krämpfe bekam. Bald bellte er sogar die französischen Soldaten an und hielt es nur noch mit den Preussen, das ganze Bataillon kannte und liebte ihn und auf den Märschen rannte er immer an der Truppe entlang, überzeugte sich, ob ich an meinem Platze sei, und setzte sich dann wieder an die Spitze. –

Am 3. Oktober marschierten wir nach Ars-Laquenexy, »den schauerlichsten Aufenthalt, den man sich denken kann …«. Das einzig Interessante in diesem Ort war die folgende Drucksache, die ich in meinem Quartier fand.

A Monsieur Nassoy Dominique, propriétaire à Ars Laquenexy.
Proclamation de l'Empereur Francais.

(Bei Viebig folgt hier der vollständige französische Text. Wir übertragen als Beispiel daraus nur die bezeichnenden Anfangs- und Schlusssätze.)

An Herrn Nassoy Dominique, Grundbesitzer in Ars Laquenexy.
Proklamation des französischen Kaisers.

Die Verfassung von 1852, die Kraft der mir von Ihnen übertragenen Befugnisse ausgearbeitet und von den drei Millionen Stimmen, die das Reich wiederhergestellt haben, ratifiziert wurde, hat Frankreich achtzehn Jahre der Ruhe und des Wohlstands geschenkt, die nicht ohne Ruhm waren; sie hat für Ordnung gesorgt und den Weg für alle Verbesserungen offen gelassen. Und je mehr die Sicherheit gestärkt wurde, desto grösser wurde auch der Anteil der Freiheit.

Auf die Bitte, die ich an Sie richte, die in den letzten zehn Jahren erreichten liberalen Reformen zu ratifizieren, antworten Sie mit JA. Was mich betrifft, so werde ich meiner Herkunft treu, von Ihren Gedanken durchdrungen sein, ich werde durch Ihren Willen gestärkt sein, und im Vertrauen auf die Vorsehung werde ich nicht aufhören, unermüdlich für das Wohlergehen und die Grösse Frankreichs zu arbeiten.

Geschrieben im Tuileries-Palast am 23. April 1870
NAPOLEON

Heute kann man dies echt französische und für das Regime Napoléon's III. so besonders charakteristische Phrasengeklingel nur noch mit einem mitleidigen Lächeln lesen. Damals, aber einen Monat nach dem 2. September *(nach der franz. Niederlage in Sedan)* und in der Umgebung, in der wir uns gerade befanden, wirkte es wie der reine Hohn, und so lasse ich denn gleich meinen Brief vom 6. Oktober 1870 folgen, der mich wieder mitten in die Tage von Ars-Laquenexy hineinversetzt. –

»Der Ort, in der Schusslinie von Queuleu gelegen, ist ein Hauptstützpunkt der diesseitigen Verteidigung und deshalb zum grossen Teile demoliert. Das 1. u. 2. Bataillon unseres Regiments sind in die wenigen Häuser eingepfercht und alles ist fortwährend gefechtsbereit, sodass man eigentlich keinen ruhigen Augenblick hat.« (Ich erinnere mich, dass einer meiner Leute mit dem Rufe »Die Franzosen kommen!« durch die Luke des Heubodens, auf dem er sich verkrochen hatte, in die betreffende Scheune hinunterstürzte und als Typhuskranker fortgebracht werden musste.) »Die Offiziere u. Büro's der beiden Bataillone nebst Burschen sind sämtlich in der kleinen ganz ausgeräumten Villa Laquenexy untergebracht. Inmitten all der Bewegung steht auf einer Türe angeschrieben: »Hier liegt eine schwerkranke Frau.« Sie soll die Wassersucht haben und dem Tode nahe sein. Ich habe jetzt für mich und meine Kameraden einen Winkel auf dem Speicher gefunden, wo uns zwar die Mäuse beinahe anbeissen, wir aber wenigstens ungestört für uns sind, sodass wir die vergangene Nacht köstlich geschlafen haben.« –

»Ich hatte diesen Schlaf sehr nötig. Vorgestern früh 2:30 Uhr bezog ich nämlich mit 60 Mann – (zum ersten Mal unter Zurücklassung der unpraktischen Helme) – eine Feldwache.« (Feldwache Nr. 6 zwischen den arg verwüsteten und rauchgeschwärzten Châteaux von Mercy-le-Haut u. La Grange aux Bois). »Wir hatten zwar ein sehr hübsches Plätzchen, unter hohen jetzt buntgefärbten Eichen stand ein Rokokosessel und ein Tisch für mich aus irgend einem Schloss der Umgegend.« (Das nächstemal war sogar ein grosser Maischbottich und ein Schäferkarren als Nachtquartier eingerichtet mit der Inschrift »Zum Fass des Diogenes bei Mutter Grün«, und in den Schäferkarren wurden immer etwaige Gäste oder Neulinge hineinkomplimentiert und zum allgemeinen Gaudium auf den Kopf gestellt.) Zur Benutzung kam es aber am 4. Oktober kaum. »Meine Posten, die deutlich die Kanonenmündungen von Queuleu und Les Bottes sehen konnten – sie standen eingegraben und mussten zu ihren Stellungen hinkriechen – begannen bei Tagesanbruch zu schiessen und gleich darauf gab es bei meiner rechten Nebenfeldwache (Feldwache Nr. 5 in La Grange aux Bois, Secondlieutenant der Reserve von der Leyen) einen Höllenlärm. Dieselbe wurde von einem starken Trupp Franzosen, die sich unter dem Schutze des Nebels herangeschlichen hatten, unter lautem »Ahi« überrannt und musste mit Verlust von 7 Gefangenen und 1 Verwundeten zurück. Auch unserer Kompagnie wurden dabei zwei tüchtige Leute, wobei der eine durch Kolbenstösse (richtiger 3 Bajonettstiche) verwundet, abgenommen.« (Ich selbst konnte u. durfte meine Stellung leider nicht verlassen, hätte ja auch gegen die Uebermacht gar nichts ausrichten können, war aber ein so nahe beteiligter Zuschauer, dass ich bei einer Felddienstübung im Jahre 1885 an Ort u. Stelle die ganze Episode wiederholen konnte, indem ich mit meiner Kompagnie nunmehr die Rolle der angreifenden Franzosen übernahm.) »Ich war natürlich auch auf alles gefasst; ausser einigen Kugeln, die niemand trafen, passierte uns jedoch nichts. Indessen war den ganzen Tag irgend etwas los und ich musste entweder in Schützenlinie ausgeschwärmt liegen oder doch unter dem Gewehr stehen. Das Gepäck wurde überhaupt gar nicht abgehängt. Gegen Abend flogen uns noch einige Granaten schwersten Kalibers um den Kopf, auf den die Vorposten bereitenden »General Staff« gemünzt – anders heisst es nicht mehr. Wir legten uns alle platt auf die Erde. Für die Nacht, die sehr kalt war, – es reifte stark, obschon die Tage jetzt die Sommerwärme nachzuholen scheinen – wurden wollene

Decken geliefert; da aber von den Pionieren vor der angegriffenen Feldwache alle Bäume gefällt wurden, um das Terrain weniger gefahrvoll zu machen, war wieder keine Ruhe. Wir hörten auch, dass das französische Lager alarmiert wurde; dabei blieb es jedoch. Morgens um 3 Uhr abgelöst, mussten wir noch bis 7 Uhr im Walde warten, da wieder eine grosse Schiesserei begann, die aber diesmal für unsere Wachen günstig ablief.« –

»Unter solchen Verhältnissen sieht es hier im Orte mit unserer Küche auch sehr dürftig aus. Wir leben von Erbswurst, Kaffee u. Brot, das gelieferte Fleisch (fast nur noch Hammel oder Pökelfleisch) fängt an schlecht zu werden. Die Bagage darf nicht heran, sodass wir auch unser Gepäck nicht haben, und Marketender wagen sich wenig her. Ein ganz besonders fühlbarer Mangel ist hier wie in allen Orten, wo wir zuletzt waren, der an Wasser. Ich weiss mich gar nicht mehr zu erinnern, wann ich das letzte Wasser getrunken habe. Häufig schmeckt man es sogar durch Kaffee, Tee und Suppe durch. Auch der Schmutz in den Ortschaften nimmt riesig zu. Die Leute halten sich trotz alledem durchgehends vortrefflich. Dass einige schlechte Individuen verwildern und roh werden, ist natürlich. So wurde kürzlich bei Streitigkeiten um das Essen ein Unteroffizier unserer Kompagnie durch einen Steinwurf gefährlich am Kopfe und vorgestern ein Soldat durch einen Messerstich in den Unterleib verwundet. Kranke haben wir in Masse, per Kompagnie im 1. Bataillon durchschnittlich ausser den Verwundeten 40 und mehr im Lazareth. Auch Offiziere sind viele fort; so war kürzlich während 2 Tagen Hauptmann von Asmuth, der sich übrigens im allgemeinen nur durch Aengstlichkeit oder wenigstens Pedanterie auszeichnet, Bataillonskommandeur, ein Reserve Secondeleutnant (Bäumer) führte die 4. Kompagnie und ich war als einziger Offizier dabei. Mir bekommt das Herbstwetter vortrefflich. Trotz der Unbequemlichkeit in den Kleidern zu liegen, – ich habe seit meiner Rückkehr aus dem Lazareth (11. Sept.) noch nicht einmal die Unterkleider gewechselt, geschweige denn, mich ganz ausgezogen und hier legen wir nicht einmal die Stiefel des Nachts ab, – schlafe ich sehr gut und bin bei Tage frisch u. munter.« (Gelegentlich nahm man ein Fussbad oder liess sich vom Burschen einen Eimer Wasser über den Buckel giessen und damit basta!) »Morgen gehe ich mit 100 Mann zum Barackenbau für den Winter. Die Aussicht auf Vorpostendienst im Schnee oder bei strenger Kälte ist das einzige was mich beunruhigt. Darf man den Nachrichten der Spione glauben, so ist in Metz wenn auch kein Schlachtvieh mehr, doch noch soviel Proviant, dass wir alle Aussicht darauf haben.« –

Auch mein Vater, der mir in einem Brief vom 26. September die Uebergabe Strassbourg's (Anm. 64) meldete und dadurch »den Frieden ein gutes Stück näher glaubte. Teilte jetzt meine Meinung, dass nicht an Uebergabe von Metz zu denken sei, bevor Bazaine nicht gründlich ausgehungert sei.« »Paris dürfte am Ende eher fallen als Metz.« –

Die fünf letzten Nächte vor dem 10. Oktober kam ich überhaupt nicht zum schlafen. »Eine Nacht Alarm, eine im Barackenlager, eine auf Dorfwache, zwei auf Feldwache.« »Der Aufenthalt in Ars-Laquenexy«, so schrieb ich am 13. Oktober, »hat uns alle einigermassen heruntergebracht; unser Bataillonskommandeur (i. V. Hauptmann von Grzymala) war z. B. so aufgeregt, dass er seinem Burschen verbot, wenn sie etwas holten oder brächten, schnell zu laufen, da er sonst immer gleich nach seinem Helme griff. Einen Abends (es war der erste dieser 5 Abende) glaubten wir bereits vom Feinde überfallen zu sein und es entstand ein ungeheueres Durcheinander; es hatte jedoch nur der Wind das gewöhnliche Schiessen auf den Feldwachen näher erscheinen lassen.« Die Offiziere hatten an jenem Abend bei einem Marketender ein Fässchen Bier erwischt und als wir in der Wohnung des Bataillonskommandeurs beim curé (*Pfarrer*) versammelt waren und alle schon mehr oder weniger etwas in der Krone hatten, da hörte man draussen die Knallerei. Ich rannte instinktiv nach dem der 4. Kompagnie zur Verteidigung überwiesenen Kirchhof und fand dort meine Leute, die das Ladezeug überhaupt nicht mehr ablegen durften, in tiefster Finsternis mäuschenstill vollzählig hinter der Mauer kniend oder liegend. –

In der dritten Nacht – ich hatte wie gesagt die Dorfwache – gab es im Dorfe eine Feuersbrunst. Die Kerle verbrannten in den offenen Kaminen haufenweise alles was nicht niet- u. nagelfest war, und man konnte sich eigentlich nicht wundern, dass einmal ein ganzes Haus in Flammen aufging. Grzymala aber liess mich rufen und putzte mich dermassen herunter, als ob ich das Haus, das dem Feinde leicht als Zielpunkt dienen konnte, aus persönlicher Bosheit angezündet hätte. Ich muckte auf und erlaubte mir zu bemerken, dass ich doch nicht gleichzeitig überall sein könne, aber er blieb dabei, das sei ihm ganz egal, ich sei dafür verantwortlich, dass so etwas nicht passieren könne. Da sagte ich »zu befehlen!«, machte linksum kehrt und dachte mir das meinige. –

Auf der Feldwache Nr. 6 gab es zu-guter-letzt noch einen eigentümlichen Sport. Meinem Vater hatte ich mit den zu stopfenden Strümpfen gelegentlich eine Chassepotpatrone geschickt, aber geschossen hatte ich selbst mit einer solchen noch nicht, u. so pürschte ich mich dann nun mit dem Chassepot an die feindlichen Doppelposten und die auf den Feldern wimmelnden Kartoffelsucher heran und übte mich hinter einer Pappel im zielen. Getroffen habe ich keinen, war aber verwildert genug, dass es mir Spass gemacht hätte, so einen armen Teufel anzukratzen. Sie schossen ja auch auf uns. –

Eines Tages hatten wir gerade ein Château – ich glaube es war am 7. oder 9. Oktober bei Aubigny – gegen einen drohenden Angriff besetzt, als von rückwärts ein Wagen angefahren kam, dem zu allgemeinem Erstaunen 2 deutsche Damen entstiegen, die sich mal die Vorposten ansehen wollten. Ich wurde hinzugerufen und nun entpuppte sich die eine als die Frau eines in Courcelles oder Remilly stehenden Militärarztes die andere aber als eine Bekannte meiner Mutter, Frau Zetto aus St. Wendel gebor. Klauk aus Trier. –

»Zu allem Unglück«, so fuhr ich in meinem Brief vom 15. Oktober fort, »trat schliesslich auch noch anhaltendes Regenwetter ein. Da kam denn an einem tief melancholischen Sonntagnachmittage als eine unbeschreibliche Freude das Paket von Euch nebst Briefe vom 5. an.« Eine von den Kameraden vielbewunderte Feldmütze hatte ich bereits vorher in einem Feldpostbriefe erhalten, aber die Ankunft des Pakets mit dem zweiten Anzuge, das mir der bei Spichern verwundete Leutnant Lehrhoff (jetzt Oberst a.D. in Düsseldorf Rubensstrasse) mitbringen sollte, hatte sich immerwieder verzögert und war schliesslich nur durch besondere Vergünstigung als angebliche »Dienstsache« ermöglicht worden. Auf diese Weise gelang ich endlich auch in den Besitz des mir längst zustehenden Offizierstornisters und einer ledernen Umhängetasche, die mir zum Ersatz des unpraktischen Brotbeutels diente, während ich mein Verbandszeug – damals noch Charpie (Anm. 65) u. alte Leinwandbinden – bis zum Ende des Kriegs stets am Säbelkoppel in einer weichen französischen Patronentasche trug, die heute noch in meinem Schreibtisch ruht. »Mit dem prächtigen Tornister bewaffnet zog ich gleich in der folgenden Nacht auf Feldwache; wir wurden durch und durch nass und froren, dass wir klapperten, sodass ich dem Cognac gleich tüchtig zusetzte. Letzteren u. den Kaffee habe ich ganz für mich behalten, während ich von den übrigen Sachen anstandshalber meinen Kompagniekameraden mitteilen musste, da an diese auch schon manches angekommen ist, was als gemeinsames Gut betrachtet wurde. Namentlich Leutnant Eltester, dessen Vater Postdirektor ist, bekommt fortwährend Pakete.« –

»Trotz allem Ungemach verloren meine Leute auf der Feldwache glücklicherweise nicht den Humor und sahen in ihren Vermummungen von Decken und Leibbinden urkomisch aus. Endlich gegen Abend hatten wir einen Sonnenblick. Ich ging die paar Schritte auf die Höhe von Merey le Haut und da eröffnete sich ein wundervoller Blick auf die Stadt, die uns soviel zu schaffen macht.« –

Unmittelbar von der Feldwache Nr. 6 marschierten wir am 10. Oktober 3 Stunden nach Silly sur Nied, wo wir in eine Reservestellung kamen und nun wieder bessere Tage sahen. Am 11. musste ich allerdings schon wieder 2 Stunden weit mit einem Arbeiterkommando in die Gegend zwischen Montoy und Coincy, wo den ganzen Tag im Regen an einer grossen Schanze für 6 Geschütze und zwei Kompagnien gearbeitet wurde, die bis zum 18. Oktober fertig werden sollte. Vor dieser Schanze war immer ein Posten aufgestellt, der die »Tante Julchen« (Fort St. Julien) zu beobachten hatte. Sobald dort auf den Wällen das bekannte Wölkchen erschien, rief der Posten »Schuss«, die ganze Gesellschaft legte sich hin, die mit Zeitzündern versehenen Granaten sausten über uns hinweg und schlugen ohne zu platzen 5 – 7 Fuss in die Erde oder platzten erst in der Erde, sodass man ohne Gefahr dicht dabeistehen konnte. Vor unserer Schanze war mit Rücksicht auf die allgemein herrschenden ruhrartigen Erkrankungen eine grosse »Latrine« angelegt. Ein langer Graben, an jedem Ende 2 kreuzweis eingerammte Pfähle und darüber ein langer Baumstamm, auf dem die Arbeiter – Front nach dem Feinde – reihenweise sassen. Nun schlug einmal eine Granate gerade vor der Latrine ein und warf den Kerls den Dreck gegen die Hinterfront. Natürlich rissen sie mit herunterhängenden Hosen aus und die allgemeine Heiterkeit kann man sich denken. Der Maler Max Volkhardt (Anm. 66) aus Düsseldorf, der als Einjährig-Freiwilliger bei der 6. Kompagnie den Feldzug mitmachte, hat diese Scene in seinem Kriegsskizzenbuche verherrlicht und ich bedaure nur, dass sie dort keine Weiterverbreitung gefunden hat. –

»Hier in Silly«, (so schrieb ich am 13. weiter nach hause), »sind Quartier u. Verpflegung ganz gut, ich habe sogar einen Strohsack nebst Leintuch. Aepfel wachsen hier so wunderschön, dass ich Euch am liebsten welche schicken möchte. Meine nächste Sorge war, waschen und meine alten Kleider instandsetzen zu lassen. Der Gesundheitszustand ist ganz im Gegensatz zu der allgemeinen Schönfärberei in den Zeitungen, worüber man sich oft geradezu ärgern kann, sehr bedenklich. Wie mir der

Oberstabsarzt mitteilte, hat das Regiment ausser den Verwundeten und den täglichen Revierkranken 700 Mann im Lazareth, sodass nächstens wieder neuer Ersatz kommen soll, und Offiziere werden täglich weniger. Nachdem Hauptmann von Asmuth zum Kartenzeichnen beim Generalkommando abkommandiert worden ist, wozu er jedenfalls besser passt als zum Kompagniechef, besitzt das Regiment gegenwärtig noch zwei Hauptleute. Unsere Kompagnie wird, nachdem einige Tage nur Reservisten dabei standen, von Leutnant Eltester geführt, andere von noch viel jüngeren Offizieren. Für die übrigbleibenden ist dadurch der Dienst ungeheuer erschwert, zumal man die Ueberzeugung nicht los werden kann, dass manche Herren, und zwar gerade von der Linie (Stab) sich ohne zwingenden Grund drücken. Es ist doch sehr auffallend, dass nur noch drei verheiratete Offiziere hier sind. Wenn man allerdings jedem körperlichen Uebelbefinden nachgeben will, sind wir schliesslich alle krank. Ich hoffe bis zum Schlusse auszuhalten, obschon mich wieder der Umstand kränkt, dass die Reserveoffiziere u. Vicefeldwebel, obwohl jetzt die Hauptstütze des Regiments, nach wie vor von den höheren Vorgesetzten über die Achsel angesehen werden. Ich glaube kein ganz schlechter Soldat zu sein, aber ein Verehrer des in mancher Beziehung in unserem Offizierskorps herrschenden Tones, werde ich nie werden. Das Bedürfnis nach Geselligkeit unter den jetzigen Verhältnissen schliesst übrigens doch ausserdienstlich die Kameraden aneinander und ich erkenne gerne an, manch freundliches Entgegenkommen und einzelne recht nette Leute gefunden zu haben. In der letzten Zeit kommen die Offiziere des Bataillons, wenn es irgend geht, jeden Abend zusammen und es ist häufig recht gemütlich. Hier haben wir auch den Pastor des Dorfes, einen gebildeten u. formvollen Herrn, der früher Professor an einem Seminar war, herangezogen. Mich interessiert an ihm namentlich eine ausnahmsweise einmal vernünftige Beurteilung der Lage Frankreichs. Den Widerstand Bazaine's hält er nicht blos für nutzlos, sondern sogar für schädlich im Interesse des Landes, und den Parisern gönnt er mit einer gewissen Schadenfreude eine derbe Züchtigung für ihren Uebermut. Ueberhaupt fängt die ganze Umgebung hier doch nach gerade die Kapitulation von Metz herbeizuwünschen. Die Verheerungen des Krieges zeigen sich gerade hier bei der langen Okkupation am fürchterlichsten, und ich muss mich immer wieder freuen, dass unser Vaterland vor ähnlichem verschont geblieben ist.« –

Einen besonderen Uebelstand bildeten in dieser Zeit die französischen Abortverhältnisse, die so ziemlich überall die gleichen, aber bei Metz bei der Zusammenpferchung so vieler Menschen doppelt empfindlich waren. Ein Loch im Fussboden, wie ich es noch am 25. August 1911 in Pont à Mousson wiedergesehen habe, oder ein Hahnebalken über einem offenen Abgrund waren gewöhnlich die einzigen Vorkehrungen, und die Odeurs der Zernierungslinie (*Düfte der Belagerungslinie*) waren, wie mir Richter schrieb, durch Professor Bauer's erwähnten Besuch sogar schon bis Düsseldorf gedrungen. Auch im Pfarrhaus zu Silly, wo wir Offiziere der 4. Kompagnie im Quartier lagen, gab es nur ein unbenutzbares Bretterhäuschen hinten im Garten und wir mussten unsere Morgenandachten mit Hülfe einer genialen Erfindung meines Freundes Bäumer unter Gottes freiem Himmel verrichten. Man schnitt einfach aus einem Rohrstuhl das Sitzgeflecht heraus und nahm ihn mit auf's Feld, das sicher im nächsten Jahr doppelte Früchte trug. –

Sonst aber konnte ich am 16. Oktober nach hause berichten, dass der längere Aufenthalt in Silly uns allen ersichtlich wohl bekomme. »Unter freundlichen behaglichen Umgebungen leben wir in der tiefsten Ruhe. Die Kanonen der Festung sind uns so fern, dass man sie nicht zu hören braucht, wenn man nicht will, und bisher hat uns noch kein Alarm aufgeschreckt. Des Nachmittags spielt unsere Musik erheiternde Stücke und ich selbst probiere mich wohl etwas auf dem Harmonium des Pfarrers. Auch für unsere leibliche Nahrung ist vortrefflich gesorgt. Wir haben eine Menge guten Wein bekommen, das Wasser ist hier besser und auf den Feldern stecken noch Kartoffeln und verschiedene Gemüse in Menge.« Unser curé teilte sämtliche Mahlzeiten mit uns, rauchte meine Lieblingszigarren, die ich, der Nichtraucher, mir zum besten meiner Kameraden immer geben liess, und war von den Kochkünsten des zum Stabe der 4. Kompagnie gehörenden Füsiliers Land, eines gelernten Konditors, den ich mir zum chef de cuisine (*Küchenchef*) herangebildet hatte, durchaus befriedigt. Nur den von mir selbst fabrizierten Heringssalat wies er standhaft zurück. ›Wat de Bur nit kennt, dat fret he nit.‹ Ich bildete mir zwar ein, auf diesem Gebiete besonders kundig zu sein und habe das Experiment im Verlaufe des Feldzugs auf allgemeines Verlangen noch häufig wiederholt, muss aber zugeben, dass es bei der Bereitung nicht immer besonders appetitlich zuging. Heringe, saure Gurken und Schinkenwurst bekam man bei mehr oder weniger fragwürdigen Marketendern, Kartoffeln und Aepfel nahm man, wo man sie gerade fand, die Burschenhände waren nicht immer die feinsten u. saubersten und als Salatschüssel für die gewaltigen Portionen musste unter Umständen ein alter Stalleimer herhalten. Wir selbst entwickelten nach solchen Genüssen einen famosen Durst und unser curé bekam statt dessen zum Abschied eine frische Hammelkeule, ein Zigarrenkistchen voll Reis und un peu de sucre pour son café (*ein bisschen Zucker für seinen Café*), wofür er eine besondere Schwäche hatte. In seinem Garten hatte ich zwar eine hohlklingende Stelle entdeckt und der gute Mann wurde sehr verlegen, als ich ihm diese Entdeckung mitteilte; aber wir waren grossmütig genug nicht weiter nachzuforschen, welche Schätze dort vergraben waren. –

Es waren trauliche Dämmerstunden, wenn der curé am knisternden Kaminfeuer sass und wir uns malerisch um ihn gruppierten, um uns im französischen Alphabet unterweisen zu lassen. Er schlug den Takt und wir sangen nach einer mir heute noch geläufigen Melodie:

Bé-ba, – bé, babé,
Ba-bé-bi, babébi, babébibo,
Ba-bé-bi – babébibobu

Quand mon grand papa mourra
J'aurai sa vieille culotte,
Quand mon grand papa mourra
J'aurai sa culotte et ses bas.

(Übersetzung:
Wenn mein Opa sterben wird
werd' ich seine alte Unterhose haben
Wenn mein Opa sterben wird
werd' ich seine Unterhose und Strümpfe haben.)

Oui j'aurai sa dépouille complète
Oui j'aurai sa veste et sa casquette,
Quand mon grand papa mourra
J'aurai sa culotte et ses bas.

(Übersetzung:
Ja, ich werde seinen ganzen Nachlass haben
Ja, ich werde seine Jacke und seine Mütze haben
Wenn mein Opa, Opa sterben wird.)

So wurden, immer mit demselben Refrain, sämtliche Konsonanten durchgenommen.

Nur schade, dass wir nicht einen Max Volkhardt oder meinen Freund Knackfuss (Anm. 67), der als Einjähriger bei den 15. Husaren stand und mir zuweilen begegnete, bei uns hatten, um dies Friedensbild unter die hübschen Skizzen aufzunehmen, die ich im Jahre 1907 bei letzterem in Cassel gesehen habe. –

Am 18. Oktober berichtete ich nach hause über einen Armeebefehl des Prinzen Friedrich Carl, der mit den Worten schloss: »Es gewinnt den Anschein, dass die entscheidenden Tage für Metz gekommen sind«, aber einstweilen standen uns noch die schwersten Tage bevor. Am 19. schrieb ich aus Silly sur Nied: »Liebe Mutter! morgen verlassen wir unser stilles Tal, um wieder auf Vorposten zu ziehen. Ich glaube, dass wir hier die letzten freundlichen Spuren des Spätsommers gesehen haben. Bei euch sind vielleicht schon alle Blüten abgestorben. Da schicke ich Dir denn als Grüsse aus einem fernen schönen Lande diese Rosen und hoffe sie kommen noch so frisch an, dass du Dich wenigstens an ihrem Dufte erfreuen kannst.« Aus Mutters Antwort ersehe ich, dass die Blumen bei der Ankunft in Düsseldorf tatsächlich »an Farbe wie an Duft noch vollkommen frisch erhalten« waren und ich für Clara, die überhaupt jetzt anfing »den Krieg u. dessen Wichtigkeit zu ahnen und begreifen«, auch noch eine Erdbeere beigefügt hatte. –

Am 20. Oktober rückten wir von Silly nach Coincy vor, wo wir ja früher schon einmal gewesen waren. »Sogar bei dem kaum zweistündigen Marsche blieben einzelne Leute liegen« (so schrieb ich am 21. an meine Eltern,) »und es ist überhaupt ein erbärmlicher Anblick, fortwährend Wagen mit Kranken zu begegnen oder solche Jammergestalten an allen Ecken umherliegen zu sehen. Zudem regnete es heftig bei scharfem Winde. Wie ich mirs vorhersagte, sind wir mit dem Verlassen des Niedtales dem Winter plötzlich um einen grossen Schritt näher gerückt. Die Weinberge sind hier bereits fast ganz entlaubt, zumal man die Pfähle als Brennholz benutzt hat. Infolge des Regens, der heute ununterbrochen fortdauert, sind Wege und Strassen beinahe unpassierbar. Auch sonst hat sich hier seit unserem letzten Aufenthalte manches geändert. Die 55er die zuletzt hier waren, haben wie es scheint gewaltig gehaust, während man dreist behaupten darf, dass überall die Einwohner unser Regiment (»les trenteneuviènes«) (*die 39er*) gern wiederkommen sehen. Infolge des Schmutzes und der Verwüstungen ist natürlich der Aufenthalt hier noch viel unerquicklicher als früher, zumal jetzt 6 Kompagnien, eine Schwadron und eine Batterie in dem kleinen Neste einquartiert sind. Das Gefährlichste ist der fürchterliche Zug, wogegen sich die armen Soldaten, die in den Scheunen und Speichern liegen, am wenigsten schützen können. Das Elend der wenigen zurückgebliebenen Einwohner ist auf den höchsten Grad gestiegen. Weinend versprach mir heute morgen eine Frau soundsoviel Vaterunser für mich zu beten, als ich ihr eine Schürze voll Reis, alten Zwieback und Salz schenkte.« –

»Wie man über die Zustände in Metz denken soll, weiss man kaum, da ein Gerücht das andere verdrängt. Sicher ist, dass neulich einige Ueberläufer erzählten, dass Brot nur noch an die Offiziere verteilt wird. Vorgestern abend hörte man in Metz grosses Geschrei und allgemeines Glockengeläute. Gestern abend trug der Wind bis in unsere Zimmer, denen freilich fast sämtliche Fensterscheiben fehlen, die heiterste Musik.

Wie lange wird es noch dauern? Während wir bereits davon sprechen unseren gefallenen Helden auf dem Spichererberge ein Denkmal zu errichten, werden hier noch von Tag zu Tag weniger. Nachdem gestern wieder einige Offiziere abgefahren sind, hat das Regiment einschliesslich der noch nicht geheilten Verwundeten, aber ausschliesslich der vielen Revierkranken, die noch so mitgeschleppt werden, 30 kranke Offiziere und 1296 kranke Mannschaften. Der jüngste Reserveleutnant des Regiments (Witting, s. Gravelotte) hat gestern die bisher von einem Premierleutnat besetzte Adjutantenstelle bei unserem Bataillon bekommen. Als entrèe *(Eintritt)* ist er gleich vom Pferde gestürzt.« –

Am 21. bekam ich in Coincy einen Brief meines Vaters, der am 18. Oktober »als am Tage der Schlacht bei Leipzig (*Völkerschlacht 16. – 19.10.1813*) und am Geburtstage des Kronprinzen« vergeblich »etwas bedeutsames« erwartet hatte und nun die Befürchtung aussprach, dass Bazaine es vielleicht rätlich finden möchte, einige seiner Divisionen ausserhalb der Festung gefangen nehmen zu lassen, um sich dann desto länger in der Festung mit einer kleineren Besatzung behaupten zu können. »Auf einige tausend Menschenleben scheint es dem Helden von Mexiko (Anm. 40) auch nicht gerade anzukommen.« Vor allem aber dankt Vater für meine letzte Nachrichten, die ihm wie immer grosse Freude machten, »besonders aber deshalb, weil wir sehen, dass Du Dich trotz aller Strapazen so fest und tapfer auf den Füssen hältst.« »Gott sei gelobt und gedankt dafür und möge Dich ferner in Gnaden bewahren! – In Betreff Deines Offizierwerdens hat die Mutter durch Oberst Mensing (der Düsseldorfer Bezirkskommandeur) erfahren, dass die Sache schon länger im Gange, hier aber liegen geblieben ist, weil man seltsamerweise über Deine persönlichen Verhältnisse nichts hat in Erfahrung bringen können, bis ganz zufälligerweise ein Gespräch der Mutter mit der Frau Obristin Licht in das ganze Dunkel gebracht hat. Uebrigens hat die Mutter dem Herrn Obersten bemerkt, dass Du Dich ihm seinerzeit persönlich vorgestellt hast.« –

Mir selbst war verraten worden, dass ich als erster und einziger von den gleichaltrigen Vicefeldwebeln seitens des Offizierskorps kürzlich gewählt worden sei, und ich konnte die Verzögerung um so leichter verschmerzen, als ich ja alle Vorteile der Offiziere tätsächlich bereits genoss. Andererseits stand ich dem Avancement (*Beförderung*) wegen der darin liegenden Anerkennung immerhin nicht gleichgültig gegenüber. –

Einstweilen fehlte es nicht an anderweitigem Verdruss. Bei einer nächtlichen Ronde (*Revision der Wache*) fand ich den Posten am Ausgang des Dorfes schlafend auf der Erde liegen. Der Kerl war so schlaftrunken, dass er wie ein Mehlsack wieder umfiel, als ich ihn auf die Beine stellte. Was sollte ich nun tun? Mir war die Geschichte fast unangenehmer wie dem Missetäter selbst. Schon die gewöhnlichen Arreststrafen, die durch stundenlanges Anbinden an einen Baumstamm oder ein Kanonenrad vollstreckt wurden, waren mir höchst unsympathisch, und wenn ich den Unglücksmenschen pflichtgemäss gemeldet hätte, so wäre es nicht ohne eine drakonische Strafe abgegangen. Also riss ich ihn gehörig herunter – das militärische Geschimpfe verstand ich damals aus dem ff – und hatte über den Mann nie wieder zu klagen. –

Unser Oberst war ohnehin sehr übler Laune und es war besser, ihm nicht auch noch mit solchen Geschichten zu kommen. Er brütete nicht nur die wunderlichsten Befehle aus, z. B. über das Marschtempo, in dem die Wachen aufzuziehen haben, über das Grüssen auf den Strassen, über die Art und Weise, wie die

Ordonanzen (*Meldeoffizier*) in die Stube zu treten haben u.s.w., sondern er hatte auch eine neue Instruktion für die Feldwachkommandanten erfunden, womit er die Offiziere weidlich quälte. Von jeder Feldwache hatte man ein Croquis (Geländeskizze) einzureichen, in welches sämtliche Posten und Patrouillen einzuzeichnen waren und in einem Begleitbericht nach eigenem Schema mit soundsoviel Spalten und Unterspalten alle kleinen und kleinsten Tagesereignisse zu vermelden. Eines Tages musste ich diese Arbeit mit Lineal und Zirkel in einem wirklichen geheimen Schweinestall zur Ausführung bringen, in dem man nicht einmal aufrecht stehen konnte, und nachher versammelte der Kommandeur das gesamte Offizierskorps, um ihm zu eröffnen, dass der Vicefeldwebel Viebig der einzige sei, der ihn verstanden und die Sache richtig gemacht habe. Das war ja nun sehr schmeichelhaft und man wird am Schluss sehen, was Eskens mit mir für Pläne hatte, aber meine Begeisterung für diese Schinderei, der das Offizierskorps einen mehr oder weniger passiven Widerstand entgegensetzte, wurde dadurch keineswegs gehoben. –

Auch die Eltern sehnten in ihren zärtlichen Briefen vom 25. Oktober das Ende des Elends vor Metz »aus Herzensgrunde« herbei. Die von Metz nach Düsseldorf zur Pflege kommenden Soldaten seien alle völlig erschöpft und ohne jede Energie. »Wann wird endlich die Stunde der Erlösung für Euch schlagen?« »Aber Bazaine wird es wohl« (so mein Vater) »bis aufs äusserste und letzte kommen lassen, gerade so wie die Pariser. Die Franzosen sind nun einmal in solch fanatischem Wahn befangen, dass eine besonnene und vernünftige Handlungsweise gar nicht mehr von Ihnen erwartet werden kann. Man muss also in Geduld ausharren und es als Gottes Fügung betrachten, dass eine Züchtigung furchtbarster Art über das französische Volk ergeht.« –

Die letzten Tage, über die ich am 27. Oktober berichtete, gehörten »zu den schauerlichsten, in mancher Beziehung wenigstens, die wir überhaupt durchgemacht haben.« Jeden Morgen wir bei Sturm und Regen um 3 Uhr heraus und allerlei Gerüchte und Befehle über eine endlich bevorstehende Entscheidung erhielten uns in fortdauernder Aufregung. Dabei schwiegen die Forts jetzt fast gänzlich und selbst bei Feldwachen herrschte in Gegensatz zu der früheren fortwährenden Knallerei eine fast unheimliche Stille. Durch Ueberläufer und einzelne Gefangene erfuhren wir zwar, dass die Franzosen tatsächlich nur noch von Pferdefleisch, Kleienbrot und etwas Kaffe lebten, mussten aber aus einem uns Offizieren nach einer Metzer Zeitung von unserem Divisionskommandeur abschriftlich mitgeteilten Aufruf Canrobert's (Anm. 68) zugleich ersehen, dass dieser (i.V. Bazaine's) sich auf solche Weise noch länger zu halten gedachte. Unser Hauptmann von Asmuth, der zu unserer ziemlich geteilten Freude am 24. Oktober von seinem Kommando beim Generalstab zurückkam, brachte die Nachricht mit, dass die Kapitulationsgespräche sich gänzlich zerschlagen hätten, und gleich darauf erschien ein Korpsbefehl, wonach die Kapitulationsgerüchte jeder tatsächlichen Begründung entbehrten, vielmehr die Lage derart sei, dass Bazaine zu dem verzweifelten Versuche eines Durchbruchs getrieben werden könnte. »Ich empfehle daher den Truppenteilen stete Gefechtsbereitschaft und grösste Wachsamkeit.« –

Am Abend desselben Tages sahen wir von St.Julien aus Leuchtkugeln aufsteigen und in der Nacht erschien ein Armeebefehl, wonach mit Tagesanbruch sämtliche Korps in den Verteidigungsstellungen stehen sollten. Der 25. Oktober verlief ohne bemerkenswerte Ereignisse, aber in der folgenden Nacht zwischen 2 u. 3 Uhr kam für unser Korps ein ähnlicher Befehl, unsere ganze Artillerie fuhr auf, und wir standen von 5 Uhr früh bis gegen Mittag in den Schützengräben, die vorher mit Eimern ausgeschöpft werden mussten. Man hatte bei der uns gegenüberliegenden französischen Garde grössere Marschbewegungen bemerkt und »Die Garde stirbt, doch sie ergibt sich nicht.« (Anm. 69) In der Nacht vom 26. auf den 27. Oktober musste ich »in schwarzer Finsternis bei einem Sturm, der auch die wenigen jämmerlichen Baracken der Wache zusammenriss, vom Regen gepeitscht oft bis an die Knie im Wasser watend,« als Ronde auf 2 Stunden Entfernung die Posten revidieren. Das Wasser lief mir oben in die Stiefel hinein und es war überhaupt, als ob mir in dieser letzten Nacht die Schrecknisse der Belagerung noch einmal gründlich zu Gemüte geführt werden sollten. –

Am 27. Mittags hatte ich meinen brieflichen Bericht über diese letzen Ereignisse soeben zu Papier gebracht, als neue Gerüchte über neue Kapitulationsverhandlungen die Luft durchschwirrten. Die Brigade- u. Regimentskommandeure wurden zum Divisionskommandeur, die kommandierenden Generale zum Prinzen Friedrich Carl beschieden, man sprach von sofortigem Abmarsch des VII. Korps nach dem Süden Frankreichs und dergleichen mehr. »Soeben werden,« (so schliesst mein Brief vom 27.) »die Arbeiter aus der Schanze hier abberufen und es verbreitet sich grosser Jubel. Möchte er nicht grundlos sein! Man erzählt, das VII. Korps solle zur Zernierung von Lille bestimmt sein. Da kämen wir allerdings von dem Regen in die Traufe.« –

Am 28. Früh schien »es endlich mit der Uebergabe von Metz doch wirklich Ernst werden zu wollen.« »Zunächst hatte sich gestern Abend das Gerücht verbreitet, dass drei französische Korps schon 2 Tage lang kein Brot mehr gehabt hätten, und dass deshalb unsererseits bereits 80.000 Portionen in Courcelles bestellt seien. Darauf brachte ein Generalstabsoffizier die Nachricht von dem nahen Abschluss der Verhandlungen. Der Jubel war gross. Seit langer Zeit zum ersten Male hörte man wieder in allen Quartieren fröhlichen Gesang. Auch wir sassen lange Zeit zusammen auf und besprachen – nun gern zufrieden – die lange Reise der Leiden, die wir hier durchgemacht, und malten uns die Freude aus, die nun auch wohl zu hause über diese endliche Erlösung herrschen wird. Heute früh haben wir auch wieder einmal einen Sonnenblick gesehen und alles stürzte sich zu dem Bache, um feierliche Wäsche zu halten. Um 11 Uhr sollen wir in den Gefechtspositionen stehen, aber die Gewehre zusammensetzen. Die hiesigen Einwohner freuen sich womöglich noch mehr wie wir selbst, die Frauen sagen »nous verrons nos hommes.« (*wir werden unsere Männer sehen*) –

Nachschrift: »Soeben Contreordre (*Gegenbefehl*) Heute vollständige Ruhe. Um 11 Uhr Kapitulation.

Es heisst wir sollen zur Belagerung von Thionville. In Gottes Namen! Die Freude ist jetzt so gross, dass man alle Zukunft in rosigem Lichte sieht.« 2.Nachschrift: »Eben erfahren wir, dass unsere Brigade morgen und die folgenden Tage die Dislozierung (*Verlegung*) von 20000 Gefangenen nach Courcelles bewirken soll.« –

Bald kamen nun auch die ersten Glückwünsche aus der Heimat an. Zunächst war es ein Brief der guten Frau Jäger von der Hochburg bei Emmendingen (Anm. 70), der noch am Tage vor der Kapitulation geschrieben war:

»Mein lieber verehrter Freund! Unmöglich kann ich Ihnen ausdrücken, wie herzlich Sie mich und meinen 1. Mann durch Ihre freundlichen Zeilen erfreuten und sage ich Ihnen recht warmen Dank dafür. Daraus, dass es Ihnen nicht zu langweilig ist, einer alten, aber treu besorgten Freundin eine Freude zu machen, erkenne ich recht, dass Sie der liebenswürdige Sohn der liebenswürdigsten Mutter sind. Wie wird die Teure stolz sein auf ihren jungen heldenmütigen Krieger! Mein Mann und ich beugen uns tief vor Ihnen und weiss gar nicht, wie ich meine Bewunderung für unsere herrliche Armee Worte geben soll. Wenn ich denke, vor welch namenlosem Elend uns die Aufopferung und der Heldenmut unserer Truppen bewahrte, so weiss ich meiner Dankbarkeit kein Ende und rinnen mir die hellen Tränen über meine alten Wangen. Ihr Dienst vor Metz muss entsetzlich beschwerlich sein. Gott gebe, dass Sie bald dort erlöst werden und auch diese starre Festung es ihrer Strassburger Schwester gleich tut. Heute verstummte plötzlich der Kanonendonner von Schlettstadt (*Sélestat*), den wir seit vier Tagen ohne Unterbrechung gehört und erfahren wir eben, dass auch diese Feste sich ergeben. Es ist doch wunderbar, wie auch gar nichts der deutschen Kriegsführung zu wiederstehen vermag, und mit welcher Ruhe und Sicherheit sie alles bewältigt. Ich freue mich ganz besonders auch darüber, dass wir die Vorzüge der preussischen Nation schon seit Jahren anerkannt und schätzen lernten und uns nicht jetzt erst ein Licht aufgeht wie so manchem unserer süddeutschen, leider oft einseitigen Patrioten. Von Ihrer lieben Mutter hörte ich mit Bewunderung, mit welcher Aufopferung sie die Krankenpflegerin macht. Ich schäme mich wahrhaftig neben dieser edlen Freundin. Mir war es noch gar nicht vergönnt, etwas für unsere tapferen Krieger zu tun; wir haben auch um Verwundete gebeten, aber keine bekommen. Recht wohl kann ich mir denken, wie es meiner geliebten Clara (gemeint ist Ferdinands Mutter, Clara Viebig, geb. Langner) ein Bedürfnis war, durch Erfüllung grosser Pflichten ihr sorgenvolles Mutterherz zu beschwichtigen. Moritz Dietz und Carl oder Oberstleutnant Lauchert (Anm. 71) liegen ja auch vor Metz, Sie werden aber wohl nie mit anderen als von Ihrem eigenen Regiment zusammentreffen. Nach den Zeitungsnachrichten scheint's doch zu hoffen, dass die schon zweimal verbreitete Nachricht, Metz habe sich ergeben, bald wahr wird. Das stürmische Regenwetter betrübt mich sehr um der armen Truppen Willen. Müssen Sie denn immer noch im Freien biwakieren? Man ist ungeheuer gespannt, bis einmal das Bombardement von Paris, dieser stolzen übermütigen Stadt beginnt.« –

Wollte Gott, auch diese Schreckensarbeit wäre vorn über und ganz Deutschland dürfte dem sieggekrönten Heere zujauchzen.

Wieviel werden Sie einmal erzählen können von dieser Zeit. Dürfte ich dann nur auch mit dabei sitzen und zuhören. Will's Gott, so darf ich Sie auch einmal bei uns sehen und mich an dem Sohne meiner geliebten Freundin erfreuen. Sie dürfen glauben, dass wir mit der wärmsten Teilnahme Ihnen folgen und dass ich mit wahrhaft mütterlicher Liebe Gott bitte, er möge Sie in all den tausend Gefahren gnädig beschirmen und Sie trotz Nässe und Kälte, trotz Hunger und Entbehrungen aller Art gesund und frisch erhalten. Mein Mann steht hinter mir und ruft: »Ferdinand Viebig er lebe hoch.«

Aber nun gings los: »Hurra, hurra Germania!« so schrieb Hermann Richter am 28. Oktober früh. »Gestern Abend kam die grosse Siegesbotschaft. Unendlicher Jubel, Zapfenstreich, Illumination u.s.w. Wir Düsseldorfer fühlten diesen Sieg, abgesehen von seiner nie dagewesenen Grösse (150.000 Gefangene) noch besonders tief, da unsere braven Jungens dort über zwei Monate auf die endlich redlich verdiente Kapitulation warten mussten.« Meine Eltern schrieben am selben Tage, zwar nicht so stürmisch, aber doch »wie von einem Alpdruck befreit.« »Ich war noch in der Kaserne« (schrieb Mutter) »als die Depesche von der Kapitulation ankam, und einen wahrhaft erhebenden Eindruck machte mir der Jubel der armen Kranken und Verwundeten. Schwer Verwundete, die sich kaum rühren können, strampelten mit den Beinen und agierten mit den Armen in der Luft herum, und schwer erkrankte richteten strahlenden Auges ihre Blicke nach oben.«

Mein Vater erging sich in Vermutungen über die weitere Verwendung des VII. Armeekorps und meines Regiments und hoffte auf rasche Entwicklung der Dinge und baldigen Beginn des Bombardements von Paris, »ein Bombardement, wie noch kein ähnliches je dagewesen.« Auch meine Mutter, die mir zugleich den plötzlichen Tod des guten Steuerrats Kretschmer meldete, sprach davon, dass ihre scherzhafte Aeusserung wegen eines ihr von Lyon mitzubringenden Seidenkleides (Lyon: damals Weltstadt der Seide) nun am Ende doch noch wirklich in Erfüllung gehen werden. Einstweilen aber kam alles anders.

Am Nachmittag des 28. Oktober benutzte ich eine kurze Regenpause zu einem Spaziergang nach Colombey. »Das Dorf und das reizende Schloss ist alles ein wüster Trümmerhaufen. Nur an den hohen Bogenfenstern ahnt man noch die entschwundene Pracht. Selbst die Kapelle, ganz im Walde versteckt, mit der Ruhestätte der Familie de Tschudi (Anm. 72) (entfernte Verwandte des in meinem Bataillon stehenden Leutnants v. Tschudi) ist arg mitgenommen. Ueber dem Eingangstor der Schlossgebäude sieht man noch das Wappen mit der Inschrift: »Crain Dieu et garde ses commandements (Fürchte Gott und halte seine Gebote).« Vor der Schlossfront, wo ein herrlicher Ausblick in den Park sich eröffnet, sind die Gräber der gefallenen Offiziere. Schön gezimmerte Kreuze und Lebensbäume stehen darauf und Marmortische und Fensterbretter aus dem Schlosse haben die Einfriedung hergegeben. Eines trägt die Inschrift: »Hier ruht in Gott N.N., gefallen fürs Vaterland am 14. August 1870. Gott tröstet seine junge Frau und vier Kinder!« Rings umher stehen riesige efeuumrankte Tannenstämme und Taxusbäume, weniges Laubholz dazwischen. Ein kurzer Sonnenblick vergoldete die Herbstblätter und alles stimmte wundervoll zu der Ruhe des Ortes.« Nach vielen Jahren habe ich von Lorry aus mit meiner Frau und Schuster's die Schlossruine mit dem verwilderten Park und die sogenannte Totenallee, die noch jetzt die unverkennbaren Spuren des Brandes und der Geschosse zeigt, noch einmal besucht, und ich kenne keine Erinnerungsstätte, die mich so wie diese in jene schwere und doch so schöne Zeit zurückversetzt.

Auf dem Rückwege von Colombey begegnete mir einer unserer Füsiliere Arm in Arm mit einem rothosigen Franzosen, der bereits mit grossem Behagen an einem kolossalen Butterbrot kaute. Es war ein Elsässer, der in den letzten Tagen nur noch 1/2 Pfund Kleienbrot und 4 Loth; (alte Masseinheit: 1 Loth entspricht ungefähr einem Löffel voll) Pferdefleisch ohne Salz bekommen hatte, »aber nur von dene Pferd, wo umkeiet.« Ein Schnaps machte ihn zutraulich und er versicherte ein über das andere Mal: »Des ischt mei gröschte Freid.« Vor den grossen Zeltlagern beim Dorfe Bellecroix, die ich von der Höhe bei Borny überblickte, wimmelten bereits Franzosen und Preussen friedlich durcheinander und unsere Leute, die gestern noch auf jede Rothose schiessen mussten, geben heute das letzte Stückchen Brot, sogar die letzte Zigarre hin.

Am 29. Oktober marschierten wir nach Ars-Laquenexy zurück und fanden dort bereits das riesige Lager abgesteckt, wo die Gefangenen bis zum Eisenbahntransport kampieren sollten. Bis zum Dunkelwerden bildeten wir Spalier für den Durchgang der einst so stolzen französischen Armee, die wie eine endlose Völkerwanderung an uns vorüberzog, sodass einem fast die Augen schmerzten und schliesslich die ganze Gegend sich zu bewegen schien. Es war ein ernster, fast trauriger Anblick, unsere Leute standen stumm, Gewehr bei Fuss dabei und man hörte keinen der sonst üblichen schlechten Witze. Verschieden die Farben, verschieden auch Mienen und Haltung. Artillerie und Corps de génie (Ingenieurscorps) gemessen und würdevoll, die Linien-Infanterie in ihren scheusslichen blauen Schlafröcken verloddert und übel zugerichtet. Einem alten grauköpfigen Troupier (franz. Berufssoldat), die Brust voll Ehrenzeichen, laufen die Tränen über die wettergebräunten Wangen. Aus manchen Augen blitzt verhaltene Wut. Anderen scheint die Sache höchst gleichgültig zu sein und viele freuen sich laut über dies unrühmliches Ende. Nicht wenige sind betrunken und fallen wie die Wilden über unsere Marketenderwagen her - Das Portepee (Degenquaste) wurde mir im Gedränge abgerissen - oder balgen sich um die von unseren Leuten gereichten Geschenke an Tabak und Lebensmitteln. In manchen Gesichtern aber liest man eine lange Geschichte von Krankheit, Hunger und Elend.

Die Nacht verbrachten wir – beinahe drei Regimenter – in dem kleinen Ars-Laquenexy. Scharen geflüchteter Landbewohner kehrten mit Hab und Gut zurück, unabsehbare Proviantkolonnen, Schlachtviehherden und Marketenderwagen strömten dem Lager zu, unzählige Lagerfeuer schimmerten durch die Finsternis und dazwischen agierten und lärmten die fremdartigen Gestalten, um von den reichlich gelieferten Victualien (Lebens- Nahrungsmittel) die erste Mahlzeit in der Gefangenschaft zu bekommen. Ein wundersames märchenhaftes Bild.

Am 30. Oktober um 2 Uhr Nachmittags hatte ich mit 50 Mann und 5 Husaren, die wie Schäferhunde die Hammelherde umkreisten, einen Transport von 500 Gefangenen nach Courcelles zu bringen. Die Leute zeigten sich im allgemeinen sehr gutmütig und machten keine Fluchtversuche, aber ohne die Hülfe der französischen Unteroffiziere wäre mir die Aufrechterhaltung der Ordnung kaum gelungen. Bei Courcelles, wo infolge des fortdauernden Regens weite Flächen unter Wasser standen, fand ich die vorangegangenen Transporte noch unbefördert vor und musste bis nach 2 Uhr Nachts auf freiem Felde warten, bevor wir überhaupt zum Bahnhof rücken konnten. Da hatte ich denn Zeit und Gelegenheit mich mit den Franzosen näher anzufreunden. Um mich zu wärmen trat ich an eines der Feuer zu einem Sergeant-Major und einigen Unteroffizieren der Artillerie und Mobilgarde (Ersatzreserve), und sofort schob man mir einen Tornister auf den besten Platz und nötigte mich, von dem Kaffee mitzutrinken, wofür ich mich mit einer Flasche Wein revanchieren konnte. Ein Kompliment über die Tapferkeit der grande armée ist dem Franzosen stets sehr schmeichelhaft, er zieht sein bonnet (Mütze) und man hat sein Vertrauen gewonnen. Napoléon ist ein crétin, ein cochon und dergleichen, und wenn auf Bazaine die Rede kommt, so heisst's »nous sommes trahi.« (wir sind verraten) Besonders unpatriotisch zeigten sich die Mobilgardisten von der garde mobile de la Moselle, die sogar in preussischen Dienste treten wollten. Es waren auch deutschsprechende dabei, und an einigen Feuern wurden sogar deutsche Lieder gesungen.

Erst zwischen 5 & 6 Uhr morgens kam ich wieder im Lager von Ars-Laquenexy an und erwartete den Tagesanbruch in einer Laubhütte, wo es dermassen durchregnete, dass ich die angekommenen Briefe kaum zu lesen vermochte.

Ehe ich Zeit hatte mich unter einem Berge von Decken zu erwärmen, wurde ich zur Sammlung, Bewachung und Fortschaffung der kranken Franzosen kommandiert. Die Zahl war so gross, dass der Arzt und ich uns trotz ausgestellter Posten des Andranges zu den Wagen kaum zu erwehren vermochten. Ausser Verwundeten, Ruhr- und Fieberkranken waren es hauptsächlich Augenkranke. Ausserdem konnten viele vor blosser Schwäche nicht von der Stelle und mehrere starben während der Fahrt. Die Eisenbahntransporte mussten wegen Ueberfüllung unterbrochen werden und nun lagen tausende und aber tausende körperlich und geistig geschwächter Menschen tage- und nächtelang in fusshohem Morast, wo ihnen Schuhe und Gamaschen stecken blieben. Man sah einzelne Jammergestalten barfuss und zitternd im strömenden Regen umherwarten

– »mon Dieu, mon Dieu, quel malheur« – vergeblich suchte unsere Regimentsmusik etwas Leben in die Gesellschaft zu bringen, und über all dem Elend vergass man die eigene auch nicht gerade beneidenswerte Lage.

Am 31. Oktober mittags marschierten wir, durch fröhlichen Gesang die Nässe bekämpfend, nach Laquenexy in ein leidliches Quartier. Inzwischen waren auch die beiden bei La Grange aux Bois vermissten Füsiliere, die in Metz ein neumodisches Gemüse aus Pappelblättern kennengelernt hatten, sonst aber nicht allzuschlecht behandelt worden waren, wieder zur Kompagnie gelangt und jetzt kam man zu der Ruhe, in der man sich der neuen Wendung der Dinge richtig freuen könnte. »Was haben wir seit meinem letzten Brief aus Coincy alles erlebt und gesehen.« So schrieb ich am ersten November nach hause. »Mir ist es noch immer wie ein Traum. Der Eindruck dieses nie dagewesenen Ereignisses (d. h. die Kapitulation) ist auf den denkenden und fühlenden Menschen, der die unmittelbare Wirkungen und Folgen vor Augen sieht, ein fast überwältigender und stimmt mehr zu ruhigen Danke, als zu lautem Jubel.«

In der Tat ging auch der 01. November nicht ohne neue ernste Mahnungen zu Ende. Mein Bursche Lindemann, der lange tapfer gegen einen bedenklichen Lungenkatarrh angekämpft hatte, musste in's Lazareth und nahm meine Grüsse nach Düsseldorf mit. Auch Hauptmann von Asmuth erkrankte schwer an der Brechruhr und trat am folgenden Tage die Reise auf Nimmerwiedersehn an. Er war bereits so schwach, dass er bei den Entbehrungen von 2 Mann gehalten werden musste, und ist am 01. Januar 1871 bei seinen Verwandten zu Fickenhütte bei Siegen gestorben. Die Kompagniekasse hatte er bei sich getragen, und als man sich nun seitens des Regiments an die Angehörigen wandte, erfuhren wir, dass die Gelder nicht bei ihm gefunden seien. In mir regte sich der künftige Staatsanwalt und ich misstraute dem Burschen, der seinen Herrn nach Siegen begleitet hatte, aber da war natürlich nichts zu machen und die Sache blieb unaufgeklärt.

Ein Sekondeleutnant führte nun wieder die Kompagnie, nur eine der 12 Kompagnien hatte noch einen Hauptmann und nur eines der 3 Bataillone noch einen Major. Vom 03. auf den 04. November war ich wieder auf Wache im Zeltlager der Gefangenen, wo jetzt hauptsächlich Garde und Zuaven (Anm. 73) hausten und ich von einem alten Zuavensergeanten für ein paar Taler einen roten Fez mit gelber Quaste und eine silberne Medaille am blauen Bande erstand, die ich heute noch besitze. »Guerre d'Italie 1859. Al valo re militare.« so steht auf dieser Medaille, und meinen Fez hat gelegentlich meine Frau auf einem Maskenball in Coblenz spazieren geführt.

Zum erstenmale leistete mir mein neuer Gummimantel vortreffliche Dienste. Ich hatte ihn für 11 Taler, die mein Vater mir schickte, einem bayerischen Marketender abgekauft, der ihn für einen bayerischen Offizier besorgt, sein Regiment aber nicht mehr wiedergefunden hatte. Vor allen Fährlichkeiten schützte mich freilich auch dieser Mantel nicht. An einer Ecke des Lagers war ein rundes französisches Offizierszelt aufgestellt und dorthin zogen nicht nur wir, sondern auch die Mäuse des Feldes sich scharenweise zurück und wenn ich nur des Nachts den Gummimantel über Kopf und Hände deckte, so rasselte die wilde Jagd fortwährend über mich hinweg. Tagsüber spielten sie lustig um die Kartenspieler herum und fühlten sich in dem Zelt entschieden wohler als wir.

Noch einmal zog ich am 7. November auf Lagerwache, noch einmal zog ich am 8. November mit einem Transport französischer Artilleristen und Gardekürassiere gen Courcelles, und mir haben sich die Eindrücke dieser Tage von neuem eingeprägt, nachdem ich in der Gemäldegalerie zu Cassel das Meisterwerk meines Freundes Kolitz (Anm. 74) »Gefangenentransport bei Metz« so oft und gern gesehen habe. Der graue Himmel mit den tiefherabhängenden schwarzen Wolken über der öden trostlosen Landschaft, das zerschossene Gemäuer rechts im Vordergrund, die regentriefende Strasse mit dem im Drecke liegenden Marodeur (Plünderer), die dunkelen Gestalten der im Hintergrunde verschwindenden Truppe, das alles mutet mich an, als sei ich gestern dort gewesen und hätte selbst Modell dazu gestanden. In Courcelles an der Jahrmarktbude eines Neusser Handelsjuden traf ich die noch nicht zu Gefreiten beförderten Gebrüder Bogen aus Düsseldorf, die einen Gefangenentransport bis Kosel begleiten durften, während ich mich nur auf dem Bahnsteig mit meiner Bande herumzuschlagen hatte. Einige französische Damen mit einem Diener in Livree (Bedientestentracht) bewirteten die Leute, benahmen sich aber dabei so zudringlich und unverschämt, dass sie mir die ganze Gesellschaft, die noch gezählt und verteilt werden musste, in Unordnung brachten. Alles Zureden und Drohen nützte nichts, sodass ich schliesslich die Haupträdelsführerin durch 2 Füsiliere mit gefälltem Gewehr entfernen lassen musste. Der Etappenkommandeur war sogar so wütend, dass er dem frechen Bedienten eine Ohrfeige langte, und die Dame revanchierte sich mit den Worten: »Je vous remercie beaucoup pour votre galanterie.« (Ich danke Ihnen vielmals für Ihre Ritterlichkeit.)

Was mag aus all den Menschen, die wir da in die Bahn packten, geworden sein? (Anm. 75) »Hier in Düsseldorf wimmelt es jetzt förmlich von französischen Uniformen. Die Strassen der Stadt sehen förmlich buntscheckig aus.« So schrieb mein Vater am 7. November, und auch Hugo Wirtz berichtete, dass man dort jetzt erst recht die Folgen des Krieges zu verspüren beginne. »2500 Kranke und was das schlimmste ist, Typhus- und Ruhrkranke sind für die nächsten Tage hier angemeldet. Sämtliche Klöster werden belegt, der Prinz von Preussen und sogar das Ständehaus. Ausserdem sind seit zwei Tagen eine solche Menge französischer knotig aussehender, in den Wirtshäusern die Lokale bespuckender, Zigaretten rauchender, an den Tischen sich rekelnder Leutnants hier angelangt, dass man ihnen auf Schritt und Tritt begegnet. Doch scheint ihnen die Niederlage ihres Vaterlandes nicht allzunahe zu gehen; denn sie sehen ziemlich munter aus und sind wahrscheinlich froh der feurigen Umarmung ihrer deutschen Freier entgangen zu sein. General Wimpffen (Anm. 76), der durch die Unterzeichnung der Sedaner Kapitulation eine traurige Berühmtheit erlangt hat, soll auch hier weilen und hat sich einem on dit (Gerücht) zufolge in Breidenbacherhofe einquartiert.« –

Der erbetene Urlaub zu einem Besuche in Metz wurde mir wegen entgegenstehenden Korpsbefehlen vom Bataillonskommandeur mit dem Bemerken versagt, dass ich ruhig ohne Urlaub gehen könne, und so wanderte ich denn am 9. November durch die kahl rasierten Glacis (Brustwehr), wo noch überall tote Pferde umherlagen oder halbtote Pferde mit abgefressenen Schwänzen umherirrten, und betrat zum ersten Male die später so oft von mir besuchte Stadt, die mich damals im Inneren lebhaft an Köln erinnerte. Mein erster Besuch galt der herrlichen, damals noch durch das napoleonische Portal verunstalteten Kathedrale, wo gerade eine musikalische Messe mit Orgel, zwei Violinen und Cello zu Ende ging, und dann ging ich zu Offermann's. Meine Eltern kannten die Familie des Gendamerie-Majors schon von Sigmaringen her und in Trier hatte ich mit dem Sohne Eugen Offermann bis zum Wegzug der Familie freundschaftlich verkehrt. Der Major war in Trier gestorben und hatte uns seine Königin der Nacht (cereus grandiflorus nycticallus) hinterlassen, einen unscheinbaren Cactus, der angeblich nur alle 7 Jahre und dann nur eine Nacht zu blühen pflegte. Jahr und Tag hatte die Pflanze verachtet und vergessen unter meinem Schreibtisch gestanden, als ich eines Tages eine Knospe daran bemerkte und sie nun an's Fenster rückte. Die Knospe wuchs zusehens und es kam die Nacht, wo sich unter dem Zusammenlauf der ganzen Nachbarschaft der goldene Kelch mit dem weissen Strahlenkranze duftend öffnete und ebenso schnell in sich zusammensank. –

Frau Offermann geb. Faure war inzwischen nach ihrer Heimat Metz verzogen und Eugen hatte dort eine Stellung bei einer französischen Bank erlangt. Jetzt begrüsste Frau Offermann freundlich den feindlichen Krieger und freute sich über meinen Besuch. Natürlich wusste sie viel zu erzählen von all den Aufregungen und Entbehrungen, die sie durchgemacht und wie sie als preussische Offizierswitwe auch unter dem allgemeinen Deutschenhass gelitten habe. Anbieten konnte sie mir auch jetzt noch nichts, mein Freund Eugen lag krank und fiebernd zu Bett, und ich habe ihn erst 1874 als deutschen Steuerempfänger in Forbach wiedergesehen. In der Stadt begegnete mir der Vicewachtmeister Reusch, ein alter Trierer Kompennäler (Mitschüler), der schon seit 2,5 Monaten bei den schweren Landwehrreitern vor Thionville lag, und dann suchte und fand ich das berühmte Schlemmlokal Moitrier, Rue Chapellerue NO.4. Es gab zwar ausser köstlichem Wein nur eine Kalbskopfkonserve und eine frische Pferdefleischpastete »Pâté Trapptrapp«, aber es war doch ein wahrer Hochgenuss, nach undenklicher Zeit mal wieder an einem gedeckten Tisch zu sitzen und wie ein zivilisierter Mensch zu Mittag zu essen.

Am Abend fand ich in Ars-Laquenexy unseren Major Herrmann aus dem Lazareth zurückgekehrt, aber in einem so bedenklichen Zustande höchster Erregung und Nervosität, dass er noch während der Nacht wieder fortgebracht werden musste.

Am folgenden Morgen, den 10. November sagten auch wir der Metzer Gegend das letzte Lebewohl. Mit fliegenden Fahnen und klingendem Spiel hielten wir unseren Einzug durch die Porte des Allemands, passierten Devant Les Ponts, und mein kleiner Loulou, der auf dem Packpferd der 4. Kompagnie vorsorglich festgebunden war, begrüsste die meist in Trauer gekleideten Zivilisten, die mit ärgerlichen Gesichtern, die Hände in den Hosentaschen das militärische Schauspiel begafften, von oben herab mit freudigem Gebell. Am 26. Oktober 1875 aber erhielt ich zu meinem Hochzeitstage folgendes Telegramm: »Am Vorabend der Kapitulation der jungfräulichen Feste Lothringens sendet demselben Bezwinger eines Jungfrauenherzens zum heutigen Siege ein donnerndes Hoch und ein herzliches Glückauf ein alter Feldprediger im Mülheimer Pfarrhause.«

Belagerung der Ardennen-Festungen

Zur Belohnung für unsere Verdienste um die Festung Metz durften wir nun also auch noch die Festungen an der Ardennenbahn (Anm. 77), zunächst Thionville, das heutige Diedenhofen belagern. Warum gerade uns, die 14. Division dies weniger rühmliche Schicksal traf, weiss ich natürlich nicht. Unsere Reihen waren stark gelichtet, die Kombattantenstärke (Kampfstärke) des am 24. Juli mit 68 Offizieren u. 3 029 Mann ausgerückten Regiments betrug nach dienstlicher Zählung am 27. Oktober nur noch 63 Offiziere u. 2 083 Mann und bei den anderen Regimentern wird es wohl ähnlich ausgesehen haben. Vom 10. November bis 7. Dezember führte der Secondeleutnant der Reserve Bäumer mit mir als einzigem Offizier die 4. Kompagnie, u. die Premierleutnants Eickenmeyer u. von Jess befehligten vom 13. bis 22. November nacheinander das 1. Bataillon. Entscheidend für unsere Bestimmung wird aber wohl der Umstand gewesen sein, dass unser Divisionskommandeur Generalleutnant von Kameke, der aus dem Ingenieurskorps hervorgegangen war und um Weihnachten auch die Oberleitung des Ingenieurangriffs auf Paris übernahm, für die fragliche Aufgabe besonders geeignet erschien. –

War es uns hiernach bis zum Jahresschluss nicht vergönnt, an kriegerischen Ereignissen ersten Ranges teilzunehmen, so hatte diese Zeit doch andere nicht zu unterschätzende Vorzüge. An Mühen, Gefahren u. Strapazen aller Arten hatte es auch jetzt nicht gefehlt, aber im ganzen sahen wir doch ruhigere und bessere Tage und auch manche interessante Episode, an die ich mich immer wieder gern erinnere. Vor allem kamen wir in bewohntere Gegenden, lernten Land u. Leute näher kennen u. ich brachte es in der französischen Sprache allmählich so weit, dass am 13. März 1871 der maire (Bürgermeister) von Jussey (s. unten) mich meinem Quartierwirt au château (auf dem Schloss) mit den Worten vorstellen konnte: »voila un officier bien gentil, qui parle parfaitement le francais« (das ist ein sehr höflicher Offizier, der perfekt französisch spricht).

Grössere Städte haben wir nur wenig berührt, aber auch auf dem Lande fand man überall ein paar nette Leute, u. ich muss sagen, dass ich im allgemeinen mit den Franzosen, namentlich mit den Frauen meistens gut u. gern zurecht gekommen bin. Auf offenen oder versteckten Hass stiess man doch eigentlich nur ausnahmsweise. Sie jammerten wohl ihr stereotypes »malheur pour nous, malheur pour vous, malheur pour tout le monde« (Unglück für uns, Unglück für euch, Unglück für alle) u. man hatte dafür nur ein ebenso stereotypes Achselzucken: »à la guerre comme à la guerre« (Krieg ist halt Krieg). Oder die gaffenden Bauernweiber gaben den marschierenden Truppen wohl manchmal ein wohlgemeintes »parti fourte en Prusse« (Macht euch fort nach Preußen) mit auf den Weg. Aber im allgemeinen machten die Leute bonne mine au mauvais jeu (gute Miene zum bösen Spiel) u. es liess sich öfters freundlich, ja fast freundschaftlich mit ihnen verkehren. Der Mann sitzt im Cafe, trinkt seinen Absynth (toxischer und daher zeitweise verbotener Wermutschnaps), steckt die Hände in die Hosentaschen u. spuckt ins Lokal, die Frauen haben in der Regel die Hosen an, sind resoluter und charaktervoller, aber auch zugänglicher u. liebenswürdiger. »Causez francais« (schwätzt französisch), war eine beliebte Redensart, wenn wir uns in Gegenwart der Damen deutsch unterhielten, u. es machte ihnen ersichtlich besonderen Spass, wenn sie sich nicht auf das ewige »nixe comprend« (nix versteh) zu beschränken brauchten, sondern ein deutsches Wort wie »capoutte« oder dergl. aufgeschnappt hatten u. mit wichtiger Miene nachsprechen konnten. –

Gleich in Mondelange, dem ersten Quartier auf dem linken Moselufer, das wir am 10. November erreichten, vollzog sich ein merkwürdiger Umschwung. Die Einwohner hatten noch keine Einquartierung kennengelernt, das für den Stab der 4. Kompagnie bestimmte Haus war von innen verrammelt, u. es bedurfte unzweideutiger Kolbenstösse gegen die Haustür, bevor die heulende Frau uns öffnete, während der Mann im Wohnzimmer damit beschäftigt war, die Bilder des ersten u. dritten Napoleon von der Wand zu nehmen. Napoleon III. als président de la republique zu Pferde, den Hut in der Hand, über seinem Kopfe in einem Strahlenkranze das Auge Gottes u. die Inschrift »La providence veille sur lui« (Die Vorsehung wacht über ihn) Wir nötigten den reichen Bauer, die Bilder wieder aufzuhängen, und Freund Bäumer versicherte mit komischem Ernst, dass wir gewohnt seien, die kleinen Kinder abzuschlachten u. als Frühstücksbraten zu verzehren. (Anm. 78)

Das wirkte und zündete. Es dauerte nicht lange so hörte man im Hof ein kleines Schweinchen quiexen u. am nächsten Tage musste ein lapin (Kaninchen) sein Leben lassen. Als ich am 11. November nach Hause schrieb, liess der Hauswirt meinen Eltern sagen, ich sei doch ein »bon garcon« (guter Junge) u. er sei mit mir »bien content« (sehr zufrieden), u. als wir am 13. nach Bétange vorrückten, da flossen sogar die Tränen u. der chef de cuisine Füsilier Land nahm von der Nichte des Hauses mit Kuss u. Umarmung rührenden Abschied. –

Am 12. fiel der erste Schnee u. aus Wesel traf vom Regimentsschneider Schmidt beim Ersatzbataillon das Paket mit der bestellten Offiziersuniform u.s.w. ein. Meine Beförderung verzögerte sich allerdings noch immer. Es wurde erzählt, die Post nach Versailles (seit Oktober das deutsche Hauptquartier) sei mit der betreffenden Eingabe irgendwo von Franctireurs (Anm. 79) überfallen u. ausgeraubt worden., und so fuhr denn das Paket einstweilen unausgepackt auf der Kompagniekarre spazieren, während die neuen höheren Stiefel, die nun auch bald von Meister Einbrodt kamen , alsbald in Benutzung genommen wurden. –

Unser dicker Oberst Eskens wohnte in Mondelange im Hause des dortigen Arztes. Die Tochter des Hauses war musikalisch u. sang u. a. das bekannte Gumbert'sche Lied (Anm. 80) von den »petits-tits-tits oiseaux«, (den kleinen kleinen kleinen Vögelein) das ich zuletzt in einem Patti-Konzert (Anm. 81) in Bonn von dem bekannten einarmigen Tenoristen Roger aus Paris hatte singen hören. Nun musste unsere Regimentsmusik vor dem Doktorhause einen Marsch aufspielen, in dem das

Lied »O bitt euch liebe Vögelein« als Trio verarbeitet war. Am 12. November aber verunglückte der galante Oberst auf einem Rekognoszierungsritt (Aufklärungsritt), sodass wir ihn dort in bester Pflege zurücklassen mussten. –

Vom 13. bis 21. November tauschten wir alle drei Tage mit einer anderen Kompagnie die Quartiere in Bétange und Uckange, und nach langer Zeit genoss ich mal wieder den Hochgenuss eines eigenen Zimmers u. Bettes. Ich muss nur leider befürchten, meinerseits in Uckange kein gutes Andenken hinterlassen zu haben. Das geräumige Prunkbett in der guten Stube, der Stolz einer jeden französischen Hausfrau, war über der weissen Bettdecke mit einem köstlichen roten Netze verhängt und mein Loulou interessierte sich so lebhaft für die am Rande angebrachten Quästchen, dass schliesslich nicht mehr viele davon vorhanden waren. –

In Uckange fanden sich am 18. November nicht weniger als drei Drehorgeln ein u. unsere Leute tanzten auf öffentlicher Strasse mit den Marketenderinnen u.s.w.. Am 20. aber gab es in der Gesindestube der ferme (Gutshof) Bétange, wo wir wohnten, einen förmlichen Ball. Offiziere, Füsiliere u. schwere Reiter tanzten untereinander u. mit den Mägden des Hauses, u. unser Marketender, ein kleines musikalisches Genie, spielte dazu die Ziehharmonika. Die mittelalterliche Haushälterin überraschte ich sogar einmal bei verschlossener Tür im Zimmer meines Freundes Bäumer. –

Die ferme Bétange gehörte zu dem gleichnamigen Schlosse des Barons de Gargan (Anm. 82), u. in dem eichenholzgeschnittenen Speisesaal des Schlosses versammelten wir uns regelmässig mit einigen Artillerieoffizieren zu den gemeinsamen Mahlzeiten. Der Baron u. die Baronin, wenn ich nicht irre, eine geb. de Wendel von den nahen Hüttenwerken, waren am Tage vor unserer Ankunft abgereist, hatten aber ihren Haushofmeister zurückgelassen, der uns die honneurs (Bewirtung) des Hauses machte und uns täglich um 11 Uhr das déjeuner u. um 5 Uhr das Diner servierte. Er führte mich durch die mit Fresken u. bunten Fenstern geschmückte Kapelle, den Tanzsaal in weiss

u. gold, den Billardsalon in Ebenholz mit säulengetragenem Oberlicht, das Schlafzimmer der Baronin mit Zedernholzmöbeln u.s.w. Nur mit dem Wein war er knickerig und rechnete nicht mit unserem gesunden Durst. Wenn Bäumer mit dem Zeigefinger auf die Oeffnung der leeren Flasche klopfte und ihm zurief »Monsieur Bertrand, encore une« , dann brummte er jedesmal vor sich hin »encore une, toujours encore une« (noch eine, immer noch eine) bevor er sich entschloss, wieder eine nach der anderen herbeizuholen. Aber schliesslich hatten wir uns nicht zu beklagen. Am 20. August 1911 habe ich das Chateau Bétange von Lorry aus noch einmal von aussen wiedergesehen. Der Eintritt wurde trotz Abwesenheit der Herrschaft nicht gestattet, der Park ist etwas verwachsen u. die Umgegend durch Eisenbahnen u. industrielle Anlagen nicht verschönert, sonst aber alles beim alten u. mir kam es vor, als hätte ich gestern dort in Quartier gelegen. »Es war eine köstliche Zeit,« und wenn uns nicht am 20. November mittags während des Essens die Festung Thionville eine dicke kugelrunde Bombe zugesandt hätte, die für eine seitwärts marschierende Pionier-Kompagnie bestimmt war, aber gerade vor dem Gartensaal inmitten des schönen Parkes niederfiel, so hätte man fast vergessen können, dass wir uns eigentlich doch noch im Kriegszustande befanden. –

Durch den im Schlosse aufgestellten Tubus (Fernrohr) konnten wir deutlich sehen, wie der französische Artillerie-Offizier mit der Hand zeigte, dass die Bombe zu weit rechts gegangen sei. Wir sahen, wie der alte Mörser wieder zugedeckt wurde und die Mannschaften sich entfernten, und die ganze Geschichte kam einem mehr wie ein Theatercoup vor. –

Ich zog freilich jeden zweiten Tag auf Feldwache bei Bétange oder in der lustig klappernden Mühle bei Daspich, aber ich war doch meistens ungestört unter Dach u. Fach u. das Essen wurde mir vom Schlosse hingebracht. Die Füsiliere waren wohl mal sehr ermüdet u. als ich einmal nach Uckange zurückmarschierte, die Strasse vom Belagerungstrain (Belagerungstroß) versperrt war und wir nebenher durch Sturzäcker stapften, da war die

Marschordnung in der Tat gerade nicht die beste. Das Unglück wollte, dass uns der Grossherzog Friedrich Franz von Mecklenburg (Anm. 83) entgegengeritten kam. »Was ist denn das für eine Schweinebande? Ich nannte Namen und Charge(Dienstgrad), meldete vorschriftsmässig soundsoviel Mann vom Regiment 39 von Wache zurück u. erlaubte mir hinzuzusetzen, dass die Leute in Ermangelung der erforderlichen Ablösungsmannschaften volle 48 Stunden auf Wache gewesen seien. Seine Königl. Hoheit meinten, das sei ihm ganz egal u. er wünsche so etwas nicht wieder zu sehen, aber mir war es auch egal. –

Man hatte sich in kurzer Zeit daran gewöhnt, das ganze Kriegsspiel nicht allzu tragisch zu nehmen. Ein Landmann brachte mir auf die Feldwache bei Daspich einen an eine Dame in Luxemburg adressierten französischen Brief mit der Bitte, ihn durch die Feldpost zu befördern. Der Brief war anonym, aber unverkennbar von einem in Thionville eingeschlossenen Offizier an seine Mutter gerichtet, und da der Inhalt unverfänglich schien, so habe ich die Beförderung gern besorgt. Ein andermal zog ich an der Spitze einer Patrouille, den gespannten Revolver in der Hand u. die ganze Dorfjugend hinter mir durch das zwischen den beiderseitigen Vorposten liegende Dorf Terville u. durchsuchte ein einsames Gehöft nach den Franctireurs, die dort hausen sollten, u. von den deutschsprechenden Lothringern selbst die Freischiesser genannt wurden, kehrte aber ebenso erfolglos u. unbehelligt zurück, wie der vom Ersatzbataillon gekommene Feldwebel Eulgen, der sich gerne das eiserne Kreuz verdienen wollte u. sich eines Nachts, bis an die Zähne bewaffnet zu einem freiwilligen Patrouillengang erbot. (Ich habe ihn im Jahre 1890 in Elberfeld als wohlbestallten Polizeiwachtmeister u. Bürogehilfen des Amtsanwalts wiedergesehen.) –

Mein neuer Bursche Buschmann machte in Bétange seine erste Eroberung. Zwei Mädels vom Schlosse, die sich nicht getrauten am dunkeln Abend allein ins Dorf Fleurange zu gehen, baten mich um militärischen Schutz. Ich kommandierte den Füsilier Buschmann u. hörte die eine zur anderen sagen: »Ah, le petit beau« (Ah, der kleine Schöne) Buschmännchen besass ein bartloses Kindergesicht, hatte es aber faustendick hinter den Ohren. Später bei Marville fand ich ihn mal auf dem Schosse der Hausfrau, die ihn wie einen kleinen Jungen streichelte u. bedauerte. Er wusste sich überall einzuschmeicheln u. seinen Vorteil zu wahren. Mir aber war er mit der Treue eines Pudels zugetan. Für mich räuberte er wie ein Rabe u. ich musste mich ernstlich wehren, dass er nicht alles mitnahm, was ihm für mich geeignet schien. Trotzdem konnte ich es nicht verhüten, dass ich gelegentlich ein Riechfläschchen oder ein Döschen Stahlfedern in meinem Koffer fand. In unsicheren Quartieren ging der Weg zu mir nur über seine Leiche u. ich erinnere mich genau, wie er in einem abgelegenen, etwas unheimlichen Hause seine Matratze quer vor meine Stubentür legte u. mit dem geladenen Gewehr im Arm darauf nächtigte. –

Am 15. November schrieb ich nach hause, dass ich am Martinsabend besonders an meine liebe Schwester hätte denken müssen, u. Freund Bäumer, der immer zu Scherzen und Spässen aufgelegt war, hatte sich sogar zu einem eigenen Brief an die »Kompagnietante« Clara Viebig aufgeschwungen.

Meinen 23. Geburtstag feierte ich im Kameradenkreise zu Uckange mit einem Glase Punsch aus echtem Düsseldorfer Punschextrakt. Nachdem mein Vater mich schon vorher durch ein Geldgeschenk erfreut hatte, war auch das Geburtstagspaket meiner Mutter mit allerlei guten u. nützlichen Gaben am Vorabend richtig eingetroffen. Ich bekam zwar einen leisen Rüffel mit dem Bemerken, dass das Bataillon doch bitten müsse, in Zukunft die Versendung von Privatpackereien unter »Militaria« (Dienstpost) zu vermeiden, aber ich hatte meine Sachen u. der Bataillonadjudant Eltester liess sich, wie ich glaube, den Punsch nicht minder schmecken wie ich selbst. –

Dass die Geburtstagsbriefe meiner Eltern hauptsächlich in dem Wunsche gipfelten mich in dem neuen Lebensjahre baldmöglichst gesund u. wohlbehalten in ihre Arme schliessen zu dürfen, kann man sich denken. Mein Vater hatte uns 39er eigentlich zur Besatzung von Metz bestimmt u. konnte sich nicht mit dem

Gedanken befreunden, dass wir sofort diese neue Verwendung gefunden hatten, war aber verständig genug »die Gerüchte über einen bevorstehenden Waffenstillstand vor Einnahme von Paris« trotz aller Friedenssehnsucht mit entschiedenem »Missbehagen« zu verzeichnen. »Ich meinesteils verlasse mich darauf, dass Bismarck schon wissen wird, was er zu tun hat, um sich von der europäischen Diplomatie, die sich bisher so jämmerlich benommen, und von dem schlauen Thiers (Anm. 84), nicht düpieren zu lassen. Eher könnte wohl das Gegenteil passieren«

Meine Mutter hatte mir, obwohl sie in der Krankenpflege »körperlich u. geistig zu erlahmen« begann, einen warmen wollenen Schal gestrickt u. erzählte voll höchsten Mitleids von den kranken ausgehungerten halberfrorenen Gefangenen aus Metz, mit denen die Düsseldorfer Kaserne wahrhaft »überflutet« wurde. »Wie es stets in solchen Zeiten geht, zieht sich eine Dame nach der anderen von ihrer Tätigkeit im Lazareth zurück und schliesslich werde ich ziemlich allein zurückbleiben u. werde auch aushalten, so lange ich kann. – Der Vater leistet das Unglaubliche, nur fürchte ich auch auf Kosten seines Körpers« –

Von meinem Schwesterlein erhielt ich folgenden Brief. »Lieber Ferdinand! Da Dein Geburtstag in nächster Zeit ist, so gratuliere ich Dir auch herzlich dazu u. wünsche, dass Du wohl u. gesund wieder zu uns zurückkommst. Bringe nur ja das kleine liebe Hündchen mit, denn ich freue mich schon sehr auf dasselbe, pflege es nur recht gut, damit es nicht fortläuft. Danke dem Herrn Bäumer auch für seinen Brief von mir, es freut mich sehr, dass er mich ein klein wenig lieb hat, ich habe ihn auch lieb, weil er Dein Freund ist. Die Ida lässt Dich auch grüssen und nun lebe wohl und behalte mich immer lieb. Deine dich liebende Schwester Clara Viebig. In einem späteren Brief ohne Datum berichtet sie, dass sie in der Klavierstunde jetzt eine Sonate von Mozart u. ein Stück von Schumann (Anm. 85) spiele, kommt aber gleich wieder auf Loulou zurück. »Pflege nur das kleine liebe Luluchen recht gut, dass es ja nicht stirbt« (Die Briefeschreiberin Clara Viebig ist da gerade einmal 10 Jahre alt) –

Ich selbst schrieb noch am 17. November meinen Dankesbrief nach hause u. fügte für Clara folgende Zeilen bei. »Meine liebe gute Schwester! Ich danke Dir herzlich für Deine Glückwünsche u. die schönen Pulswärmer, die mir bei dem schlimmen Winterwetter sehr gut tun werden. Ich hätte gar nicht gedacht, dass Du schon so schöne Sachen machen kannst. Bist Du denn am Martinsabend auch wieder mit einer bunten Laterne umhergelaufen? – Lulu ist sehr munter. Aber wie wird es dem armen Tierchen vorkommen, wenn hier erst das Bombardement beginnt. Denke Dir, in den letzten Tagen wohnte ich auf einem schönen Schloss; da gab es im Garten zahme Hirsche u. Rehe, die einem aus der Hand frassen, auch Schwäne u. allerlei schöne Vögel. – In dem Hause, wo ich jetzt wohne, ist auch ein kleines Mädchen von Deinem Alter; trotz des Krieges geht es jeden Morgen fleissig zur Schule. Ich hoffe, dass Du auch recht fleissig bist u. recht viel französisch lernst. Nun lebe wohl, liebe Schwester, u. denke oft an Deinen Dich liebenden Bruder Ferdinand Viebig.« –

Am 21. November abends wurden wir näher an die Festung herangeschoben u. richteten während der Nacht mit Hilfe der Pioniere das Dorf Terville zur Verteidigung ein. Jetzt wurde die Sache doch etwas ernster, mit dem Schlaraffenleben war es vorbei u. auf meiner letzten Feldwache hatte ich alle Hände voll zu tun gehabt, um die heulenden Weiber, die durchaus durch die Postenlinie wollten , wieder zurückzutreiben. Am 22. November morgens um 7 Uhr begann aus 85 Feuerschlünden das Bombardement, das von den Festungswellen anfangs lebhaft, bald aber schwächer u. bald überhaupt nicht mehr erwidert wurde. In Terville begannen die Landleute sämtlichen Hausrat in die Keller zu schaffen und die Weiber sassen in den Küchen wehklagend beieinander. In meiner Stube war ausser einem Heiligenbild u. dem Weihwasserkessel nichts mehr vorhanden u. ich hatte Mühe genug, mir wenigstens das Bett zu retten. Die Beschiessung wurde Tag u. Nacht fortgesetzt. Bereits am ersten Nachmittag brannte die Stadt an allen

Ecken und Enden, u. wir hatten Musse und Gelegenheit, hinter der Gartenmauer des letzten Hauses die Wirkung unserer Belagerungsgeschütze zu beobachten. Anfänglich duckten sich die Bauern bei jedem Schuss u. guckten ängstlich gen Himmel, als ob sie die über uns hinwegsausenden Zuckerhüte (typische Form der Mörsergranaten) sehen könnten, allmählich aber bekamen sie auch etwas mehr Courage u. die erwachsenen Töchter unseres Hauswirts, die in Thionville eine verheiratete Schwester hatten, standen lebhaft schwatzend bei uns und sahen zu, wie das Dach der »Cathédrall« Feuer fing u. schliesslich in sich zusammenstürzte. –

Am 23. Nachmittags zeigten sich weisse Fahnen auf den Türmen der Stadt u. der Kanonendonner schwieg für kurze Zeit. Vergeblich bat der Kommandant um Waffenstillstand, um Frauen u. Kinder entfernen zu können, u. als der erste Schuss von neuem einschlug, hörten wir bis zu uns eine halbe Stunde von der Stadt ein herzzerreissendes Geschrei. Am 24. Nachmittags kamen 3 Patres mit einer weissen Fahne bei uns vorbei, u. gegen Mittag hatte ich die Ehre, einen höchst »koddrigen« Major, dem später der ernst und würdig aussehende Kommandant der garde mobile (Ersatzreserve) mit dem unvermeidlichen Spazierstock folgte, nebst Trompeter u. Fahnenträger mit verbundenen Augen durchs Dorf zu geleiten. Eine Scene, die für den weiblichen Teil der Bevölkerung etwas besonders rührendes zu haben schien. Das Bombardement wurde eingestellt u. meine Kompagnie besetzte die ferme de Neurbourg, eine vollständige kleine Festung mit Mauer u. Graben, die nach einem französischen General von 1813 im Volksmunde noch den Namen Gassion-Ferme (Anm. 86) behalten hatte. Der Besitzer selbst war bei der garde mobil, aber sein Schwiegersohn, ein netter verständiger Mann, nahm uns sehr freundlich auf, obschon man ihm seine ganze ferme bei St. Privat la montagne zusammengeschossen hatte. Im Hof fanden wir eine Bombe, u. eine Menge Granatsplitter, u. eine grosse erwartungsvolle Stille hielt uns den ganzen Abend in Spannung, bis ich um 10

Uhr abends endlich nach hause schreiben konnte: »Thionville s'est rendue« (Thionville ist übergeben) –

Am 25. November vormittags sammelte sich das erste Bataillon in dem Vorort Beauregard. Ich erhielt den Befehl, mit meinem Zuge das Einzugstor, die porte de Metz zu besetzen u. war so der erste preussische Infanterist, der die eroberte Festung betrat. Scharen von Menschen, meist Angehörige der Mobilgardisten warteten bereits auf Einlass, u. ein dichter Menschenknäuel kam mir mit allem Zeichen des Entsetzens entgegengestürzt, als zur festgesetzten Stunde um Punkt 11 Uhr Vormittags sich die Pforte öffnete. Die Weiber gebärdeten sich wie wahnsinnig, klammerten sich an mich an u. beschworen uns, die Stadt nicht zu betreten. Andere drückten uns die Hände vor Dank u. Freude über die endliche Errettung u. eine alte Frau hat weinend sogar meine Hand geküsst. In der Stadt hatte sich das Gerücht verbreitet, dass meuternde Soldaten die Pulvermagazine in die Luft sprengen wollten. Betrunkene Mobilgardisten wurden in der Tat durch Zivilisten mit Stöcken von den Wellen heruntergetrieben u. ich hatte genug zu tun, um in der Eile alles zu untersuchen u. die wichtigsten Punkte mit den nötigen Posten zu besetzten. –

Es waren erschütternde u. aufregende Augenblicke, u. als nun das Bataillon seinen Einzug hielt, ich selbst das Gewehr präsentieren liess und die Regimentsmusik mit dem »Heil dir im Siegerkranz« einsetzte (vor der Reichsgründung das preußische Königs- und Vaterlandslied), da musste ich wirklich die Zähne aufeinanderbeissen, um von der Gewalt der Eindrücke nicht übermannt zu werden. Dem Bataillon folgten unsere wackeren Kameraden vom 2. schweren Reserve-Reiter-Regiment, (Anm. 87) für die ich immer eine besondere Vorliebe hatte. Es war eine merkwürdig zusammengestoppelte Truppe, jeder zweite Offizier in einer anderen Uniform, die Mannschaften mit weissem Koller (Halsschmuck), Stahlhelm u. langen schwarzen Hosen mit Lederbesatz, dazu die Lanze, die man damals sonst nur bei den Ulanen kannte; aber es waren bärtige prächtige Gestalten, u. ich konnte wohl verstehen, dass sie auf die Bevölkerung besonderen Eindruck machten. Dann kamen Artillerie u. Pioniere u. mir ist noch heute rätselhaft, wo sie in der kommenden Nacht alle geblieben sind. –

Kaum lag der Einzug hinter mir, so wurde aus einem Hause in Beauregard auf einige Artilleristen geschossen u. ich musste eine Abteilung dorthin entsenden. Sie fanden ein Chassepot und einen vollständigen Franctireur-Anzug u. brachten auch einen verdächtigen Kunden, aber leider auch die teure Gattin mit, mit der ich mich nun auseinanderzusetzen hatte. Zahllose Menschen mit ebenso vielen Fragen u. Anliegen drängten sich auf meine Wache, während vor der porte de Luxembourg die Entwaffnung u. Abführung der 4 000 Mann starken Besatzung stattfand, u. erst gegen Abend kam ich dazu, einen Blick in die innere Stadt zu werfen, die ein nicht weniger als erfreuliches Schauspiel bot. Blasse verstörte Menschen, weinende Männer, eine Ruine an der andern, die wenigen unversehrten Gebäude noch mit schützenden Balken umstellt, fusshoher Schutt in den Strassen, in manchen Häusern noch ungelöschte Flammen. Und das Alles um der sogenannten Ehre willen! –

Müde u. hungrig quartierten wir uns in dem allgemeinen Durcheinander endlich auf eigene Faust in der Kaserne in der als »le fort« genannten Zitadelle ein, aber eine gemütliche Nacht war es nicht, die wir dort in den eben erst verlassenen Räumen verbrachten. Die heldenmütigen Vaterlandsverteidiger hatten sich aus Angst vor den preussischen Granaten schliesslich nicht mehr auf den Hof hinausgewagt u. ihre Bedürfnisse einfach auf Treppen u. Fluren befriedigt. Im Magazin hatten sie, um uns die Vorräte nicht in die Hände fallen zu lassen, die Wein- und Cognacfässer aufgedreht, man watete buchstäblich im Alkohol u. durfte nicht einmal Licht anstecken. Aber am folgenden Morgen strömten schon wieder die Landleute u. allerlei jüdische Händler in die enge winkelige Stadt hinein, u. es fand bereits wieder der erste Wochenmarkt statt. –

Um 1 Uhr mittags kam ich wieder auf Wache, diesmal an der porte Sarrelouis u. auch da gab es alle Hände voll zu tun. Buschmann benutzte die allgemeine Unordnung, um für mich im Arsenal (Geräte- und Waffenlager) einen famosen Schleppsäbel mit solider Lederscheide zu erobern, den ich während des ganzen weiteren Feldzugs zur Verwunderung manches braven citoyen (Bürger) unentwegt an der Seite getragen habe, u. ich selbst entdeckte bei der Revision der Kasematten (bombensicherer Raum in Festungen) ganz unvermutet fünf grässlich verstümmelte Leichen französischer Soldaten, die da nebeneinander auf der Pritsche lagen. Ich begab mich sofort ins nahe Lazareth, um die schleunige Beseitigung der Leichen zu veranlassen, u. wurde von den französischen Militärärzten überraschend höflich aufgenommen. Sie luden mich sogar zur Besichtigung der ambulance ein, die sich in einem kasemattenartigen, niedrigen u. halbdunklen Raume befand. 150 Verwundete lagen da Bett an Bett u. der Aufenthalt war nicht erquicklich, aber Behandlung u. Verpflegung liess nichts zu wünschen übrig, u. ich konnte mich insbesondere auch davon überzeugen, dass einige preussische Verwundete, die sich zwischen den Franzosen befanden, in keiner Beziehung zu klagen hatten. –

Um 4 Uhr nachmittags wurde ich plötzlich von der Wache abgelöst. Die 72er aus Saarlustig oder Saarludewig (Spottname für Saarlouis), die während des ganzen Feldzuges bis dahin so gut wie nichts geleistet hatten, waren zur Besatzung von Thionville bestimmt u. das 1. Bataillon 39 sammelte sich zum Ausmarsch. »Bald geht es weiter zu neuer Tätigkeit« so hiess es in dem üblichen Tagesbefehl des Generalleutnants von Kameke. »Ich bin überzeugt, dass der Eifer der alte bleibt.« Major von Wangenheim (Anm. 88), der vom 13. November bis 1. Dezember das Regiment befehligte, verkündete uns noch einen grossen Sieg über die Loire-Armee und mit Hurra ging es in die Nacht hinaus. Angeblich waren 7 Regimenter in die Loire getrieben und nicht weniger als 85 000 Mann gefangen genommen worden; aber wenn sich diese Nachricht auch bald als eine grosse Ente erwies, so half sie uns doch über die Enttäuschung.

Am 27. November hatten wir Ruhetag in Hettange Grande, einem grossen hübsch gelegenen und nicht überfüllten Orte an der Luxemburgerlandstrasse, u. ich setzte mich gemütlich vor die Haustür, um mir die langen Wagenreihen mit schaulustigen und geputzten Damen und Herren anzusehen, die von Luxemburg nach dem gefallenen Diedenhofen strömten. Am 29. November marschierten wir von Hettange Grande nach Fontoy, am 30. November über Audun le Roman nach Pierrepont und am 1. Dezember über Longuyon nach Marville, nahe der belgischen Grenze u. 13. Kilometer von der Festung Montmédy, von der ein Bürger von Thionville mir gesagt hatte, »c'est un déjeuner pour vous.« (das ist ein Frühstück für euch) »Es waren drei sehr grosse Märsche bei scharfem Frost u. Wind, aber heiterem Sonnenschein durch ein oft wirklich romantisches Gebirge.« Die Quartiere waren gut, die Leute freundlich und der einzige Uebelstand war der, dass sie meistens ein für uns ziemlich unverständliches Patois (Mundart) sprachen. –

In dem altertümlichen, tiefverschneiten Städtchen Marville, im Département de la Meuse (Maas) auf einem steil abfallenden Felsen an dem Flüsschen Othain höchst interessant und malerisch gelegen, fühlte ich mich bald behaglich. Die beiden Söhne meiner Wirtin, der eine Mobilgardist, der andere Offizier bei den chasseurs d'Afrique (Anm. 89) waren kriegsgefangen, aber mich behandelte sie mit mütterlicher Liebe u. Sorgfalt u. ich denke gern an die dortigen Ruhetage zurück. Im Städtchen gab es das landesübliche Café u. des Abends versammelten sich die Offiziere aller Waffen in dem guten kleinen Hôtel, wo man sich durch wärmende Getränke gegen die grimmige Kälte sicherte und in den engen Räumen unter dem dichten Liebeszigarrendampf sich eine beinahe an heimatliche Kneipstuben erinnernde Gemütlichkeit entwickelte. –

In Marville erhielt ich auch wieder Nachricht von Hause. Schon am Abend des 1. Dezember hatte sich in Düsseldorf allgemein das Gerücht verbreitet, dass Paris kapituliert habe. »Bis jetzt hat sich dies nicht bestätigt«, schrieb mein Vater unterm 3. Dezember, «ist aber ohne Zweifel ganz nahe bevorstehend.« (!) Auch in seinem Briefe vom 7. Dezember, in welchem er über die zweitägige Schlacht von Orléans am 3. u. 4., berichtet, (Anm. 90) glaubt er aus gewissen Anzeichen schliessen zu dürfen, »dass die Kapitulation von Paris in naher Aussicht steht.« »Mit der grossen französischen Loire-Armee ist es nun mehr ganz vorbei, (?) an irgendwelchen Erfolg versprechenden Ausfall aus Paris gar nicht mehr zu denken. Das Bewusstsein einer totalen und unwiderruflichen Besiegung wird denn jetzt doch wohl bald in das französische Volk eindringen und der grossen Masse desselben einleuchtend machen, dass fernerer Widerstand purer Wahnsinn ist.« –

Ich selbst schrieb am 3. Dezember an meine Schwester Clara: »Canis (Hund) Lullus ist sehr mobil, er muss morgen mit auf Feldwache.« Die 3 Bataillone waren seit dem 1. Dezember nach kurzer Trennung wieder unter dem Regimentskommando vereinigt, welches für den erkrankten Major von Wangenheim am 2. Dezember Major Herrmann übernahm. »Ausser diesem einzigen Stabsoffizier standen z. Zt. nur 2 Hauptleute, 3 Premierleutnants u. 20 Sekondeleutnants in der Front des Regiments. Von den 3 Premierleutnants versahen 2 (Fleischhammer u. von Hugo) Adjutantendienste; Premierleutnant von Jess musste, wenn auch nur vorrübergehend, die Führung des 1. Bataillons übernehmen. Sämtliche Kompagnieführerstellen waren mit Sekondeleutnants besetzt, von denen die jüngsten noch nicht 2 Jahre ihre Charge (Rang) bekleideten. Der Mannschaftsstand des Regiments betrug nach dem Standesausweis vom 29. November 2 001 Köpfe, befand sich also noch unter dem vom Tage der Kapitulation von Metz, trotzdem die gesundheitlichen Verhältnisse sich in der letzten Zeit wesentlich gebessert hatten.« Von den 250 Mann der 4. Kompagnie, die schon einmal 50 Mann Nachschub bekommen hatte, waren z. Zt. Nur noch 139 vorhanden. –

Am 4. Dezember also marschierte die Kompagnie unter fortdauerndem Schneegestöber nach Ham-les-Juvigny, woselbst ich unter den 15. Husaren zum ersten Male mit dem jungen Maler Bendemann aus Düsseldorf (Anm. 91), dem Sohne des mit meinen Eltern befreundeten Akademiedirektors Bendemann, dem jüngsten Bruder des späteren Admirals von Bendemann zusammentraf, u. hier brachte ich zum ersten Male eine Feldwachtnacht in tiefem Schnee, teils unter freiem Himmel, teils nur in einer jämmerlichen Bretterbaracke zu, während für die in Kapuzen u. wollene Decken gehüllten Doppelposten einige notdürftige Schilderhäuser aus Stroh errichtet waren. Von der Höhe der Feldwache hatte man einen überraschenden Ueberblick über das mir zu Füssen liegende Städtchen Montmédy, hinter dem sich auf einem regelmässig geformten, für den förmlichen Angriff kaum zugänglichen Felskegel (S. 376 der Regimentsgeschichte) die alten Festungswerke aus dem Tale der Chiers erhoben. Die aus 2 000 Nationalgarden bestehende Besatzung, verstärkt durch 700 bei Sedan entkommene Kriegsgefangene, war im Gegensatz zu der von Thionville recht unternehmungslustig; Sie richtete nicht nur ihre Wallbüchsen (alte, schwere Gewehre mit Gestell), sondern auch ihr Geschützfeuer gegen jeden Posten und jede erkennbare Abteilung des Belagerers, u. da hiess es denn aufpassen u. sich nicht überfallen lassen, wie es anderen Feldwachen tatsächlich passierte. –

Am 6. Dezember kehrten wir am späten abend in tiefer Dunkelheit nach Marville zurück, wo mein neuer Quartierwirt, der in einem abgelegenen Gehöft wohnte, mir schon vor der Stadt entgegenkam, um mich durch die nicht ganz geheure Gegend sicher nach Hause zu geleiten. Inzwischen hatte das Regiment wegen des langen Ausbleibens meiner Beförderung beim Generalkommando angefragt, u. die wenig erfreuliche Antwort erhalten, dass man es auch dort unbegreiflich finde, da meine Papiere sofort weitergegangen seien. Die mir schon bei dem Aufrücken in die Offiziersstelle zustehenden Mobilmachungsgelder im Betrage von 30 Taler schickte ich am 7. Dezember von Marville zur Deckung meiner Schneiderrechnung an meinen Vater, aber auch diese Feldpostsendung gelangte nicht an ihre Adresse u. wurde mir später erst nach vielen Weiterungen u. Schwierigkeiten wieder ersetzt. –

Vom 7. bis 10. Dezember, während die Wege durch den fusshohen Schnee immer unpassierbarer wurden, verblieben wir in Marville, nur beunruhigt durch die sich am 8. bei uns und bei der Bevölkerung wie ein Lauffeuer verbreitenden Gerüchte über einen angeblichen Ausfall bei Paris, wobei die Linien der unseren von 100 000 Franzosen durchbrochen sein sollten. Am 9. Dezember kam aus Montmédy ein Parlamentär (Unterhändler), um wegen Auswechselung der von dem Kommandanten Major Tessier ganz unwürdig behandelten Gefangenen zu verhandeln. Die Verhandlungen führten zu keinem Ergebnis, und ich sah es mit stillem Aerger, dass der französische Offizier durch den Prinzen Heinrich den XXIII. von Reuss (1846–1902) von unserem Divisionsstab, beide nebeneinander im Schlitten sitzend u. mit einer Decke zugedeckt, ganz höflich zurückbegleitet wurde. Nur die Tatsache tröstete mich einigermassen, dass der Parlamentär bei dieser Gelegenheit an unserem ganzen Belagerungspark vorbeifahren musste und bei dem Anblick der 42 schweren Geschütze vermutlich einen kleinen Vorgeschmack von den Freuden des bevorstehenden Bombardements bekommen hat. –

Am Sonntag den 11. Dezember hatten wir einen schauderhaften Aufenthalt auf Vorposten in Valendon Ferme u. kamen dann am 12. nach einem anstrengenden Nachtmarsch um 5 ½ Uhr morgens als Artilleriebedeckung nach Othe. Trotz dichten Nebels u. Regens begann mit Tagesanbruch das Bombardement, 260 Schuss in der Stunde, und die am 13. Nachmittags in der Stadt aufsteigenden Feuersäulen gaben Zeugnis von der Wirkung der Geschosse. Ich selbst war am letzteren Tage auf Dorfwache in Villécloye so nahe der Festung, dass sich kein Mensch auf der Strasse sehen lassen durfte. Zum ersten Male sah ich hier drei wirkliche geheime Franctireurs in blauen Blusen mit Chassepots, ohne ihnen beikommen zu können und gegen Abend hüllte der Nebel die ganze Gegend in so undurchdringliches Dunkel, dass sogar das Bombardement nur mit vereinzelten Schüssen fortgesetzt werden konnte. –

Um so grösser war am folgenden Morgen die Ueberraschung über die bereits in der Nacht vollzogene Kapitulation der Festung, die denn doch weit mehr als wir ahnten, gelitten hatte. »Votre artillerie et vous êtes les vaincqueurs«, (Eure Artillerie und ihr seid die Sieger) sagte einer der Kriegsgefangenen zu mir, die wir um 12 Uhr mittags ungefähr 1 000 Schritt vor der Porte de Metz empfingen. Die Besatzung hatte bereits in der Stadt die Waffen abgelegt und nun geleiteten wir sie unter strömendem Regen über Villécloye und Velosnes in die Gegend von Vezin und Charency, wo wir zwischen überschwemmten Feldern in schwarzer Nacht mit ihnen biwakierten.

Ueberall wurde in den Dörfern Kaffee gekocht, die Landleute drängten sich zu den aus der Umgegend stammenden Mobilgardisten scharenweise in's Lager, und die Folge war, dass am Morgen des 15. Dezember eine grosse Menge roter Hosen u. dergl. umherlag, deren Inhaber im Schutze der Dunkelheit in Zivilkleidern über die nahe belgische Grenze entwichen waren. Auch der Kommanndant, der das Versprechen gegeben hatte, die Festung nicht zu verlassen, entzog sich der Gefangenschaft durch die Flucht und schliesslich konnten tatsächlich nur noch 1020 Gefangene nach Ulm befördert werden. –

Noch vor Abfahrt des Transportes wurden der Leutnant der Reserve Witting und meine Wenigkeit durch den Befehl überrascht, bei der Kriegskasse in Nancy für das Bataillon einen Geldbetrag von 5 500 Taler zu erheben. Wir verdankten dieses angenehme Kommando unserem Gönner dem Zahlmeister N. N., später Rentmeister in Grevenbroich, von meinem Freunde Bäumer nie anders wie der payemaître (Zahlmeister) genannt, und machten uns mit unseren Burschen alsbald auf die Reise. Zunächst gelangten wir bis Longuyon, wo wir früh genug eintrafen, um an der Table d'hôte (Wirtstafel) des dortigen Hotelchens teilzunehmen. Die Offiziere eines soeben von der Küstenwehr aus Hamburg zur Zernierung von Longwy angekommenen Landwehrbataillons erschienen zu unserer unbändigen Heiterkeit mit »Amorflügeln« (Epaulettes) bei Tisch und schimpften über das Essen, das ich wunderbar fand. Am 16. früh gings mit der Bahn über Thionville nach Metz und wir waren gar nicht traurig, dass wir dort den weiteren Anschluss nicht erreichten, sondern mit Ruhe die alten bekannten Gegenden wieder sehen konnten. Ich suchte im Bureau des tabacs als Steuerdirektor bei der deutschen Verwaltung in Metz fungierenden Regierungsrat Daniel aus Trier, der mich nicht nur sehr freundlich empfing, sondern auch zu einem an diesem Tage im Hôtel de l'Europe für einen Regierungsbaumeister Sachse aus Trier stattfindenden Abschiedsfeste einlud, wobei ich die sämtlichen neuen Würdenträger der provisorischen Zivilverwaltung kennen lernte und den Namen des Regierungspräsidenten von Kühlwetter aus Düsseldorf (Anm. 92) mit nicht immer schmeichelhaften Bezeichnungen nennen hörte. Man denke sich den Kontrast eines glänzenden Champagner-Souper's mit dem dreckigen verregneten Biwak, aus dem ich tags vorher, so wie ich gerade war, die Reise angetreten hatte. Die Wogen der Champagnerbegeisterung gingen hoch, mit Rührung wurden die vaterländischen Lieder gesungen, Regierungsassessor Brauweiler aus Düsseldorf, der spätere Hilfsarbeiter Bismarck's beim Entwurf der Reichsverfassung, gestorben als Geheimer Oberregierungsrat a.D. in Bonn am 26. Juli 1887, hielt in seinem breiten rheinischen Dialekt eine Rede auf den deutschen Kaiser und ruhte nicht eher, als bis er mit mir durch Kuss und Umarmung Schmollis (Anm. 93) getrunken hatte, wovon er natürlich später nichts mehr wusste. –

Am 17. Dezember mittags kamen wir in Nancy an, wurden mit Verpflegung im Hôtel de la Chartreuse einquartiert und erledigten unsere Geschäfte auf der Gouvernementskasse, die sich nur insofern nicht ganz glatt gestalteten, als man uns trotz meines bescheidenen Protests das ganze Geld in harten Talern ausbezahlte. Wir verpackten die silberne Last in unsere 4 Tornister und erlebten in Nancy weiter nichts bemerkenswertes, als dass ich mit einem Offizier des Landwehrbataillons zusammentraf, bei dem der Regierungsassessor Steinmetz aus Düsseldorf als Vizefeldwebel eingestellt war. Steinmetz, der kühne Sänger, jetzt geheimer Oberregierungsrat u. Universitätskurator a. D. in Marburg, hatte sich mit 15 Mann in den Vogesen von Franctireurs abknüpfen lassen u. hatte auf Befehl eines »Officier garibaldien« (Anm. 94) an sein Bataillon 2 Briefe schreiben müssen, worin gedroht wurde, die Gefangenen zu füsilieren oder ihnen Nasen u. Ohren abzuschneiden, wenn das Bataillon mit den Requisitionen und Kontributionen (Eintreiben von Abgaben) in jener Gegend fortfahre. So schlimm wird es ja mit den Drohungen nicht gewesen sein, aber die arme Frau Steinmetz konnte einem doch leid tun. Er selbst war über diese Episode nicht zu sprechen u. es ist mir nie gelungen, ihn zu eigenen Erzählungen zu bewegen. –

Am 18. Dezember fuhren wir von morgens 5 bis nachmittags 2 Uhr über Toul, Commercy, Bar le Duc, Vitry, Châlons und Epernay bis Reims. Stundenlang ging es im Ueberschwemmungsgebiet der Marne an unabsehbaren Wasserflächen vorbei und schliesslich durch die Weingelände der Champagne, wo zu meinem Erstaunen auch die ebenen Felder mit Reben bepflanzt, die Pfähle aber während des Winters ausgezogen und in Haufen zusammengestellt waren. Auf allen Stationen herrschte ein riesiger Truppenverkehr, und wenn man über unsere Militärverwaltung auch oft und vielleicht nicht mit Unrecht schimpfen zu dürfen glaubte, so habe ich auf dieser Reise doch manchen Eindruck davon bekommen, wie in dem scheinbaren Chaos im grossen u. ganzen alles in bewundernswerter Weise ineinandergriff. –

Eine Strecke weit fuhren wir auch mit einem höheren Beamten aus Versailles, der uns über die im grossen Hauptquartier herrschenden Ansichten unterrichtete u. mich so in die Lage versetzte, in meinem nächsten Briefe die Ungeduld meiner Eltern etwas zu zügeln. Die Kapitulation von Paris sei in diesem Jahre nicht mehr zu erwarten, erst seit dem 10. Dezember sei der zum Bombardement des Forts unentbehrliche Munitionsvorrat zur Stelle u. werde einstweilen noch immer weiter ergänzt, ausserdem aber bedeute die Kapitulation von Paris noch keineswegs das Ende des Krieges. Noch am 11. Dezember hatte mein Vater mir geschrieben, dass die lange Verzögerung der Einnahme von Paris für seine Ruhe fast unerträglich sei. Erst in seinem Briefe vom 25. Dezember konnte er sagen, dass man sich nachgerade darein ergeben habe, dass aus einem Bombardement von Paris nichts werden solle. Auch dann aber setzte er noch hinzu, dass es seiner Meinung nach mit der Kapitulation von Paris unmöglich noch lange anstehen könne und wir nach seiner festen Ueberzeugung sehr rasch zum Friedensschluss gelangen würden, sobald als Paris einmal gefallen sei. –

In Reims bekamen wir Quartier bei Monsieur C. Loche, Ex-Notaire, Weinhändler u. Champagnerfabrikant, dessen Visitenkarte ich heute noch besitze. Bei unserer Ankunft waren die Herrschaften nicht zu hause und auf Einquartierung war die Dienerschaft nicht vorbereitet. Wir sagten also, dass wir uns in einiger Zeit wieder einfinden würden und besahen uns unterdessen die altertümliche Stadt, die sich zwar inbezug auf Lage und Schönheit nicht mit Nancy vergleichen lässt, mich aber durch ihre historischen Erinnerungen u. das rege Strassenleben lebhafter interessierte. In der Kathedrale, die mich zwar nicht an den Kölner Dom, wohl aber an das tatsächlich sehr verschiedene Freiburger-Münster erinnerte, hörten wir während der Vesper den Domchor singen u. wunderten uns über die deutschen Soldaten, die dort Gewehr im Arm in den Bänken knieten. Die Bevölkerung verhielt sich feindlich, es waren mehrere Angriffe auf Posten u. Patrouillen vorgekommen u. deshalb strenge Massregeln ergriffen worden. Auf der Strasse durften nicht mehr als drei Zivilisten zusammenstehen, kein Soldat durfte allein u. ohne Schusswaffe ausgehen u. vor dem Gouvernement standen sogar zwei Geschütze, Front nach den Strassenmündungen schussbereit aufgefahren. –

Auch in unserem Quartier waren die ersten Eindrücke nicht sehr vielversprechend. Wir bekamen zwar ein prachtvolles Zimmer mit Damastgardinen, drei mächtigen Spiegeln, kostbaren Bildern u. weissem Marmorkamin, aber in dieses Prunkgemach hatte man zwei eiserne Feldbetten, die dürftigsten rohen Holzmöbel u. die gemeinsten Blechgeräte hineingestellt, die überhaupt aufzutreiben waren. Indessen eine zarte Anspielung über das beleidigende dieser Behandlung wirkte Wunder. Wir wurden zum Diner im Familienkreise eingeladen, u. unser Wirt entpuppte sich als ein ganz gebildeter u. vernünftiger Mann. Der »candidat juge« (Jura-Anwärter), womit ich auch in späteren Quartieren erfolgreich renommieren konnte, imponierte ihm sichtlich u. während wir jedes politische Gespräch zu vermeiden suchten, ging er mit Tränen im Auge auf Frankreichs Unglück ein u. zögerte nicht seinem eigenem Volke die Schuld daran zuzuschreiben. Bei Tisch gab es nur den landesüblichen leichten Rotwein; nachher aber meldeten uns die Burschen, dass ihnen in der Küche vom Livreebedienten Champagner eingeschenkt worden sei, u. dadurch machten sie uns den Mund so wässerig, dass wir uns noch zu einem abendlichen Ausgang entschlossen, obschon wir eigentlich unseren Silberschatz nicht gleichzeitig beide zusammen verlassen durften. Die Tornister wurden bestmöglichst versteckt u. eingeschlossen, die zuverlässigen Burschen als Posten davor gesetzt u. dann ging's in irgendein Hôtel, wo wir bei einer Flasche Veuve Cliquot Ponsardin (berühmte Champagnermarke) deren Etikette ich heute noch besitze, dem genius loci (Geist der Stadt Reims) unsere Huldigung zollten.

Am 19. Dezember fuhren wir mit der Bahn bis Boulzicourt. Dabei passierten wir die Stelle, wo kurz vorher ein Militärzug durch Franctireurs zur Entgleisung gebracht worden war, u. sahen noch die zertrümmerten Wagen liegen, neben denen sich die Gräber der auf dem Fleck erschossenen Gefangenen befanden. Den Rest unseres Weges legten wir zu Fuss zurück u. gelangten so nach Nouvion sur Meuse bei Mézières, wohin unser Bataillon aus der Gegend von Montmédy vorgerückt war.

Inzwischen war bei dem Regiment ausser den bereits vorher wieder eingetroffenen Rekonvaleszenten (Genesenden) ein Transport Ersatzrekruten aus Wesel angelangt, wodurch sich die Stärke der fast auf Friedensstärke zusammengeschrumpften Kompagnien durchschnittlich um 60 Köpfe erhöhte. Ausserdem hatte sich das Regiment wegen meiner Beförderung nun sogar telegraphisch direkt an's Militärkabinet (Kriegsministerium) gewandt, aber eine Antwort war noch nicht eingelaufen. Dagegen hatte die Division ein Telegramm von Moltke bekommen des Inhalts, dass Kameke »der Städtebezwinger« (Metz, Thionville , Montmédy, Mézières) so schnell als möglich überwältigen u. alle entbehrlichen Truppen bald tunlichst disponibel (verfügbar) machen solle; u. so kam es, das schon vor Beginn der Belagerung allerlei Gerüchte über unsere weitere Bestimmung besprochen wurden. Bald sollte Luxemburg wegen grober Neutralitätsverletzungen von uns besetzt, bald sollten wir zur Verstärkung der Nordarmee oder des Werder'schen Korps (Anm. 95) verwendet werden. Einstweilen aber bezogen wir am 20. Dezember Quartier in Grandes-Ayvelles eine Stunde vor Mézières u. besahen uns die auf einem kleinen Plateau gelegene, auf drei Seiten von der Maas umflossene Festung, deren Besatzung zwar nur aus 2 000 Mann bestand, aber von aussen durch zahlreiche Freischärler mit grosser Dreistigkeit unterstützt wurde. –

Am 22. Dezember kam ich von Grandes-Ayvelles auf Vorposten bei Villers-devant-Mézières u. bezog die hoch u. schön gelegene Feldwache Nr. 3, wo man bei klarem Himmel einen grossartigen Blick auf die spiegelglatten Eisflächen der überschwemmten Täler hatte. In meiner kleinen Bretterbude war es aber trotz eines eisernen Oefchens so grimmig kalt, dass mir der Kaffee im Kochgeschirr gefror u. ich mich trotz aller Vermummungen nur durch Laufschritt im Freien einigermassen erwärmen konnte. Zwischendurch lag ich dann auf einer Matratze an der Erde u. Buschmann wickelte mir um jedes Bein eine wollene Decke, während er selber unentwegt am Oefchen kauerte, um das Feuer nicht ausgehen zu lassen u. immer neuen Kaffee zu kochen. –

Am 23. ging ich mit Lulu, mit dem ich sicher den dunkelsten Wald passieren konnte als Quartiermacher des Bataillons nach Boulzicourt, Elaire u. Flize u. hatte dort bis in die späte Nacht zu tun. Bei einem dieser Orte musste der Fährmann erst mit Gewalt gezwungen werden, mich zwischen den treibenden Eisschollen über die Maas zu setzen, aber am 24. Mittags konnte ich die 4. Kompagnie in Elaire empfangen, wo wir den Heiligen Abend nicht ohne festliche Freude verleben sollten. Das Quartier war zwar sehr dürftig u. zum Ueberfluss war auch noch die Frau des Hauses unmittelbar vor unserer Ankunft gestorben; aber gerade an diesem Abend erhielt ich die Nachricht, dass meine Ernennung zum Leutnant der Reserve bereits im Militärwochenblatt stehe und daher stündlich beim Regiment eintreffen könne, und gerade an diesem Tage brachte die Feldpost das am 7. Dezember abgesandte und auf das vorschriftsmässige Vierpfundgewicht eingerichtete Weihnachtskistchen. Es enthielt u.a. ein sehr willkommenes Toilettenetui u. ein von Clara gesticktes rotwollenes Halsband, das meinem glänzendschwarzen Lulu vortrefflich stand u. nur an Sonn- u. Feiertagen getragen werden sollte. Freund Löwenstein war auf »Gretchen« nach dem nahen Sedan geritten u. hatte allerlei Esswaren u. kleine Geschenke, z. B. Bleisoldaten u. Korkzieher mitgebracht, die Burschen hatten in der Geschwindigkeit irgendwo eine krumme Kiefer abgehauen u. mit Talglichtstümpfen besteckt, und unser Koch u. Konditor Land hatte ausserordentliche Anstrengungen gemacht u. sich zu den kühnsten Weihnachtsbäckereien verstiegen. Das Souper bestand aus Maccaroni mit Frankfurter Würstchen u. reichhaltigem Dessert nebst der nötigen Anfeuchtung, u. wenn auch die Gedanken unwillkürlich viel nach hause schweiften, so herrschte doch bald eine fröhliche Weihnachtsstimmung. –

In Boulzicourt hatte der Divisionspfarrer unter Mitwirkung der Regimentsmusik für die Kinder des Ortes eine grosse deutsche Weihnachtsfeier veranstaltet, aber auch wir in unserem kleineren Kreise waren fröhlich wie die Kinder u. Freund Bäumer ruhte nicht, bis wir uns an den Händen fassten und unter dem Gesang »O Tannebaum, o Tannebaum, wie grün sind deine Blätter« den nicht sehr grünen Baum umkreisten. Von draussen schauten die Bauern durch unsere Fenster herein und hielten uns wahrscheinlich für etwas verrückt, ich aber konnte mit Fug u. Recht nach hause schreiben: »Es hat uns wohl schwerlich je ein Christbaum solchen Eindruck gemacht.« Aus der Festung u. bei den Vorposten knallten Schüsse durch die Heilige Nacht, aber die Sterne glänzten friedlich vom Himmel hernieder; wir lagen still auf unserer Streu u. ich entschlief wie es in einem meiner Briefe heisst, »mit der festen Zuversicht, dass es mir vergönnt sein werde, meine Pflicht gegen das Vaterland bis zum Ende dieses Riesenkampfes unbekümmert zu erfüllen.« –

Auch zu hause, wir wussten es, wurde unserer liebend gedacht. Herr Brauweiler, der während der Feiertage zum Besuch in Düsseldorf war, hatte die Eltern über mein gutes Aussehen u. meine muntere Stimmung beruhigt u. nun schrieb Vater am 25. folgendes: »Den Weihnachtsabend verlebten wir in unserem kleinen stillen Kreise, mit steten Gedanken an Dich, recht vergnügt, besonders war Clara sehr glücklich. Grade als wir nach der Christbescherung beim Abendessen sassen und mit einem Glase kürzlich von Trier neu bezogenen Moselweins auf deine Gesundheit anstiessen, brachte man das Abendblatt der Kölnischen-Zeitung in's Zimmer u. der erste Blick, den ich hineintat, traf deine Ernennung zum Offizier, – auf solche Weise eine Christbescherung auch für mich! – Die Mutter ist heute abend, während ich diese Zeilen schreibe, in der Kaserne u. hält dort Christbescherung für ihre (110) Soldaten. Sie hat einen ganz prächtigen Christbaum ausgeputzt, oben auf der Spitze mit dem eisernen Kreuz u. darunter eine preussische u. eine norddeutsche Fahne. Jeder Soldat bekommt ein Geschenk und zwar durch Verlosung. Die Franzosen losen aber nicht mit, sondern werden anderweit abgefunden, jeder gleichmässig. Den Baum besorgt die Mutter auf ihre Kosten, alles übrige wird durch Geschenke in Geld u. natura, welche eingegangen sind, bewerkstelligt. Die Mutter hat für diesen Zweck sehr hübsche u. überaus preiswürdige Einkäufe gemacht. Die Leute geben hier alles zu einem wahren Spottpreise oder selbst umsonst her, wenn es für die Verwundeten bestimmt ist. Clara ist mit in der Kaserne u. wird das Körbchen umhertragen, aus denen die Soldaten ihre Lose ziehen. Auch die Wärter, Lazarethgehülfen pp so wie die pflegenden Schwestern werden sämtlich beschenkt. Die Arbeit und Mühewaltung aller Art bei dieser Bescherung war nicht gering u. bin ich der Mutter wegen doch recht froh, dass die Vorbereitungen ihr Ende erreicht haben u. der grosse Staatsakt nun vor sich geht.« –

Meine Mutter musste beim Schmücken des Christbaumes besonders der früheren Weihnachtszeiten gedenken, wo ich im Elternhause dieses Geschäft zu besorgen pflegte, u. fügte u.a. hinzu: »Der Vater denkt wahrhaft rührend viel an Dich u. hält sich bei den fürchterlichen Anstrengungen geistig sehr frisch. Wenn sein Körper nur gleichen Schritt halten möchte. Wir sind beide der Welt vollkommen abgestorben, aber so ist unsere beiderseitige Wirksamkeit auch nur möglich.« Meine Schwester Clara aber schreibt: »Das war einmal ein schönes Fest, aber es wäre noch viel schöner gewesen, wenn Du es mit uns gefeiert hättest.« Sie erzählt von ihren Puppen u. sonstigen Geschenken u. muss dann schliessen: »Grüsse aber auch den Herrn Bäumer u. den lieben kleinen Lulu von mir u. bleibe Deine treue Schwester Clara Viebig. –

Am 24. Dezember verabschiedete sich Excellenz von Kameke (als Ingenieurgeneral zur Belagerung von Paris abgeordnet) in einem Tagesbefehl der mit den Worten schloss: »Die 14. Division hat sich manchen schönen Tag in die Kriegsgeschichte eingezeichnet. Möge der braven Division die Gelegenheit noch oft kommen Lorbeeren zu erringen – zu pflücken wird sie sie schon verstehen!« Der Kommandeur der 28. Brigade Generalmajor von Woyna, mein früherer Regimentskommandeur von 1869 übernahm die vorläufige Führung der Division u. auch bei der 4. Kompagnie 39 gab es wieder mal eine Veränderung, in dem der bei Spichern verwundet gewesene Adjutant des 1. Bataillons Premierleutnant August Müller aus Coblenz vom 27. Dezember (bis zum 5. März 1871) mit der Führung derselben beauftragt wurde. Er war ein hübscher, frischer, lieber Mensch, mit dem mich bald eine herzliche Freundschaft u. Duzbrüderschaft verband, u. auf einem der späteren Märsche weihte er mich sogar in ein Herzensgeheimnis ein, dessen Gegenstand damals bei einer mir nachmals befreundeten Familie in Coblenz weilte. Es hat mich tief erschüttert als er am 15. August 1871 in Düsseldorf durch einen Revolverschuss seinem jungen hoffnungsvollen Leben ein Ende machte, u. auch Bäumer schrieb mir im September 1871, dieser eine Verlust habe einen schrecklicheren Eindruck auf ihn gemacht als Spichern. »Sie« hatte einem glücklicheren Bewerber die Hand gereicht. –

Während der Weihnachstage wurde an dem Bau der Batterien u. Geschützstände, sowie an der Heranschaffung des Artilleriematerials (68 Belagerungs- u. 30 Feldgeschütze) eifrig gearbeitet u. am 27. Dezember wurden wir wieder nach Grandes Ayvelles vorgeschoben, von wo ich meine Glückwünsche zu Mutter's Geburtstag u. zum neuen Jahre nach hause senden, u. auch Lulu seinen ersten und letzten Feldzugsbrief an Tante Clara schreiben konnte, –

Vorher erlebten wir in unserem Hause in Elaire noch das merkwürdige Schauspiel des Leichenschmauses, den sich die Bauern trotz Krieg u. Kriegsgeschrei doch nicht entgehen liessen, u. am 29. wurde in Ayvelles meine endlich eingetroffene Beförderung zum Leutnant der Reserve sogar in echtem Cliquot gefeiert. Ob er noch von Löwenstein's Ritt nach Sedan stammte oder direkt aus Reims geliefert war, weiss ich nicht mehr; aber jedenfalls hat er gut geschmeckt u. ich war doch froh, die mit manchen Widerwärtigkeiten verbundene Zwitterstellung des offizierdiensttuenden Vizefeldwebels endlich los zu sein. –

Am 30. abends wurden wir infolge eines jenseits der Maas entsponnenen Gefechtes plötzlich alarmiert u. marschierten im Dunkeln nach Villers-devant-Mézières, wobei denn unseren Ersatzrekruten zum ersten Male die blauen Bohnen um die Ohren pfiffen u. Füsilier Land 2 soeben aus dem Backofen kommende Silvestertorten, eine Brot- u. eine Mandeltorte, hinter der Kompagnie her krampfhaft auf den Händen balancierte. Am 31. Dezember um 5 Uhr morgens bezog ich wieder die obenbeschriebene Feldwache Nr. 3, die aber diesmal trotz einer womöglich noch grimmigeren Kälte ganz in's Freie verlegt war, da sie nun zugleich zur Sicherung der auf der Höhe errichteten Batterien diente. Um 8 ¼ Uhr morgens begann das von der Festung lebhaft, aber nicht lange erwiderte Bombardement, u. ich stand meistens mit den Artillerieoffizieren in der nächsten

Batterie u. lernte es bald, die Zuckerhüte in der Luft mit dem Feldstecher aufzufangen u. den Anprall desselben an Türen u. Mauern wahrzunehmen. Zu unseren Füssen lag ein Bahnwärterhäuschen, in dem sich eine französische Feldwache befand. Unsere Feldbatterie nahm das Häuschen auf's Korn, gleich die erste Granate fuhr oben durchs Dach hinein, u. es machte uns einen diebischen Spass, wie die Besatzung im Gänsemarsch auf allen vieren herausgekrochen kam. Schon am Nachmittag brannte es in Mézières u. Charleville an vielen Stellen u. im Laufe der Nacht, in der ich natürlich nicht zum liegen kam, verwandelte sich das ganze in ein gewaltiges Flammenmeer. Die Batteriechefs hatten während des Tages eine bestimmte Anzahl der vorschriftsmässig zu verschiessenden Granaten aufgespart, u. als nun die Glocke zwölfe schlug, da übersandten sie der Festung einen Neujahrsgruss, an den die lebenden Bewohner wohl heute noch mit Grausen denken werden. –

Während ich dies schauerlich schöne Schauspiel auf mich wirken u. mich durch den nötigen Glühwein innerlich erwärmen liess, verbrachten meine Eltern einen recht gemütlichen Silvesterabend in einem kleinen Kreise bei Reg.-Rat Richter in Düsseldorf u. Vater berichtete am 1. Januar: »Der erste Wunsch in der Mitternachtsstunde, den wir uns zuriefen, war der eines baldigen Friedens. Auch Deiner wurde viel gedacht. Gott gebe, dass unsere allerseitigen guten Wünsche in Erfüllung gehen. Dir, mein lieber Sohn, schenke der gnädige Gott Gesundheit, Ausdauer und guten Mut wie bisher u. führe Dich bald möglichst wohlbehalten zu uns zurück!« »Der Brief von canis Lullus«, so hiess es im nächsten Briefe, »hat grosse Sensation erregt, u. viele Heiterkeit verursacht.« Clara habe darüber laut gejubelt, so schrieb meine Mutter, u. dann ganz ernsthaft den Vater gefragt, ob Lulu das wohl selbst geschrieben habe.

»Jedenfalls zeugt dieser nette Scherz von Eurem guten Humor. Sucht ihn Euch zu erhalten, so werdet Ihr gegen manches Ungemach gestählt sein. – In dieser fürchterlichen Kälte muss ich unausgesetzt an die armen Truppen denken, denn ich kann Dich versichern, selbst im eigenen Hause hört bei solcher Temperatur alle Gemütlichkeit auf. Gas u. Wasser frieren fortwährend ein u. dabei mangelt es an Kohlen. Unter diesen Umständen ist die Tätigkeit im Lazareth wirklich ein rechtes Opfer, doch kann u. will ich dieselbe nicht eher aufgeben als ich muss, denn nötig ist dieselbe gerade jetzt mehr denn je. – Endlich scheinen wir nun wirklich der Einnahme von Paris um einen grossen Schritt näher gerückt u. nach Privatnachrichten von General von Blumenthal (Chef des Stabes beim Oberkommando der Kronprinzlichen III. Armee, vorher Kommandeur der 14. Division in Düsseldorf) *(General Leonhard von Blumenthal, 1810 – 1900)* erwartet dieser in den nächsten Tagen bedeutende Erfolge durch das Bombardement. Gott gebe, dass er recht hat und wir endlich von diesem Drucke befreit werden und den Franzosen Krieg oder Frieden diktieren können. Gustav, Valentin u. Wiczynski stehen vor Paris u. sind noch gesund.« –

Am Nachmittag des 1. Januar sah ich einen französischen Parlamentär durch Villers gehen, die Geschütze schwiegen und bevor der Neujahrstag zu Ende ging, war die Kapitulation von Mézières vollzogen und damit eine zweite Bahnlinie aus der Heimat in den Bereich der 1. Armee vor Paris eröffnet. Am Vormittag des 2. Januar marschierten wir durch den stark verbarrikadierten Vorort Mohon bis vor die Tore der Festung, liessen die Gefangenen, die uns nun schon nicht mehr den Eindruck der Neuheit machten, diesmal in besserer Ordnung an uns vorbeidefilieren und kamen dann nach Boulzicourt ins Quartier, von wo ich am folgenden Tage einen kleinen Ausflug nach Mézières u. Charleville unternahm. Jetzt sah ich erst recht, was unsere Geschütze, besonders die neuen gezogenen 21 cm Mörser für furchtbare Verheerungen angerichtet hatten. Die Zerstörung war zwar nicht in allen Stadtteilen so verbreitet wie in Thionville, aber ein Trümmerhaufen u. Fotos von den Ruinen von Mézières geben nur einen schwachen Begriff von dem Anblick, der sich am ersten Tage bot. In Charleville, einer reichen Fabrikstadt, die mit Mézières durch eine steinerne Brücke verbunden ist und einen mich an die Alleestrasse in Düsseldorf erinnernden Boulevard besitzt, begegnete ich wieder einmal dem älteren Bogen, der noch immer als gemeiner Musketier einherlief, dinierte in einem mir nicht mehr näher erinnerlichen Hôtel u. erstand für schweres Geld den schweinsledernen Handkoffer, der meine lendenlahme Kiste ersetzen sollte und mich später noch jahrzehntelang auf mancher Reise begleitet hat. –

Am 4. Januar marschierte das 1. Bataillon, um eine Demonstration gegen die dicht an der belgischen Grenze liegenden Festungen Givet u. Roccroi auszuführen, an der Maas entlang nach Nouzon, wo wir auf eine soeben von Franctireurs gesprengte Kettenbrücke stiessen, und verbrachten in dem zwischen hohen Berghängen u. dichten Wäldern gelegenen Dorfe eine schauerlich kalte Nacht. Als die ersten »Prussiens« erregten wir grosse Verwunderung, u. ich konnte nur im Wirtshaus mitten unter qualmenden u. spuckenden Arbeitern ein Plätzchen zum Schreiben finden. –

Inzwischen war vom grossen Hauptquartier für die 14. Division der Befehl eingetroffen, sich nach Mitry vor Paris einzuschiffen, um in die dortige Belagerungsarmee, und zwar in die Armeeabteilung des Kronprinzen von Sachsen (Maasarmee) in der Nähe des bekannten Ausfallsortes Le Bourget zwischen der preussischen Garde und dem Königl. Sächsischen Armeekorps einzutreten. Am 5. Januar gings also zurück nach Boulzicourt u. ich hatte nur noch Zeit nach Hause zu schreiben: »Bitte um möglichst genauen Plan von Paris u. Umgegend, womöglich mit Terrain.« Bevor diese flüchtigen Zeilen dort angekommen waren, schrieb mein Vater: »Sollte sich Eure Hoffnung nach Paris zu kommen, noch erfüllen, so würde mich dies Deinetwegen sehr erfreuen.« Aber die Freude sollte mir gründlich versalzen werden. –

Um 4 ½ Uhr Nachmittags stand das 1. Bataillon in dichtem Schneegestöber auf dem offenen Bahnhof in Boulzicourt zur Abfahrt bereit, aber wegen der unzureichenden Einrichtungen dauerte die Verladung der Pferde u. Fahrzeuge bis 11 3/4 Uhr Nachts. Mein kluger Lulu hielt sich in Schnee u. Finsternis stets dicht bei mir, aber als es um Mitternacht endlich ans Einsteigen ging, da war er in dem allgemeinen Tumult auf einmal spurlos verschwunden. Alles Rufen und Pfeifen, alles Suchen u. Fragen war umsonst, der Zug setzte sich in Bewegung u. ich musste ohne meinen treuen Kriegsgefährten die Reise gen Paris beginnen. In Marville hatte ich dem kleinen Liebling ein Halsband machen lassen mit Inschrift »Viebig, lieutenant au 39 me prussien« (Viebig, Leutnant im preussischen 39.), aber auch alle weiteren Nachforschungen blieben vergeblich u. ich kann mir nur denken, dass er beim Rangieren von der Bahn überfahren oder mir von einem Franzosen aus Bosheit gestohlen worden ist. –

Von Paris bis zur Schweizer-Grenze

Die Fahrt ging die Nacht durch über Rethel, Reims, Soissons, wo ich in dem dortigen Etappenadjutanten »die Edmond« meinen Freund Edmund Méurin aus Trier erkannte, und dann weiter über die Crépy en Valois, wo mir der Buchhändler Eduard Linz aus Trier mit einem Transport von Liebesgaben begegnete, bis Mitry, das wir am 6. Januar Nachmittags 3 Uhr bei frühlingsartigem Wetter erreichten. Fast gleichzeitig aber erhielt die dortige Etappenkommandantur den telegraphischen Befehl des grossen Hauptquartiers, die bereits eingetroffenen Truppen der 14. Division nach Bestimmung der Linienkommission Epernay mittels der Bahn wieder rückwärts zu instradieren (auf den Weg bringen), u. in der Nacht ging ein teilweise verstümmeltes Telegramm dieser Kommission ein, welches die Anweisung enthielt, dass wir und das schon vor uns eingetroffene 2. Bataillon sofort wieder zu verladen u. nach Châtillon – sur – Seine zu befördern seien, wo sich General von Zastrow mit unserer Schwesterdivision bereits befand, um in Gemeinschaft mit dem die Belagerung v. Belfort deckenden General von Werder das bedrohliche Vorrücken der zwischen Dijon u. Besancon unter General Bourbaki gebildeten französischen »Ostarmee« zu verhindern. Unser VII. Armeekorps, das aus der Einschliessungslinie vor Paris entlassene II. Korps u. das XIV. Werder'sche Korps sollten unter den Oberbefehl des Generals von Manteuffel als »Südarmee zusammentreten u. es handelte sich nun um die möglichst schleunige Ausführung der durch die veränderte Kriegslage gebotenen Befehle. Traurig biwakierten wir die Nacht zum 7. Januar bei Mitry in demselben Zuge, der uns dort hingebracht hatte u. traurig lauschten wir von Ferne auf das Bombardement der Pariser Befestigungen, wovon wir nun nichts zu sehen bekommen sollten.

»Leise zieht durch mein Gemüt liebliches Geknalle.
Klinge, kleines Neujahrslied hell aus Krupp's Metalle.
Kling hinaus, bis an das Haus, wo die Ratten spriessen.
Wenn du eine Erbswurst schaust, sag', ich lass sie grüssen.

(Viebig gab hier die situationsbezogene Parodie des Frühlingsliedes von Heinrich Heine (1797 – 1856) wieder, die evtl. vor Paris gesungen, vielleicht aber auch von ihm verfasst wurde. Es folgt hier der Originaltext.)

Leise zieht durch mein Gemüt liebliches Geläute
Klinge, kleines Frühlingslied, kling hinaus ins Weite.
Kling hinaus bis an das Haus, wo die Veilchen spriessen!
Wenn du eine Rose schaust, sag, ich lass sie grüssen.

Nur einen Vorzug hatte diese nächtliche Episode, dass wir am Bande die Kriegsdenkmünze u.a. auch die Spange »Paris« tragen durften, während das noch vor Mézières zurückgebliebene 2. Bataillon sie nicht tragen darf. –

Am 7. Januar früh 9 ¼ Uhr traten der Regimentsstab u. das 1. Bataillon von Mitry aus die Rückreise nach Reims an, wo wir abends zum ersten Male genügend verpflegt und. Mit Sekt bewirtet wurden, u. fuhren denn gleich weiter über Epernay, Châlon sur Marne, Vitry le Francois u. Chaumont nach Châtillon-sur-Seine, wo wir nach fast 60 stündiger Fahrt in der Nacht vom 9. zum 10. Januar mehr tot wie lebendig landeten. Vier u. eine halbe Nacht hatten wir seit Boulzicourt in demselben Eisenbahnwagen zugebracht, u. wenn wir auch manche interessante Gegend durchfuhren, so war man doch schliesslich so müde, dass einem alles gleichgültig war. Ueberall gab es unvorhergesehene Aufenthalte, Missverständnisse u. Schwierigkeiten u. unser stellvertretender Bataillonskommandeur, Hauptmann Bennhold, der zwar durch einen Streifschuss bei Spichern verwundet war, sich aber sonst einer allgemeinen Unbeliebtheit erfreute, war der einzige, der wenigstens einmal für unfreiwillige Heiterkeit sorgte. Auf den Haltestellen konnte man hie u. da ein bisschen aussteigen, durfte sich aber bei strenger Strafe nie vom Bahnhof entfernen, da man nie wissen konnte, wann das Hornsignal zur Weiterfahrt ertönte. Auf einer Station fehlte nur ein Mann – Hauptmann Bennhold, u. wir mussten ohne ihn weiterfahren. Auf der nächsten Haltestelle

Telegramm: »1. Bataillon 39 wartet bis ich komme.« Aber der Bahnhofskommandant, der für die Ordnung der massenhaften Truppentransporte verantwortlich war, erklärte entschieden, dass davon keine Rede sein könne, u. so gelangten wir zu allgemeiner Schadenfreude schliesslich ohne Kommandeur nach Châtillon, wo sich Bennhold am folgenden Tage etwas kleinlaut wieder zu uns gesellte. –

Châtillon ist eine landschaftlich reizend gelegene Mittelstadt mit hübschen Boulevards u. Plätzen u. wird auf hohem Felsen von den Ueberresten einer einstmaligen Burg der Herzöge von Burgund beherrscht. Aber der Empfang war nicht allzu freundlich. Die kleine preussische Besatzung war vor kurzem nächtlicherweile von garibaldianischen Freischärlern überfallen und teilweise niedergemetzelt worden. Mein Düsseldorfer Kollege Freiherr von Böselager *(Karl v. Boeselager 1848 – 1890*) kämpft im Bonner Husarenregiment »König Wilhelm I.« *Nr.7, stirbt 1890 in Bombay als Missionar)* 1. Reserveoffizier bei den münsterländischen Kürassieren soll diesem Schicksal nur dadurch entgangen sein, dass er von den in sein Schlafzimmer eindringenden Franctireurs vermöge seiner stark ausgebildeten Glatze für einen Greis gehalten wurde. Er stellte sich schlafend, so wurde erzählt, es fuhr ihm eine Hand über den Kopf u. er hörte eine Stimme: »Oh laissez donc le pauvre vieillard« (Oh, lass doch den armen Greis). Leider hatte er dabei so wenig französisch gelernt, dasss er auch nach dem Feldzug – ich habe es selbst gesehen – in amtlichen Protokollen immer noch »Rakete« statt »requète« (Bittgesuch) schrieb u. es denn auch mit dem Assessorexamen lieber gar nicht erst versuchte. –

An den Strassenecken Châtillons las man übrigens noch die Bekanntmachung von der kriegerrechtlichen Erschiessung eines Müllers, der auf preussische Soldaten geschossen hatte, und infolgedessen wurde unser Bataillon bei der Ankunft zunächst nur in Alarmhäusern untergebracht, während ich selbst bei einer Marquise de soundso in einem grossen Schloss mit langen gewölbten Gängen einquartiert wurde. Die vornehme alte Dame empfing mich trotz der mitternächtlichen Stunde noch persönlich u. schien die wohlgesetzten Worte, mit denen ich mein Bedauern über die nächtliche Ruhestörung aussprach, nicht ungern zu hören. Man liess es mir in dem wohlgeführten Hause an keinem Teile fehlen, die Dienerschaft behandelte mich respektvoll, der café au lait wurde mir morgens aufs Zimmer gebracht u. ich ass wie sichs gehört die Weissbrotbrocken mit dem Esslöffel aus der landesüblichen Schale, zum déjeuner u. diner wurde ich in die salle à manger hinuntergerufen, wo für mich ein grosser Tisch gedeckt war, und stets ein dienstbereiter Geist hinter meinem Stuhle stand, um mir die durch ein Wandschalter erscheinenden Speisen zu reichen; aber von der Herrschaft liess sich niemand weiter blicken. Erst als wir am 10. Januar für einige Tage nach Bélan ausrückten, um für weitere Truppennachschübe Platz zu machen, entdeckte ich, dass im château auch eine Tochter vorhanden war. Als ich das Haus verliess, stand sie – zufällig oder absichtlich? – in der Vorhalle. Ich machte meinen Kratzfuss, sie musterte mich nicht ohne Neugier von oben bis unten, neigte stolz das Haupt zum Grusse u- ich war entlassen. –

In Bélan, einem grossen Dorfe in der Nähe von Châtillon, wohnte ich beim Notar, einem politisch u. militärisch zwar ganz vernagelten, sonst aber gutmütigen u. wohlunterrichteten Manne, mit dem sich angenehm verkehren liess. Er hatte ein von einer irischen Bonne *(Kindermädchen)* erzogenes Töchterlein Claire im annähernden Alter meiner Schwester Clara, u. dieser Umstand trug natürlich auch zur gegenseitigen Anfreundung bei. Ausserdem gab es à la campagne *(auf dem Lande)* noch zwei andere gebildete Familien mit netten Frauen u. Töchtern u. wir drei Kompagnieoffiziere waren jeden Abend in einem der drei Häuser mit ihnen zusammen. Am letzten Gesellschaftsabend wurde eine von mir in Scene gesetzte Torte verzehrt, die von unserm Konditor aus eigener Initiative mit der Inschrift »Vive la paix« *(Es lebe der Frieden)* in Zuckerschrift versehen war, und zum Schluss wurden mit den Damen sogar die beiderseitigen Nationaltänze Francaise u. Walzer vorgeführt, obschon mein guter Notar mir im Geheimen anvertraut hatte, dass wir in den nächsten Tagen eine »Affaire« *(Gefecht)* haben würden, »mais je vous assure, une solide.« *(aber, ich versichere ihnen, ein heftiges)* –

Inzwischen hatte General von Manteuffel das neue Oberkommando angetreten u. seinen ersten Armeebefehl erlassen. »Seine Majestät haben mir bei Uebergabe des Kommando's ausgesprochen, die Aufgabe der Armee sei eine sehr schwere, aber Allerhöchst derselbe kenne seine Truppen. Soldaten der Südarmee! Wir wollen mit Gottes Hilfe das Vertrauen unseres Herrn u. Königs rechtfertigen.« Am 14. Januar begannen die kurzweg als »Jurafeldzug« zu bezeichnenden Operationen der nun vollständig versammelten Südarmee .für uns die minor genti *(die kleinen Leute)* zunächst in geheimnisvolles Dunkel gehüllt, für mich aber jetzt noch in der Erinnerung trotz Eis und Schnee u. allen Ungemachs die herrlichste Zeit des ganzen Krieges. Verschiedene Divisionen streiten sich um die Ehre des Namens »Kilometerdivision«. Wir nahmen sie damals für uns in Anspruch, u. wenn wir in den nächsten Wochen bis zur Entscheidung meistens von morgens 6 bis abends 8 Uhr auf den Beinen waren, so kann man uns diese Anmassung wohl verzeihen. Das war aber gerade das schöne nach dem endlosen Lager- und Vorpostenleben, dass man in fortwährender Bewegung u. Spannung blieb u. täglich neues u. interessantes zu sehen bekam. Krank durfte man freilich nicht werden. Etwaige Fusskranke und dergl. wurden auf den Kompagniefahrzeugen notdürftig mitgeschleppt; wer aber liegen blieb, der hatte die angenehme Aussicht, den überall lauernden Franctireurs in die Hände zu fallen. Je weiter wir uns von Châtillon entfernten, desto mehr stockten alle rückwärtigen Verbindungen, Briefe u. Zeitungen schien es lange überhaupt nicht mehr zu geben u. die eigenen Briefe trug man oft viele Tage bis zu irgend einer Beförderungsgelegenheit mit sich herum. Aber siehe da, es ging auch so! Kam man auch wochenlang kaum aus den Kleidern u. blieben auch mal einige Stiefel im Schneesumpf stecken, oder fiel mir auf dem Marsche auch mal eine Sohle ab, sodass ich noch stundenlang auf der Brandsohle weiterhumpeln musste, wir hatten doch allnächtlich ein Dach überm Kopfe, während die unglücklichen Franzosen draussen im Schnee biwakieren durften, u. der täglich sichtbarer werdende Erfolg beflügelte unsere Schritte zu übermenschlichen Leistungen. –

Gleich der erste Marschtag in der Richtung auf Langres bei dichtem Nebel, grosser Kälte u. spiegelglatten Gebirgswegen, auf denen sämtliche Pferde kurz am Kopf geführt werden mussten, erforderte bedeutende Anstrengungen u. führte uns nach einem glücklichen Gefecht unserer Avangarde schliesslich nach Courlévèque bei dem Städtchen Ars- en Barrois, das noch am Morgen dieses Tages von 8 000 Franzosen besetzt gewesen war. Am 15. ging es durch das Tal des Aujon-Baches bei –14° Réaumur *(R.A. Réaumur, 1683–1757, Physiker, minus 14,2 R circa minus 17 C)* weiter u. eine unfreiwillige Vormittagspause gab uns Offizieren der 4. Kompagnie Gelegenheit zu einer kleinen Privatunternehmung. Wir begaben uns in's château des Dorfes, bei dem wir warten mussten, u. fanden dort einen äusserst liebenswürdigen Baron, dem ich für eine angenehme Stunde heute noch dankbar bin. Natürlich sagten wir nicht, dass wir gerne etwas frühstücken wollten, sondern wir baten blos bescheiden um die Erlaubnis, uns bis zum Weitermarsch etwas wärmen zu dürfen, aber der feine alte Herr verstand uns auch so und es dauerte kaum eine Viertelstunde, so wurde uns ein warmes knoblauchgewürztes Hammelragout mit Reis, ein vorzüglicher Käse u. ein gutes Glas Wein serviert. Dabei zeigte uns der Baron, ein ausgesprochener Orleanist, (Anm. 96) die Photographie seines Sohnes, eines französischen Kavallerieoffiziers, der als Kriegsgefangener in Iserlohn interniert war, u. entwickelte politische Ansichten, wie ich sie aus französischem Munde noch nicht vernommen hatte. Er nannte es geradezu eine Schande für Frankreich, sich von einem solchen »Pavian« wie Garibaldi (wegen seines wilden Aussehens) helfen zu lassen, u. es war eigentlich schade, dass der Brief meines Vaters vom 9. Januar, in dem er sich über den Geisteszustand der grande nation verbreitete, an jenem Tag noch nicht in meinen Händen war. Mein Vater hatte sich inzwischen davon überzeugt, dass das blose Bombardement der Aussenwerke von Paris wohl nicht genügen werde, um die in vollständigen Wahnsinn verfallene Nation zur raison zu bringen. »Es bleibt nichts übrig als ihr die Zwangsjacke anzulegen. Die Pariser kommen mir vor wie seiner Zeit die Juden bei der Zerstörung Jerusalem's. –

Gambetta, Jules Fabre u. Crémieux sind ja auch alle drei Juden. Wie tief muss eine Nation heruntergekommen sein, die sich von solchen Grössen beherrschen lässt!« (Anm. 97) – So weit mein Vater; aber der Zufall wollte es, dass mir später eine in jenen Tagen erschienene Nummer der Presse Langroise in die Hände fiel, die den Beweis erbrachte, dass es in Frankreich auch ausser unseren gastfreundlichen Baron noch einige vernünftige Leute gab:

(Viebig gab hier den original französischen Text wieder: »L'idee de la guerre à outrance,…«, Es folgt unsere übertragene Version)

Die Idee vom Krieg bis zum Aeussersten kann, da wir nun einmal weder eine Armee, noch Soldaten, kein Kriegsmaterial und darüber hinaus weder Ordnung noch Disziplin haben, nur von verbrannten Gehirnen oder im Geist von gewissen Leuten ausgebrütet werden, die, durch Zufall an die Macht gekommen, lieber auf Ruinen thronen würden, als von dieser Macht abzulassen.

Es ist sehr leicht, sich als Held zu posieren: Dazu genügt es, eine Feder zu nehmen und zwei- oder dreimal in der Woche das folgende Lied auf ein Blatt Papier zu schreiben:

Krieg bis zum Tod!
Schande den Feiglingen,
den Reaktionären,
und den Defätisten!

Darüber hinaus reibt man sich die Hände als Zeichen der Genugtuung und trinkt seine Tasse Kaffee dabei. Von all' diesen Grossmäulern ist uns kein Einziger bekannt, der dem Vaterland seinen jugendlichen Elan und seinen Mut angeboten hätte. Ihr Kampfeswille ist rein platonisch: und das heisst, sich hinter ihren Schreibtischen zu verstecken und dabei vom Krieg zu raunen, während eine Menge älterer aber mutigerer Reaktionäre dabei sind, ihr Leben zu opfern im traurigen Gedanken dabei, dass ihr Opfer eigentlich unnütz ist.

Diese Knirpse der Demokratie sollten schweigen aus Scham. Jedermann weiss darüber hinaus, dass es nicht ihr Patriotismus ist, der sie fast ersticken lässt. Es ist die Wut über ihre eigene Machtlosigkeit.

Denken sie immer daran, dass die Mehrzahl dieser Kläfffer dicke und fette Schreiberlinge sind, die niemals ihre Feder für ein Gewehr aus der Hand gelegt hätten. Sie haben ihr ganzes Leben damit verbracht, die Hände in den Schoss zu legen und zu schreiben: Krieg bis zum Tod! Aber bitte erst nach dem Essen!

Am Nachmittag des 15. Januar gelangten wir nach Courcelles sur Aujon, département Haut Marne, wo die ganze Kompagnie in einer Mühle kampieren musste. Der Müller besass auch einen Hühnerstall, u. als ich nachts den Hof revidierte, fand ich die ganze Kompagnie in grosser Tätigkeit. An der Mauer brannten lauter kleine Feuer u. aus jedem Kochgeschirr guckten ein paar Hühnerbeine heraus. In solchen Fällen kannte der Füsilier keine Müdigkeit; nimmt aber die Bäuerin nur den löcherreichen Brotlaib zur Hand u. fängt an Schnitzel zu schneiden, »pour faire la soupe«, dann ist es mit der guten Laune u. oft auch mit der Mannszucht nur zu schnell vorbei. –

Am 16. Januar marschierten wir bei plötzlichem Wetterumschlag u. schneidendem Tauwind über ein endlos ödes Plateau u. sahen zur linken deutlich die Festung Langres liegen, worin der gefangene Steinmetz (s. oben) lange genug gesessen hatte. (Er war inzwischen ausgewechselt u. ich sah ihn im März bei unserem Rückmarsch durch Charmes mit einem Herrn Lenders aus Düsseldorf wohlbehalten an einem Fenster stehen.) In Ermangelung der nötigen Generalstabskartenstatt deren wir überall in Schulen u. Mairiegebäuden nach den einheimischen Departementskarten suchen sollten, hatten wir bei der Spitze in der Regel eingeborene Führer, die uns bei Todesstrafe von Ort zu Ort geleiten mussten, u. als nun auf den Festungswällen, wo man uns natürlich vorbeimarschieren sah, einige Kanonenschüsse auf uns abgefeuert wurden, da hättet ihr unser Bäuerlein sehen sollen. Er wand und krümmte sich, als ob er die fürchterlichsten Bauchschmerzen hätte und musste etwas mit dem aufgepflanzten Seitengewehr gekitzelt werden, bevor er sich mit schlotternden Gliedern zum Weitermarsch entschloss, und uns nach mancherlei Mühseligkeiten endlich sicher ins Gebiet der Saône nach Villegusien in der Kantonsstadt Longeau dirigierte. Bei Longeau sah ich eine Säule mit der Inschrift: »En ce lieu le XIV Janvier M D C C C XIV les Francais ont repoussée l'ennemie!« (An diesem Ort haben am 14. Januar 1814 die Franzosen den Feind zurückgeschlagen), und da unser Dörfchen an der grossen vielfach zerstörten Strasse nach Dijon lag, so dachten wir natürlich nicht anders, als dass wir nun am folgenden Tage direkt auf die Hauptstadt der Bourgogne losmarschieren würden. Statt dessen brachte uns ein ganz kolossaler Marsch mit der Avantgarde der Division durch wilde Schluchten mit armseligen Dörfern, aber überraschenden Fernsichten nach der entgegengesetzten östlichen Seite von Langres bis Chaudenay an der Strasse Langres – Vesoul. Trotz aussergewöhnlicher Anstrengungen u- quälenden Hungers ein äusserst interessanter Tag. Zunächst geriet unser Seitendetachement (seitlicher Schutztrupp) in ein Gefecht mit Garibaldianern, die sogar Geschütze mit sich führten, in unserem Rücken wurde unsere Bagage von Franctireurs angegriffen u. unsere Spitzen erhielten aus jedem Dorfe Feuer. Wir selbst fanden allerdings die Nester schon immer wieder ausgeflogen, aber unsere Patrouillen u. Husaren brachten doch einzelne Gefangene ein, die richtigen Strolche in Holzschuhen, grauen Juppen u. rotgebänderten Hüten. Zum Schluss überraschten 6 Mann der 4. Kompagnie in einem Eisenbahntunnel noch 20 Franctireurs, die mit Hinterlassung eines Toten u. zweier Verwundeten das Weite suchten, u. auch am Abend hörte man's noch fortwährend in allen Dörfern knallen, während wir bereits in Chaudenay ums Kaminfeuer sassen, auf unsere Hühnersuppe warteten u. uns von dem alten Grossvater erzählen liessen, dass zuletzt im Jahre 1814 die Russen dagewesen seien u. auch ein Huhn gekocht hätten. –

Am 18. Januar setzte das 1. Bataillon als Vortrupp der Avantgarde bei heftigem Schneefall den Vormarsch in der Richtung auf Vesoul weiter fort, u. während in Versailles sich ein weltgeschichtliches Ereignis vollzog (die Kaiserproklamation), von dem an diesem Tage noch keine Kunde zu uns drang, wiederholte sich bei uns dasselbe Spiel wie am Tage zuvor. In einem Kloster wurden 180 Gewehre vorgefunden, von einer Seitenpatrouille der 1. Kompagnie gerieten 5 Mann in einen Hinterhalt u. in Gefangenschaft u. auch in Poinson-les-Fays (Département de la Haute Marne), wo wir nächtigten, fanden wir in der Mairie noch 75 wohleingefettete Minié-Gewehre (Anm. 98) mit Bajonetten u. eine Fahne. –

Die für den 19. Januar angeordneten Bewegungen führten uns zunächst noch in derselben Richtung über Pierrecourt weiter bis Membrey im Département de la Haute Sâone, leiteten aber bereits eine allgemeine Rechtsschwenkung ein, deren Notwendigkeit uns erst am folgenden Tage verständlich werden sollte. Sämtliche Sâone-Brücken waren gesprengt u. wir gingen daher, wiederum zur Avantgarde gehörig, auf einer von unseren Pionieren mit fabelhafter Geschwindigkeit gebauten Notbrücke auf's linke Ufer der 60 m breiten u. stark vereisten, von schönen Schlössern überragten Sâone, marschierten dann bergauf bergab bis in die Nacht auf den grundlosesten Wegen u. bezogen endlich eine Vorpostenstellung bei Frasne-le-château. Auf diesem Marsche war es, wo wir durch unseren Brigadekommandeur Generalmajor von Pannwitz (Hugo von Pannwitz, 1820 – 1892, 27. Infanterie-Brigade) zum ersten Male Näheres über unsere Zwecke und Ziele erfuhren. Es handelte sich um den kühnen Plan, dem in der dreitägigen Schlacht an der Lisaine (Anm. 99) durch das Werder'sche Korps zurückgedrängten General Bourbaki den über Besancon auf Lyon vermuteten Rückzug abzuschneiden u. deshalb die drei ihm zur Verfügung stehenden Täler der Sâone, des Ognon und des Doubs zu besetzen. –

In der Tat brachte denn auch schon der 21. Januar unsere Avantgarde, mit der wir den Ognon überschreiten sollten, in ernstlichere Berührung mit dem Feinde. Um die nur sehr unvollkommen gesprengte Ognon-Brücke zwischen Etuz und Cussey entspann sich gegen Mittag ein lebhaftes Feuergefecht, das nach etwa zwei Stunden mit dem Rückzug der aus Besancon vorgeschobenen Mobilgarden endigte. Der gute General von Pannwitz riss sich Arme u. Beine aus, bis unsere Avantgardenbatterie das Feuer eröffnen konnte, aber sonst war die Sache, wenigstens für das 1. Bataillon ziemlich harmlos, u. ausser Pannwitz habe ich eigentlich nur noch einen aufgeregten Menschen gesehen, u. das war der Feldwebel Eulgen der 4. Kompagnie, der sich mir gleich beim Entfalten der Fahne mit der wichtigen Frage nahte, ob nicht die Schuppenketten (Anm. 100) heruntergemacht werden müssten. Wir hatten bei der Kompagnie nur einen Verwundeten, nämlich den von einem Streifschuss getroffenen Gaul des Kompagnieführers »Müllerchen«, u. setzten dann allein den Vormarsch in der Richtung auf Pin zu fort. Bei Einbruch der Dunkelheit stiessen wir auf das ebenfalls vom Feinde besetzte Dorf Emagny u. bei unserer Annäherung ging mit einem furchtbaren Knall ein Bogen der dortigen Ognon-Brücke in die Luft. Ein Seitendetachement unserer 13. Division befand sich drüben im Gefecht, aber auch wir schwärmten aus und vertrieben durch kurzes Schnellfeuer die feindlichen Gruppen, die sich am jenseitigen Ufer vor dem Dorfe sehen liessen. Unsererseits wurde niemand verwundet u. der Ernst des Augenblicks kam einem erst wieder zum Bewusstsein, als ein Mann der uns beigegebenen Husarenpatrouille, die so flott und hurtig dahergeritten kam, auf einmal hinterrücks vom Pferde sank. Das Pferd blieb traurig stehen u. beschnupperte den braven Reitersmann, mir aber klang es in den Ohren, was ich mit wenig veränderten Worten als Knabe so oft gedankenlos gesungen hatte:

»Abendrot, Abendrot,
Leuchtest ihm zum frühen Tod
Heute noch auf stolzen Rossen,
Heute durch die Brust geschossen!«

Zum Schluss erhellte unsere Artillerie das Dunkel der Nacht, indem sie mit einigen wohlgezielten Schüssen das Dorf Emagny in Brand schoss. Wir selbst suchten und fanden notdürftige Unterkunft in dem ärmlichen Dorfe Beaumottes, u- nachdem während des ganzen langen Tages kein Bissen über unsere Lippen gekommen war, belohnte uns zwischen 11 & 12 Nachts ein Teller der verachteten Erbswurstsuppe. Zwei Füsiliere der 8. Kompagnie gingen ohne Erlaubnis in der Nacht nach Emagny hinüber u. kehrten nicht wieder zurück. Einen derselben fand man später als Leiche mit Spuren von Beilhieben im Mühlenteiche zu Emagny. –

Am 22. Januar besetzten wir das vom Feinde geräumte Emagny u. dort, wenn ich mich nicht irre, benutzten Müller, Bäumer und ich die Gelegenheit zur Verschönerungen unseres äusseren Menschen. Bis dahin hatten wir wachsen lassen was da wachsen wollte, u. als wir nun mit glatten Wangen zum Nachmittagsappell erschienen, da grinste die ganze Kompagnie vor Vergnügen. Am folgenden Morgen aber versagte sogar das Kommando »stillgestanden«. Die ältesten Reservisten hatten sich ihre prachtvollen, z. Teil bis auf die Brust reichenden Vollbärte abschneiden lassen u. freuten sich wie die Kinder über ihren Geniestreich. –

An demselben Morgen erreichte uns die durch Allerhöchsten Befehl vom 18. Januar verkündete Kaiserproklamation. (Anm. 101) Es wurde Hurra geschrieen u. sicherlich nicht nur auf Kommando, aber an die jubelnde Begeisterung , von der die Regimentsgeschichte auf Seite 409 zu erzählen weiss, vermag ich mich nicht zu erinnern. Mein Vater hatte mich schon in seinem Briefe vom 11/12.70 gefragt: »Was sagt man denn bei Euch zu dem wiederhergestellten Kaiser und Reich?« Aber in meinen eigenen Briefen suche ich vergeblich nach einer Antwort. »Der Kyffhäuser wäre also wieder aufgeschlossen.« So schrieb mein Vater. »Wer u. wo sind aber die Raben? Bisher hatte ich immer unter den Raben die schwarzen Kutten mir gedacht. Dies scheint aber irrig gewesen zu sein u. Nicolaus Becker von Cöln seinerzeit die Sage vom Kyffhäuser (Anm. 102) richtiger interpretiert zu haben, indem er unter den gierigen Raben, welche Deutschland beraubt haben u. noch berauben wollten, die Franzosen verstanden. Diese Räuberbande wird freilich fortan nicht mehr die Ruhe Barbarossa's stören.« Mir ging's vielleicht ähnlich wie meiner Mutter, die sich als gute Preussin schon in Frankfurt nicht gleich an die Kaiseridee gewöhnen konnte. Im allgemeinen aber wurde in den Offizierskreisen nicht so viel Politik getrieben, wie ich's von hause gewöhnt war, u. zunächst standen für uns noch so viel näher liegende Dinge im Vordergrunde des Interesse's, dass man der mit unserer Hilfe erreichten Einigung einstweilen noch nicht so recht froh werden konnte. In meinem Briefe vom 24. Januar erwähne ich nur kurz die Verlesung des königl. Armeebefehls bezüglich der Annahme der Kaiserkrone. »Aufgefallen ist mir darin nur, dass von einem baldigen Frieden gar nicht die Rede ist, sondern eigentlich nur zu weiterer Ausdauer ermahnt wird.« »Wir werden wohl vorher noch Bourbaki bei Lyon aufsuchen.« –

Am 23. Januar marschierten wir über St. Vit nach Dampierre Doubs (Département de Jura), wo sich in hellem Sonnenschein ein liebliches Tal vor uns auftat u. wir zum ersten Male die hohen schneebedeckten Juraberge vor uns sahen. In Dampierre hatten wir die zweifelhafte Ehre, als Bedeckung unseres mit dem ganzen Tross aus nahezu 500 Köpfen (!) bestehenden Oberkommandos zu dienen, wobei natürlich für uns gewöhnliche Sterbliche an guten Quartieren nicht viel übrig blieb; aber der auf dem Bahnhofe abgefasste französische Militärproviantzug kam auch uns recht sehr zustatten. –

Am 24. Januar bezog ich von Dampierre aus die Wache ab der festen Doubs-Brücke bei Orchamps u. meine Posten meldeten, dass in dem jenseitigen Dorfe feindliche Kavallerie- u. Infanterie-Patrouillen sichtbar seien. Ich zog sofort mit meiner gesamten Streitmacht aus, worauf die Kavallerie sich schleunigst entfernte, u. als wir in die Nähe des Dorfes kamen, wurden wir von ehrlichen Preussen angerufen, die uns auch ihrerseits für Franzosen gehalten hatten. Dagegen war die junge Dame in meinem Quartier in Orchamps, die als Gouvernante mehrere Jahre in Deutschland gewesen war, u. nach Buschmann's Meldung ganz geläufig deutsch sprechen konnte, trotz allen meinen Bitten nicht zu bewegen, auch nur ein deutsches Wort zu mir zu sagen. Am 25. u. 26. nächtigten wir in St. Vit, stellten Vorposten gegen die nur 12 km entfernte Festung Besancon, unternahmen verschiedene Rekognoszierungen, die überall zu kleinen Rencontre's (Kontroversen) führten, u. halfen unseren Pionieren beim Bau einer Brücke über den Doubs u. bei der Verbarrikadierung der nach Besancon führenden Strasse. Französische Soldaten, die aus den Lazarethen in Dôle u .s. w. entlassen waren u. ihre Truppenteile suchten, kamen fortwährend bei uns an u. alles deutete auf eine nahe Katastrophe. –

Dem unglücklichen General Bourbaki war inzwischen die direkte Verbindung mit Lyon vollständig abgeschnitten u. es blieb ihm nur noch der Umweg über Pontarlier. Ihm auch diese Verbindung zu verlegen u. zugleich einen etwaigen Durchbruchsversuch auf Dijon zu verhindern, war die Aufgabe dieser u. der folgenden Tage, u. es ist bekannt, wie der zur Verzweiflung getriebene Bourbaki schliesslich einen Selbstmordversuch unternahm u. seinem Nachfolger Clinchant die Ausführung des Rückzugs auf Pontarlier überlassen musste. –

Am 27. Januar durch badische Truppen vom XIV. Armeekorps abgelöst, verliessen wir das Doubstal über die bedenklich schwankende Kettenbrücke bei dem grossen Fabrikort Forges u. marschierten bis zum späten Abend durch das tief eingeschnittene dichtbewaldete Tal der Loue nach dem ärmlichen Dörfchen Pointvilliers, wo wir zu 8 Offizieren u. 50 Mann nebst den Hausbewohnern in drei kleinen Stuben eingepfercht wurden. An Brot war grosser Mangel u. am Tabak fehlte es schon seit langer Zeit. Aber unsere Füsiliere wussten sich zu helfen. Sie rauchten Papierröllchen, zusammengewickelte Nussblätter u. dergl. und das half immer noch über die schlimmsten Stunden hinweg. –

Der 28. Januar war zu einem Vorstoss der 14. Division gegen Déservillers bestimmt. Das 1. Bataillon 39 bildete die Avantgarde. Durch gewaltige Felsenschluchten, sogenannte Klusen ging es in fusshohem Schnee u. schneidender Kälte immer tiefer in's Gebirge hinein, und bald trafen wir auf glimmende Biwaksfeuer und andere nur zu deutliche Spuren des feindlichen Rückzugs. Kleider, Schuhe Tornister, Chassepots u. Patronen, ja sogar vollständig beladene Proviantwagen bedeckten je weiter je mehr den Weg, u. dazu trieben unsere Husaren nach u. nach einige Hundert marodierender Vaterlandsverteidiger zusammen, die bei unserer Annäherung jedesmal die Kolben in die Höhe hoben u. dann ruhig die Gewehre niederlegten. Es war eine bunte Sammlung aller möglichen Uniformen, sogar einige afrikanische Turco's mit nackten Beinen waren darunter, u. ihr Aussehen entsprach den Schilderungen, die sie von Hunger, Frost u. Blösse, von Krankheit u. Obdachlosigkeit entwarfen. Auch bei uns konnte man einzelne Leute in Holzschuhen und Zivilhosen oder in den grauen Hosen französischer Mobilgardisten herumlaufen sehen, aber was war das gegen den kläglichen Anblick dieser bejammernswerter Kerle, die mit ihren mit Lappen umwickelten Füssen an die bekannten Bilder vom Rückzug Napoleón's I. aus Russland erinnerten. Die ganze Gesellschaft wurde bis auf weiteres in eine Dorfkirche eingesperrt u. von einem einfachen Doppelposten bewacht. Die Chassepots, die man nicht transportieren konnte, wurden zu Scheiterhaufen geschichtet u. die Holzteile angezündet. –

Durch einzelne französische Zeitungen waren wir auf das nahe Ende von Paris vorbereitet. Ich selbst hatte in einer solchen gelesen: »Paris ist für Europa zu nötig, als dass sein Fall nicht eine allgemeine Gemütsbewegung in Europa hervorrufen müsste, die unsere Sache wesentlich umgestalten wird.« An einzelnen Oertlichkeiten, die wir passierten, sah man mit Kreide angeschrieben: »Paris capoutte«, u. unsere Gefangenen sprachen von der Kapitulation als einer vollendeten Tatsache. Wir selbst aber wussten nichts bestimmes u. verbrachten ahnungslos die Nacht in dem zwischen Ornans, Nans u. Salin gelegenen Dorfe Bolandoz. Die Einwohner schilderten den Zustand der vor uns hergetriebenen Armee Bourbaki's, u. zwar namentlich die herrschende Disziplinlosigkeit noch viel schlimmer als wir sie gesehen hatten, u. zum ersten Male hörte ich von einem einfachen Bauersmann statt des landläufigen Geschimpfes auf Napoléon das vernünftige Urteil: »C'est Gambetta qui a ruiné la France.« (Das ist Gambetta, der Frankreich zerstört hat). –

Am 29. Januar wiederholte sich das Spiel des vorigen Tages. Wir marschierten durch riesige schneebelastete Tannenwälder, wahrhafte Zauberwälder, in der Richtung auf Pontarlier *(Département Doubs, unweit der Schweizer Grenze).* Die verschneiten Dörfer trugen schon ganz den schweizerischen Charakter u. waren mit ihren tief herabhängenden Dächern manchmal kaum sichtbar, bis man sich unmittelbar davor befand. Ueberall lagen gefallene Pferde, oder halb verhungerte Pferde mit angeknabberten Schwänzen standen traurig im Schnee umher. In einem Dorfe fanden wir sogar eine ganze, von der Bemannung verlassene, vollständig bespannte Feldbatterie, die einfach nicht mehr von der Stelle zu bringen war. –

Am Abend dieses Tages nach Einbruch der Dunkelheit geriet unsere Avantgarde noch in ein ernstliches Gefecht beim Dorfe Chaffois, wobei die 53er leider 4 Offiziere u. einige 30 Mann verloren. Auch unser Bataillon wurde schliesslich noch herangezogen, u. wir kamen um Mitternacht gerade noch zurecht, als die Franzosen, etwa 2 000 Mann, das Feuer einstellten u. sich zurückzogen. Ich kam auf Wache im letzten Hause am jenseitigen Ende des Dorfes, glaubte es mir aber etwas bequemer machen zu können. Da vom Feinde nichts mehr zu sehen war, u. war nicht wenig erfreut, auf dem Kaminfeuer eine Pfanne mit einem prasselnden Pfannkuchen vorzufinden, den mein französischer Vorgänger aus Aepfeln u. geriebenem Schiffszwieback bereitet hatte. Ich entkleidete mich bis auf Strümpfe u. Unterhosen, streckte mich auf die am Boden liegende Matratze u. fiel alsbald in einen kurzen, aber tiefen Schlaf. Unterdessen spielte sich draussen ein scherzhaftes Intermezzo ab. Der Posten vor meiner Haustür sah eine Gestalt auf sich zukommen, die er vorschriftsmässig anrief. »Parlamentaire« lautete die Antwort. Mein Posten aber verstand »Franctireur«, legte an u. zielte u. hätte den Fremdling unfehlbar niedergeschossen, wenn nicht der wachthabende Unteroffizier hinzugesprungen wäre und ihm das Gewehr im letzten Augenblick weggerissen hätte. Ich aber erwachte plötzlich durch Laternenschein u. sah wie durch einen Schleier etwas rotes vor mir auftauchen. Ich sprang in die Höhe, rieb mir den Schlaf aus den Augen, u. vor mir stand, von meinem Unteroffizier hereingeleitet, ein französischer Offizier in Holzschuhen, der unserm General einen Brief zu überbringen hatte. Ich brachte den nächtlichen Gast persönlich an Ort u. Stelle u. erfuhr bei dieser Gelegenheit, dass die Hälfte des aus zwei Häusergruppen bestehenden Dorfes überhaupt noch vom Feind besetzt war u. wir nur deshalb so friedlich nebeneinander geschlafen hatten, weil auf französischer Seite die irrige Nachricht vom Abschluss eines Waffenstillstandes verbreitet war,. Am folgenden Vormittag wurden auf Befehl des Generals von Zastrow die Gefangenen wieder entlassen u. die Franzosen räumten den Rest des Dorfes Chaffois. Gegen Mittag aber erschien ein Armeebefehl, der uns die wahre Lage der Dinge erklärte. –

»Soldaten der Südarmee ! Paris hat kapituliert.
Waffenstillstand ist bei den Armeen vor Paris, bei
der I. u. II. Armee geschlossen.
Nur Die Südarmee soll ihre Operationen fortsetzen
bis zur Entscheidung.
Vorwärts !
Gez. Von Manteuffel.«

Unser erstes Bataillon wurde alsbald von Chaffois nach Chapelle d'Huin 3 Kilometer südwestlich Le Souillot verlegt, und ich muss offen gestehen, dass der Jubel über den endlichen Fall von Paris bei uns allen durch unseren Ausschluss von der allgemeinen Waffenruhe mehr oder weniger gedämpft und abgekühlt wurde. –

Am 31. Januar besetzten wir das im breiten Tale des Drugeon-Baches nahe von Pontarlier gelegene Dorf Dommartin, nachdem sich die französische Besatzung nur noch eine Stunde zum Mittagessen ausgebeten hatte, und nun war der Kreis um Pontarlier vollständig geschlossen. Am Abend wurden wir alarmiert, die Artillerie gab im Dunkeln fünf Schüsse auf eine feindliche Kolonne ab, die sich nachher als eine unschuldige Hecke entpuppte, u. am Morgen des 1. Februar gingen die Avantgarden unserer 3 Armeekorps konzentrisch gegen Pontarlier vor. Wir 39. gehörten zur Avantgarde des VII. Korps u. standen um 11 Uhr vormittags bei Hontard an der Strasse Besancon – Pontarlier gefechtsbereit, während sich gleichzeitig die Spitzen des II. & XIV. Armeekorps vor unseren Augen auf den beiden anderen nach Pontarlier führenden Strassen vorwärtsbewegten. Natürlich wussten wir nichts davon, dass der französische Oberbefehlshaber bereits den Uebertritt auf schweizer Gebiet in die Wege geleitet hatte, aber es war doch mit Händen zu greifen, dass es für seine Armee keine Rettung mehr gab, u. auf unserer Seite verspürte niemand grosse Lust, in letzter Stunde noch seine Haut unnötigerweise zu Markte zu tragen. –

Eine breite ebene Schneefläche ohne jegliche Deckung lag zwischen uns und Pontarlier u. am Abhang der hinter Pontarlier in die Höhe steigenden Juraberge sahen wir die französischen Geschütze auf uns gerichtet. Die beiderseitigen Posten standen sich Gewehr bei Fuss so nahe gegenüber, dass sie sich miteinander unterhalten konnten, aber um 12 Uhr sollte angegriffen werden, wenn die Stadt bis dahin noch nicht geräumt war. Ein Zug Chasseurs d'Afrique mit kleinen langschweifigen Pferden kam hinter uns hergeritten u. sprengte mit flatternden weissen Mänteln, ohne sich umzusehen, durch unsere Reihen; wir Offiziere aber standen kopfschüttelnd beisammen u. überlegten mit dem Kommandeur der Vorhut, dem gänzlich ahnungslosen Husarenoberst von Cosel (Bernhard von Cosel vom Husarenregiment Königin wilhelmina), was im Falle des Angriffs zu tun sei. Wir alle hatten die unbestimmte Empfindung, dass dem eitlen Manteuffel sein grosser strategischer Erfolg noch nicht genüge und er die Operationen der Südarmee mit einem glänzenden Knalleffekt abschliessen wollte, und so wurde denn beschlossen, unseren Divisionskommandeur herbeiholen zu lassen, um sich die Situation mal anzusehen. Von

Senden (Anm. 62) kam u. mit ihm auch der »Teufel« selbst, den ich bei dieser Gelegenheit zum ersten Male zu sehen bekam. Später habe ich ihn in Dijon u. Nancy öfters mit seinem historischen Fratzenstock kokettieren sehen, heute trug er unter der hellblauen Dragonermütze grosse schwarze Ohrenklappen, die das feine verwitterte Gesicht noch kleiner erscheinen liessen, als es ohnehin schon war. Und was stellte sich nun heraus? Unsere Generalstäbler hatten sich infolge mangelhafter Karten das Gelände ganz anders gedacht, u. nun wurden die Dispositionen denn doch entsprechend geändert. Wir wurden bis auf etwa 400 Schritt an die Stadt herangezogen u. unsere gesamte Korpsartillerie fuhr auf, um eventl. das Nest in Grund und Boden zu schiessen. Bis gegen 4 Uhr Nachmittags wurde hin u. her parlamentiert u. endlich entschlossen sich die Franzosen auch ihren letzten Stützpunkt zu räumen. Nun aber sollte energisch »nachgedrückt« werden, um ein Entweichen einzelner Abteilungen, was natürlich doch nicht ganz zu vermeiden war, nach Möglichkeit zu verhindern. Bald hörten wir ein tüchtiges Geknalle in den Bergen, wo andere Truppenteile mit der französischen Arrieregarde ins Gefecht geraten waren. Wie die Ameisenhaufen sah man hoch oben die einzelnen Kompagnieen umherklettern und schliesslich erhielt auch unser Regiment den Befehl, über den hohen Gebirgskamm südlich Pontarlier eine Umgehung des Feindes auszuführen. Die Pferde der berittenen Offiziere fielen bis an den Bauch in den Schnee und wir wateten im Gänsemarsch, ein Mann in die Fussspuren des anderen tretend, als endloser Bandwurm den Berg hinan, ohne auf andere Menschen als auf die Reste zweier Kompagnien des 2. Regiments zu stossen, die durch Mobilgardisten mit grossen Verlusten versprengt, ihre Verwundeten im tiefen Wald hatten liegen lassen müssen. Wir selbst wurden durch eine wohlgezielte, aber glücklicherweise nicht krepierende Granate aus dem hinter Pontarlier liegenden Sperrfort »La Cluse« überrascht u. dann wurde es bald so dunkel, dass sich unsere mitgenommenen Führer nicht mehr zurechtfinden, u. wir nur noch einer zufällig entdeckten Wagenspur folgen konnten, die uns schliesslich wieder in die Nähe menschlicher Wohnungen brachte. Zwei Häuser des Dorfes Les Granges de Dessous wurden meiner Kompagnie zur Unterkunft angewiesen, und ich selbst kam mit meinem ganzen Zuge in das eine dicht am Tannenhochwald ganz einsam gelegene Haus, wo sich nach den ausgestandenen Strapazen bald ein reges Abendleben entwickelte. Die durch unseren plötzlichen Einbruch erschreckten u. verschüchterten Bewohner, die noch nie eine Pickelhaube gesehen hatten, machten allmählich gute Miene zum bösen Spiel u. der schlaue Bauer winkte mich sogar heimlich bei Seite u. führte mich in den Keller zu einem Fässchen Rotwein, das für meine Bande viel zu wenig, für mich aber mehr als genug enthielt. Ich habe im Sommer 1886 an der table d'hôte des kleinen Kurhauses in Arosa einen schweizerischen Oberst Kramer-Wyss aus Zürich kennen gelernt, der am 1. Februar 1871 als Kommandeur der schweizerischen Truppen die Entwaffnung der französischen Ostarmee geleitet hatte, u. von diesem habe ich erst erfahren, dass ich mich an jenem Abend nur etwa eine halbe Stunde weit von der schweizer Grenze befand. Damals hatte ich kaum eine rechte Vorstellung, wo die Franzosen eigentlich geblieben waren, aber man hatte das Gefühl, dass der Feldzug tatsächlich zu Ende sei, und wenn auch der Wald gewiss noch voll feindlicher Schützen steckte, so liess ich mir doch mal wieder die Stiefel vom Leibe ziehn, um sie über Nacht durch brennende Strohwische wieder gangbar zu machen. Ein paar Holzschuhe wurden für alle Fälle unter das vorhandene Bett gestellt, ich kroch hinein u. keine Sorge störte den gesunden Schlaf, der mir bei meinem Freunde Bäumer längst den Spitznamen »Murmel« oder »Murmeltier« eingetragen hatte. –

Am folgenden Tage brachte uns ein grosser Marsch etwas mehr aus den Bergen zurück nach Boujeailles und wir erhielten die Nachricht von dem Uebertritt der 80000 Mann bei Verrières durch einen Armeebefehl unseres Oberbefehlshabers, der alle unsere Errungenschaften einzeln aufzuzählen wusste u. uns seinen Glückwunsch u. seine volle Anerkennung auszusprechen geruhte. »Soldaten der Südarmee! Eure Märsche und

Kämpfe bei Schnee und Eis im hohen Jura sind nicht vergeblich gewesen. – Die Armee Bourbaki's ist ausser Kampf gesetzt, u. auch ihre Reste in den Gebirgen werden Euren Waffen bald verfallen sein.« Wir glaubten unsere Schuldigkeit getan zu haben, aber die hohe Anerkennung liess uns ziemlich kühl u. auch auf unsere Füsiliere machte sie wenig Eindruck. Der neue Witzbold der 4. Kompagnie begann seine komischen Vorträge immer mit der Anrede »Soldaten von Schnee u. Eis«, und das war so ziemlich die einzige Wirkung der tönenden Phrasen, in denen sich »Edwin« *(Edwin von Manteuffel)* gern bewegte. Aber froh u. dankbar waren wir über das glücklich erreichte Ziel, u. als ich am 6. Februar nach der rastlosen Eile 23 tägiger Märsche, »Tagen voll körperlicher Anstrengung und geistiger Spannung« zum 1. Male seit dem 24. Januar wieder nach hause schrieb, da konnte ich mit gutem Gewissen sagen, wie sehr ich mich freute, »den Feldzug bis an sein äusserstes Ende glücklich mitgemacht zu haben.« –

Die kleinen Zeichnungen auf Seite 392, 412, u. 416 der Regimentsgeschichte muten mich fast wie Heimatsbilder an, u. als ich im Herbst 1905 in Luzern das grosse Panorama des Uebergangs der französischen Ostarmee besah u. mir Knackfuss später in seinem Atelier in der neuen Kunstakademie in Casssel sein neues Kriegsbild aus dem Jurafeldzug zeigte, da fühlte ich mich lebhaft in die winterlichen Jurawälder zurückversetzt. Im Spätherbst 1908 war ich am Genfer-See u. so sehr mich auch der zauberische Anblick auf die savoyischen Alpen entzückte, so schweiften meine Augen doch immer wieder mit einer gewissen Sehnsucht nach den minder malerischen u. mir doch so wohl vertrauten Juraberge, die ich gar zu gern noch einmal aufgesucht hätte.

Frühlingstage an der Côte d'Or
und
die Okkupations-Armee

Der Südarmee fiel nach dem 1. Februar 1871 die Aufgabe zu, die 3 noch im Kriegszustande befindlichen Départements Jura, Côte d'Or und Doubs zu besetzen, und das VII. Armeekorps zog insofern das grosse Los, als ihm das Dèpartement Côte d'Or zur Okkupation überwiesen wurde. Noch einmal ging's am 3. Februar über die wildromantischen Höhen des Jura, und die Wege waren so tief verschneit, dass der grösste Teil des Marsches auf dem Damme der vor Pontarlier nach Dôle *(Département Jura, zwischen Dijon und Besançon)* führenden Eisenbahn in Reihen zu zweien zurückgelegt werden musste. Aber das Wetter war milde und schön, die Luft war so klar, dass man den mächtigen Montblanc ganz deutlich über die Savoyischen Alpen hinwegragen sah, und die umfangreichen Schweizerkäse, die wir im Güterschuppen eines verlassenen Bahnhofes fanden, erhöhten nicht nur die Brotbeutel, sondern auch die Stimmung der Herren Füsiliere. Wir gelangten bis Pont d'héry 8 km von Salins und setzten am folgenden Tage den Vormarsch auf das am Fusse des Jura liegende Städtchen Arbois fort. Das Klima wurde zusehens milder, der Schnee nahm ab und hörte schliesslich ganz auf und dann führte die Strasse in mächtigen Schlangenwindungen in das reiche Tal hinab, wo der Frühling bereits seinen Einzug gehalten hatte.

Ein Transport von über 300 Rekonvaleszenten und einigen Ersatzmannschaften traf hier beim Regiment ein und am 5. Februar hatten wir einen wirklichen Ruhetag in dem in den Weinbergen bei Arbois gelegenen Dorfe Puillin. Hier endlich erreichten mich die seit Wochen erwarteten Pakete aus Wesel, worin sich unter anderem der entsprechend umgeänderte und bedeutend enger gemachte Waffenrock befand, den ich als Einjähriger-Freiwilliger als erste Garnitur getragen hatte, und hier erreichte mich nach Monatsfrist endlich auch Mutters Brief vom 3. Januar mit den mir so dringend benötigten Strümpfen.

Ueber den Verlust meines kleinen Kriegsgefährten Lullu äusserte sich Clara »höchst unwillig.« Das Weinen war ihr nahe, so schrieb mein Vater, »da sie sich bisher stets mit der Hoffnung getragen, das Hündchen bald als Hausgenossen hier zu haben.« Aber vielleicht war es besser so; denn wie ich das arme Tierchen durch den ganzen Jurafeldzug hätte bringen sollen, ist mir doch ein Rätsel.

Gleichzeitig mit obigen Sendungen traf auch die Nachricht ein, dass der mit 15000 Mann von Lyon nach Lons-le-Saunier vorgerückte General Pelissier *(Felix, 1812 – 1887)* und der mit 50000 Mann bei Dijon verbliebene Garibaldi sich zur Vermeidung unnützen Blutvergiessens zurückgezogen hatten, und so war denn der 5. Februar ein rechter Freudentag. Der Wein war gut und floss so reichlich, dass im ganzen Bataillon kein nüchterner Mann zu finden war. Ich selbst sollte Schlachtvieh requirieren, was übrigens immer nur gegen Ausstellung eines besonderen Requisitionsscheines geschah, und hatte bei meiner Wirtin ein passendes Oechslein entdeckt. Aber mir konnte es ja gleichgültig sein, aus welchem Stalle das Viehzeug kam, und als sie mir vertraut, dass ihr Nachbar einen feinsten jungen Bullen habe, liess ich diesen unter dem üblichen Weibergeschrei zur Schlachtbank führen und bekam dafür von meiner menschenfreundlichen Witwe die beste Flasche aus ihrem Keller, einen alten goldigbraunen Rebensaft, der nach dem vorausgegangenen Rotwein eine verheerende Wirkung hatte. Die schönste und grösste Traube des letzten Herbstes hatte man nach Landessitte aufbewahrt, sie baumelte an einem langen Faden gerade über dem Fremdenbett, und als ich nun am folgenden Morgen erwachte, da wusste ich wenigstens gleich, woher die Geister stammten, die in meinem armen Kopf rumorten.

Ein kurzer Marsch führte uns am 6. Februar nach Vaudry – »ausgefressen fern und nah, Pommer war vorher da« – und am folgenden Tage nach Dôle einer ansehnlichen, aber etwas düsteren, von Truppen überfüllte Stadt, wo unser Regimentsstab sein Quartier im Château des Oberhofkochs Kaiser Wilhelm I. aufschlug, das der geborene Dôler alljährlich zwei Monate zu bewohnen pflegte. Nur zwei Einzelheiten sind mir aus Dôle, wo wir am 7. blieben, erinnerlich. In einer dortigen Charcuterie gab es »pouding« (boudin) zu kaufen, eine an heimatliche Erzeugnisse erinnernde Blutwurst, und Freund Löwenstein wohnte bei einem aus deutscher Familie stammenden, aber kein deutsch mehr sprechenden Musiker namens Schweckten (»Ssweckteнn«). Ich musste Löwenstein zum Gesang begleiten und sollte auch etwas solo spielen. So spielte ich denn mit steifen Fingern so gut es ging das Menuett aus der Esdursymphonie von Mozart und das Schlummerlied von »Schümann« und das freundliche Ehepaar hatte beaucoup de plaisir de nous avoir entendu *(hatte viel Vergnügen, uns gehört zu haben).*

Am 8. Februar Umgehung der noch vom Feinde besetzten Festung Auxonne und fideles Quartier in Echenon bei St. Jean-de-Losne an der Saône.

Es war ein hübsches frisches Bauernmädchen im Hause, und Freund Bäumer, der sonst mit seinem westfälischen Dialekt kein grosser Franzose war, hatte schnell die richtige Tonart gefunden. »Mademoiselle Anna, je vous aime!« Sie sagte mit guter Laune »bon!«, dieselbe Unterhaltung wiederholte sich immer wieder und wurde bei sämtlichen Offizieren der 4. Kompagnie schnell zum geflügelten Wort.

Am 9. Februar bezog die 4. Kompagnie zum Schutze des Generalkommandos Quartier in Longecourt und am 10. hielt dieselbe zu längerem Aufenthalte ihren Einzug in Saulon-la-rue, wo wir mit einigen Artillerieoffizieren das grosse Schloss des duc de Clairmont-Tonerre bezogen. Das war nun zwar nicht so ein Schmuckkästchen wie das château bei Thionville, hatte aber mit den massiven Ecktürmen und dem verwilderten Park umsomehr romantischen Reiz. Das Schloss war seit 1851 unbewohnt, und die allein anwesende Gärtnerfamilie hatte den Herzog nie gesehen; indessen war es vollständig für Besuchszwecke eingerichtet, in der Wäschekammer fand sich alles nötige in reichlicher Fülle und wir sechs Offiziere konnten uns jeder in einem besonderen Flügel oder in verschiedene Stockwerke zurückziehen. Im Erdgeschoss Speisesaal, Bibliothek und Billardzimmer und im übrigen etwa 50 Logier- und Fremdenzimmer verschiedener Grösse. Ich wählte mir eine abgeschlossene kleine Wohnung im hohen Erdgeschoss, ein grosses Turmgemach mit Alkoven, Burschenzimmer und locus, setzte meinen Schreibtisch in die runde Turmnische und fühlte mich bald recht wohl und behaglich. Nur mit der grossen Lebensfrage der Verpflegung schien es zunächst zu hapern. Prinz Wilhelm von Baden *(1829 – 1897, befehligte die badische 1. Brigade im Werder'schen Korps)* der vor uns 14 Tage hier hauste, hatte mit seinem Stabe fast den ganzen Keller leergetrunken und der als geborener Elsässer etwas deutsch radebrechende Gärtner vermochte uns ausser »Majanzer Schunken« nichts vorzusetzen. Auch das aber wurde nach einigen Tagen besser. Der Gärtner liess einen ordentlichen Weinvorrat aus dem »Rebland« und allerlei gute Sachen aus Dijon kommen und ich selbst fuhr schon am 12. Februar mit der Kompagnie-Equipage, einem netten gestohlenen Karriolwägelchen *(leichtes zweirädriges Fuhrwerk)* und einem gefundenen französischen Artilleriepferd dorthin, um zu fabelhaften Preisen einige nützliche Einkäufe zu machen. Das gelieferte Fleisch u. s w. wanderte in die gemeinsame Küche und Füsilier Land hatte Zeit und Musse zur weiteren Ausbildung seiner kulinarischen Talente.

Der von warmen Sonnenschein begünstigte Ausflug nach Dijon war mir natürlich sehr interessant. Schon von weitem gewährte »die Stadt mit ihren vielen Kirchen einen beinahe grossartigen Anblick.« »Im Inneren gibt es einige neue, recht elegante Plätze und Alleen, sonst sind die Strassen alt und eng. Interessante Häuser und unfertige oder merkwürdig verbaute gothische Kirchen gibt es in Menge. Auf den Strassen herrschte reges Leben und ausser den bedrückten Gesichtern der Bewohner sah man eigentlich nichts auffälliges. Ueberall sah und las man Plakate, betreffend die Wahlen zur assemblèe nationale, auf deren Beschlüsse wir um so gespannter waren, als in diesen Tagen eine Wiederaufnahme der Feindseligkeiten nicht ganz ausgeschlossen erschien. Gerade während ich in Dijon weilte, gelangte nach château Saulon ein Armeebefehl, der die sofortige Instandsetzung des Anzuges der Truppen, die sofortige Ergänzung der Munitionsbestände und die alsbaldige Heranziehung des Ersatzes anordnete, und die 3 ersten Kompagnien unseres Bataillons erhielten sogar plötzlichen Marschbefehl, um die Grenzen des formell noch im Kriegszustande befindlichen Départements zu beobachten. Im Allgemeinen aber kehrte ich doch mit recht friedlichen Eindrücken in unser ländliches Stilleben zurück und die nächsten Tage vergingen denn auch in tiefer wohltuender Ruhe.«

Von Hause erhielt ich nun auch die Bestätigung, dass die seit Châtillon sur Seine geschriebenen Briefe endlich – 4 auf einmal – angekommen waren und meine Eltern nach der langen Ungewissheit über meinen Aufenthalt und Gesundheitszustand jetzt wieder beruhigt aufatmen konnten. Die mir von meinem Vater gesandte Karte von Paris kam – in völlig durchnässtem Zustande – jetzt erst an, nachdem ich eine Karte des südöstlichen Kriegsschauplatzes – freilich auch zu spät – schon vorher erhalten hatte. Vor allem aber erfreuten mich die lob- und dankerfüllten Erzählungen meines Vaters über die in Düsseldorf durch die Kapitulation von Paris erweckte Stimmung »Hier in Düsseldorf ist die Aufregung und der Jubel ausserordentlich gross«, so schrieb er am 29. Januar. »Als heute morgen die telegraphische Nachricht eintraf, wurde sofort an allen Ecken und Enden geschossen und die ganze Stadt flaggte, wie mit einem Zauberschlage. In der Franziskanerkirche stimmte während der Messe plötzlich eine Stimme das Tedeum an. Sofort erhob sich die ganze Versammlung und stimmte ein, sodass dem Geistlichen nichts übrig blieb, als das Amt zu unterbrechen und mitzusingen. Jetzt eben beginnt eine allgemeine Illumination. Geschossen wird den ganzen Tag über unaufhörlich, sodass man auf den Strassen und Plätzen kaum seines Lebens sicher ist.« Auch Herrmann Richter der neugebackene Hilfsprediger in Wiesbaden berichtete von dort über »tolle und überströmende Freudenergüsse«, und so konnte ich am 13. Februar nach Hause schreiben: »Die Erzählungen von dem Jubel in Düsseldorf und überall im deutschen Reich über den Fall von Paris haben mich eigentlich mehr begeistert, wie es die Nachricht von dem unausbleiblichen Ereignisse selbst tun konnte.«

Am 14. Februar traf die Nachricht ein, dass der Waffenstillstand *(28.1. – 25.2.71, ab 26.2.71 Vorfriede von Versailles)* auf die Südarmee ausgedehnt sei, und dann kam der letzte Abend in Saulon heran, und zum letzten Male wurden wir bei Tisch von der Tochter des Gärtners bedient. Sie wäre ein hübsches Mädchen gewesen, wenn ihr nicht die landesübliche Nachtmütze, unter der die dortigen Frauen und Mädchen auch bei Tage die ganze Frisur verbergen, so unvorteilhaft gestanden hätte. Ich hatte wohl mal mit ihr gescherzt und geschäkert, und als ich nun vor Schlafengehn vor der Haustür stand, um noch einmal die linden Lüfte des liebgewonnenen Parkes einzuatmen, da kam sie auf einmal mit leisem klippklapp ihrer Holzpantinen angetrippelt, fasste mich ohne weiteres um den Hals, versetzte mir einen Kuss und war wie der Blitz im Gärtnerhause verschwunden. Beim Ausmarsch liess sie sich nicht mehr sehen, aber in späteren Jahren musste ich zuweilen an das freundliche Naturkind denken, wenn ich von Frau Walter-Strauss aus Basel und Frau Justizrat Marnier in Cassel das reisende Liedchen singen hörte: »Zwischen uns ist nichts geschehen, zwischen uns fiel gar nichts vor, nichts, nichts, nichts!«

Am 16. Februar wurden wir innerhalb der festgesetzten Demarkationslinie von Saulon nach Nuits verlegt, wo unser Bataillon mit dem Divisionsstab bis zum 7. März vereinigt blieb, und schon der Hinmarsch zwischen den lachenden Weingärten und sanften Bergabhängen der Côte d'or gab uns einen angenehmen Vorgeschmack der Freuden, die unter dem südlichen Himmel dieses gesegneten Landstrichs unserer harrten. Schon am 18. Februar konnte ich am offenen Fenster Briefe schreiben, am Nachmittag sassen wir bei der Regimentsmusik ohne Mantel im freien, die französischen Verwundeten wurden herangeführt und gefahren, und die gefangenen Garibaldianer, die auf dem Transport zur Auswechselung in Beaune hier rasteten, Italiener, 2 Griechen und ein Deutschösterreicher legten sich platt auf die Erde, um sich behaglich von der warmen Sonne bescheinen zu lassen. Unsere Füsiliere sprangen Seilchen mit den Kindern auf der Strasse und trugen die kleineren auf den Armen umher. Dazu sangen sie wohl die Marseillaise mit dem von dörflichen Wirtshausschildern entnommenen Refrain »marchand, marchand de vin,« und wenn auch in den Café's mitunter Geister tüchtig aufeinander platzten, so bildete sich doch im allgemeinen ein gutes Einvernehmen mit der durchweg wohlhabenden Bevölkerung heraus.

Ich wohnte beim hussier, dessen Stellung nicht mit der unserer jetzigen Gerichtsvollzieher, sondern höchstens mit der Stellung der früheren rheinischen Gerichtsvollzieher zu vergleichen ist, die vor der Reorganisation von 1879 noch bis zu 10 und 15000 Mark verdienten. Er selbst lag krank zu Bett, er hatte die in der ganzen Gegend grassierenden Pocken - »les petites véroles« (*Kleine Blattern – Windpocken)* gehabt und ich bekam ihn nur einmal kurz zu sehen, aber die gewandte und tüchtige Frau, die eine feine Küche führte, sorgte vortrefflich für meine Bedürfnisse. Wir Offiziere hatten in den Quartieren um 12 Uhr mittags ein warmes Gabelfrühstück mit einer Flasche Burgunder zu beanspruchen und sämtlichen Mannschaften musste täglich je 1 Liter Wein geliefert werden. Um 6 Uhr abends hatten wir auf Kosten der Stadt gemeinschaftliches Diner im Hôtel, wobei zu jedem Gedeck eine Flasche Burgunder und eine halbe Flasche Sekt gehörte, und es kam oft genug vor, dass wir nachher den angerissenen Abend bei einer weiteren Flasche gegen mässige Bezahlung noch etwas in die Länge zogen. Als Fourieroffizier *(Quartiermeister)* durfte ich bei Tisch die Poularden und sonstigen Braten tranchieren, was mir bald den Spitznamen des Bataillonsschneiders eintrug, hatte aber auch die Verhandlungen mit dem maire zu führen, die sich immer in den höflichsten Formen vollzogen. Die Stadt hatte die Lieferung der Weine in dreitägigem Wechsel unter die verschiedenen négociants et propriétaires (Großhändler und Gutsbesitzer) verteilt, die bei ihren gewaltigen Kellervorräten, unsere Leistungen kaum verspürten, und da in dortiger Gegend nichts geringes wächst, so überboten sie sich fast in den feinsten Gewächsen und wir schwelgten in Chambertin, Clos vougeot und ähnlichen Marken, die als Tischwein eigentlich viel zu schade waren. Nur mit dem Sekt gab es einmal einen kleinen Krach. Wir merkten eines Abends, dass man uns eine geringere Sorte vorgesetzt hatte und ich selbst entdeckte, dass die Etikette sich ablösen liess und eine andere mit der Inschrift »Ay mousseux« darunter sass. Sofort liess ich den maire zitieren, der auch alsbald erschien, sich über den Betrug sehr ungehalten zeigte und für sofortigen Umtausch Sorge trug.

Monsieur le maire hatte übrigens den guten deutschen Namen Geisweiler (Scheesweläär), Excellenz von Senden wohnte bei einer alten Wuppertaler Familie Hasenclever (Asangklewäär), und als ich als Offizier du jour eines Abends zur Schlichtung eines kleinen Exzesses in ein Haus gerufen wurde, war ich nicht wenig überrascht, dort eine deutsche Gouvernante vorzufinden. Ich wurde in ein Schlafzimmer geführt, wo drei Damen verschiedenen Alters zu Bette lagen und mit hochgezogenen Decken gleichzeitig auf mich losredeten, die mit der Verpflegung nicht zufrieden waren und angeblich sogar den Säbel gezogen hatten. Aber als ich die Missetäter aufsuchen wollte, da rief auf einmal eine weibliche Stimme von oben herunter: »Glauben Sie's nicht, Herr Leutnant, die Sache ist ganz anders«, und es stellte sich dann auch heraus, dass der gezogene Säbel nur in der Phantasie existierte und einer der Füsiliere nur mal mit der Hand an die Säbelscheide geklopft hatte, um seinen nicht unberechtigten Wünschen etwas mehr Nachdruck zu verleihen.

»So lebten wir, so lebten wir, so lebten wir alle Tage,« die langersehnte Badegelegenheit war ebenfalls im Ort vorhanden, das einzig störende war der öde Gamaschendienst (Anm. 103), der mit der Rückkunft unseres Obersten Eskens alsbald wieder lieblich zu blühen begann. Gleich im ersten Regimentsbefehl sprach er wieder vom alten strammen preussischen Dienst und so wurde denn von neuem tüchtig gedrillt und »gekloppt«. Aber wenn ich so morgens zum Dienst vor das Städtchen ging und unter blühenden Mandelbäumen den schönen Fernblick auf den rosig angehauchten Montblanc genoss, oder wenn wir auf der Wiese, wo wir übten, mein Fuss auf duftende Veilchen trat, dann söhnte ich mich mit der Prosa des militärischen Lebens doch immer wieder gerne aus. Sie hatte doch auch das gute, dass man nicht gar zu üppig war, und als ich es dienstlich besser hätte haben können. Da zog ich es dennoch vor, in meiner bescheidenen Stellung bei meinem lieben Regiment zu bleiben. Mein Gönner Eskens, der mir aus Metz einen Gruss von Regierungsrat Daniel mitgebracht hatte, liess mich rufen, um mir ein vorteilhaftes Kommando nach Dijon anzubieten. Die deutsche Präfektur daselbst suchte einen der französischen Sprache mächtigen und der Verwaltungskarriere angehörigen Reserveoffizier, der sich, glaube ich, hauptsächlich mit der Ueberwachung der französischen Presse beschäftigen sollte. Ich lehnte aber mit nachträglichem Einverständnis meines Vaters unter dem nicht unbegründeten Vorwand ab, dass meine Sprachkenntnisse für eine solche Stellung doch wohl nicht ausreichen würden, und blieb ruhig in Nuits, wo auch immer noch Zeit genug zur Betätigung eigener Liebhabereien übrig blieb, während jene Stelle, wenn ich nicht irre, nachher an einen Philologen vergeben wurde.

Meine freien Stunden benutzte ich vorzugsweise, um mit Löwenstein die Müllerlieder (Anm. 104) und andere Schubert'sche Lieder, die er irgendwo aufgetrieben hatte, einzuüben, und dazu hatten wir hinter den Kulissen stets ein dankbares Publikum. Die Familie, bei der er wohnte (négociant et propriétaire), besass zwei nette Töchter, und wenn wir länger musizierten, so kam regelmässig die eine in's Zimmer, um uns etwas Obst oder frischgebackene Waffeln und dergleichen zu bringen. Eines Nachmittags überraschte ich Löwenstein, mit der einen Tochter im Garten Nachlaufen spielend, und im Jahre 1873 kam der Vater mit dieser Tochter sogar nach Cöln, um ihr den Cölner Dom zu zeigen. Löwenstein war damals Commis im Kontor eines grösseren Manufakturwarengeschäfts und ich weiss nicht, wie er sich aus der Affaire gezogen hat; aber sehr angenehm wird dieser Besuch ihm schwerlich gewesen sein.

Noch andere zarte Verhältnisse entwickelten sich in Nuits. Dem Secundeleutnant der Reserve Mathieu, einem Neffen von Onkel Mathieu in Trier (Anm. 23), der äusserlich wenig verlockendes hatte, gab die Kellnerin in unserem Hotel beim Präsentieren einer Schüssel vor unserer aller Augen einen leisen Kuss, und ich selbst hatte eine merkwürdige Freundschaft mit der auffallend hübschen soeur Angèle *(Schwester Angèle)*, die in einem kleinen Privatlazareth die letzten am Orte zurückgebliebenen Verwundeten pflegte. Ich kam zuweilen dorthin, sie strahlte, wenn sie mich sah und legte im Gespräch wohl vertraulich ihre weiche Hand auf meinen Arm, und wenn es nicht eine Nonne gewesen wäre, so hätte ich mir auf meine Eroberung vielleicht etwas einbilden können.

Es fehlte aber auch nicht an minder poetischen Zwischenfällen und ich bitte um Entschuldigung, wenn ich an dieser Stelle noch einmal an den wundesten Punkt französischer Wohnungsverhältnisse rühren muss. Schon in meinem Quartiere war der locus wunderlich genug. Er befand sich am Ende des Hausflurs offen vor aller Welt, und wenn man dort thronte, so gingen die Hausfrau und das Mädchen ganz ungeniert über den Flur. Naturalis non sunt turpis *(Das Natürliche ist nicht schimpflich)*. Doch diese locusstudien waren nur das Vorspiel zu der tragikomischen Scene, die sich in einem fremden Hause ereignete. Bei einem Dienstgang mit Helm und Schärpe musste ich dort eintreten und fand zwar einen abgeschlossenen Raum, aber als eine Sitgelegenheit eine schmale Bretterwand vor einem dahinter gähnenden Abgrund. Dazu war die Bude so eng, dass man sich kaum bewegen konnte. Ich bewegte mich dennoch, und der Helm von Gravelotte – fiel in's bodenlose.

Ich sah ihn stürzen, trinken und sinken tief ins Meer;
Noch einmal tat er mir winken, dann sah ich ihn nimmermehr.

(Viebigs Parodie auf Goethes »Es war ein König von Thule«. Die Originalstrophe heißt:
Er sah ihn stürzen, trinken, und sinken in das Meer;
Die Augen thäten ihm blinken, trank nie einen Tropfen mehr.)

Am 26. Februar 1871 wurde ich zur Kriegskasse nach Dijon geschickt. Auf dem Hinweg genoss ich einen prächtigen Blick auf die gesamte Alpenkette und in der Stadt besah ich mir das Schloss Carl's des Kühnen, vor dem ich mir leider gar keine Vorstellung mehr machen kann. Als ich aber bei der Rückkehr nach Nuits von der Kompagnieequipage herunterstieg und noch einen Fuss auf dem Trittbrett hatte, da kam ein anderes Fuhrwerk mit durchgegangenen Pferden scharf um die nächste Ecke gesaust und ehe ich mich's versah war ich zu Boden geschleudert und überfahren. Etwas verdutzt und zerschunden erhob ich mich und suchte meine Knochen zusammen und siehe da, sie waren alle ganz. Nur einer meiner hohen Stiefeln war von oben bis unten mit dem Messer durchgeschnitten und an der demnächst wieder ausgebeulten Zwinge meines Diedenhofer Säbels sieht man heute noch die Spuren, wo ein Rad darüber weggegangen war. »Dem lieben Gott sei Dank, dass Du kein Unglück genommen hast, als die Pferde über Dich fuhren.« So schrieb mir demnächst mein Schwesterlein. Ich konnte in der Tat von Glück sagen, dass die Geschichte so glimpflich abgelaufen war, und es war mir gar nicht recht, dass der unvorsichtige Füsilier, der mich überfahren bei der Gelegenheit selbst einen Hufschlag davongetragen hatte, ausser den Hieben des hinzugekommenen Hauptmanns Köppen nun auch noch 14 Tage Mittelarest *(Arest gegen Unteroffiziere und Gemeine mit harter Lagerstätte und Wasser und Brot)* bekam.

Inzwischen war der Waffenstillstand abgelaufen und die allgemeine Spannung auf den Friedensschluss wuchs bei Freund und Feind von Tag zu Tag. Wir träumten schon von alsbaldiger Heimkehr und entwarfen Pläne und Vermutungen über Art und Richtung des Rücktransports; einstweilen aber wurden unsererseits alle Vorkehrungen für den Fall des Wiederausbruchs des Krieges getroffen und überall sah man ängstliche und sorgenvolle Gesichter. Da endlich am 27. Traf die Nachricht von der Unterzeichnung der Friedenspräliminarien bei uns ein, und ich weiss nicht, bei wem die Freude grösser war, bei den Franzosen oder bei uns. Vor dem Quartier des Generals von Senden war nach der Art der deutschen Kirmesbäume ein sogenannter Freiheitsbaum errichtet, dort spielte unter allseitigem Beifall unsere Regimentsmusik und eine frohe bewegte Menge füllte die Strassen bis in die späte Nacht. Der liebenswürdige General warf Geld, ja sogar Goldstücke zum Fenster hinaus und hatte seine Freude daran, wie die Jungens sich darum balgten. Kurzum es war ein allgemeiner Taumel des Entzückens. Die Franzosen freuten sich uns los zu werden, unsere alten Reservisten dachten ungefähr schon morgen wieder daheim bei Weib und Kind zu sein und auch in meinem fernen Elternhause gab man sich an diesem Freudentage schon den kühnsten Illusionen hin.

Mein Vater, der nun schon mehr als 6 Monate den in Feindesland weilenden Regierungspräsidenten vertreten hatte und sich davon sehr ermüdet und wenig befriedigt fühlte, schrieb mir bereits am 26. Februar, dass er für unser Haus bereits die nötigen Illuminationslämpchen angeschafft habe und dass Göring's zur Friedensfeier die ganze Front ihres Hauses auf's glänzendste mit Gas beleuchten liessen, hielt es aber für nötig zu mahnen: »Bleibe ja nicht länger in Deinem Verhältnis als Reservist als Du unbedingt nötig hast. Du hast durch den Krieg ohnehin schon Zeit genug für Deine juristische Ausbildung versäumt.« Am 3. März ging in Düsseldorf die Nachricht von der Ratifikation der Friedenspräliminarien *(vorläufige Übereinkünfte)* durch die französische Nationalversammlung ein und nun schrieb auch Mutter: »Endlich haben wir den heiss ersehnten Frieden erlebt und mithin die Hoffnung Dich wiederzusehen! Heute prangt die ganze Stadt in festlichem Fahnenschmuck und die kleinsten Kinder ziehen singend mit Fahnen durch die Strassen. Wenn Deine Rückkehr über Strassburg führt, so suche doch einen Abstecher auf die Hochburg möglich zu machen, Du würdest gewiss damit grosse Freude bereiten.«

Schwester Clara hatte mir seit Weihnachten nicht mehr geschrieben. Sie hatte zwar wegen ihres glänzenden Schulzeugnisses vom Vater 12 Groschen bekommen, und an den Worten und Gedanken zu einem Brief fehlte es ihr, wie Mutter schrieb, niemals; »das schreiben aber hat seine Schwierigkeiten.« Jetzt fügte sie dem Bedauern über meinen Unfall nur noch die lakonischen und doch so inhaltsschweren Worte bei: »Als der Friede erklärt war, ging der Papa mit noch anderen Herren zu Ahner« (Ecke Karlsplatz und Bilkerstrasse), und das war allerdings ein beinahe ebenso unerhörtes Ereignis wie die fünf Milliarden Kriegsentschädigung. Mein Vater zum Frühschoppen in einer Bierkneipe! Man muss ihn gekannt haben und man muss wissen, dass er im letzten Jahrzehnt seines Lebens überhaupt kein Wirtshaus mehr betrat, um die volle Bedeutung dieser Worte zu begreifen. Und damit noch nicht genug. Ich traute ja kaum meinen Augen, als Vater schrieb, dass er an demselben Tage abends noch an einem, »kleinen kollegialischen Convivium (Gelage)« teilgenommen habe. Ein Convivium, wobei »zum ersten Male und zwar mit grossem Beifall« das aus einer amerikanischen Zeitung entnommene, von einem gewissen Klauhold gedichtete und von Regierungsrat Stöckhardt »durchaus treffend und populär« komponierte Ulanenlied gesungen wurde.

»Was zeigt sich dort am Himmelsrand?
Was wirbelt die Wolke empor von Sand?
Schon kommt es nah!
Schon ist es da.
Hurrah! Es sind Ulanen
Mit schwarz und weissen Fahnen.

Wir kommen her vom deutschen Meer,
Wir reiten durch die Länder quer.
Heiss ist die Schlacht!
Wild ist die Jagd!
Schnell laufen die Franzosen
Mit ihren roten Hosen.

Heraus, Herr Maire, er Erzhalunk!
Dem Pferde Futter, dem Mann den Trunk!
Haben nicht Zeit,

Paris ist weit,
Hurrah! Wir sind Ulanen
Mit schwarz und weissen Fahnen.«

Bei uns in Nuits fand am 5. März zur Friedensfeier in der neuen katholischen Kirche ein evangelischer Festgottesdienst statt bei dem unser neuer Divisionspfarrer Steinbänder aus Danzig eine echte kräftige Soldatenpredigt hielt, die ersichtlich allgemein einen tief ergreifenden Eindruck machte. Ein passenderer Text konnte wohl für uns nicht gefunden werden, als die Worte des alten Moses: »So behüte Du nun aber Deine Seele, dass Du nicht vergessest die Geschichte, die Deine Augen gesehen haben in dieser Zeit, auf dass sie nicht komme aus Deinem Herzen Dein ganzes Leben lang,« und mächtig brauste es, von der vollen Regimentsmusik begleitet, aus hunderten von Männerkehlen: »Nun danket alle Gott.« Hoffentlich hat man die heiligen Hallen nach dieser ketzerischen Entweihung später gründlich ausgeräuchert. Meine Mutter, die inzwischen nebst noch vier anderen Damen von ihrer Majestät der Kaiserin Augusta (Anm. 105) als Anerkennung für ihre Lazarethtätigkeit eine Brosche zugeschickt erhalten hatte, war von meinem Berichte jedenfalls sehr erbaut. Die schlechte Photographie, die wir beim besten Photographen Dijon's hatten machen lassen und die mich mit den Offizieren der 4. Kompagnie (Müller, Bäumer, Löwenstein, und dem Bataillonsadjutanten Eltester in einer Gruppe vereinigt zeigt) hatte vor ihren Augen keine Gnade gefunden. Mein Vater fand mich zwar »bis auf das Schnurrbärtchen so ziemlich unverändert«, aber der Mutter wollte nicht mit Unrecht »der gezierte und gezwungene Ausdruck nicht behagen.« Dagegen mit meiner Erwähnung jenes Gottesdienstes hatte ich's wie gesagt besser getroffen. »Seitdem die eigentlichen Gefahren des Kriegs vorüber waren, traten mir so manche Bedenken vor die Seele, die nicht allein das äusserliche Befinden anlangten, sondern mir auch bange vor einer innerlichen Verwilderung machten. denn das muss ich Dir bekennen, so unendlich ich mich freuen würde, Dich wiederzusehen, so tief würde ich mich betrüben, wenn ich denken müsste, Du wärest auf Abwege geraten und hättest nicht stets Gott vor Augen und im Herzen gehabt. Der Krieg lockert und löst ja so manche Bande, darum darfst du Dich nicht wundern, wenn ich meinen Gedanken Ausdruck gebe, zumal ich in meiner Tätigkeit Veranlassung habe, Beobachtungen aller Art zu machen.«

»Am 7. März« – so berichtete demnächst mein Vater unter dem 11. desselben Monats – »bereitete das Bezirkskomitè den Verwundeten und Rekonvaleszenten in der Kaserne zu Düsseldorf eine nachträgliche Festfeier, wobei die Tätigkeit Deiner lieben Mutter abermals stark in Anspruch genommen war. Das Fest lief aber wenigstens im Mittelhofe der Kaserne, in welchem die Mutter das weibliche Regiment führt, sehr glücklich ab. Die Leute waren überaus vergnügt, namentlich auch die Franzosen. In dem schönstens dekorierten Offizier-Speisesaal war abends grosse Tafel und die allgemeine Heiterkeit steigerte sich bis zu einem improvisierten Ball bei dem unsere Ida und verschiedene junge Fräuleins sich herrlich amüsierten. Es ging aber alles in grösster Ordnung zu und abends 10 Uhr, als die Heiterkeit ihren Gipfel erreicht hatte, wurden die Türen des Festlokals geschlossen und alles zur Ruhe verwiesen, so das keinerlei unangenehme Nachwirkungen zu beklagen gewesen sind. Der Rücktransport der Franzosen hat seit gestern begonnen. Die Leute sind voller Freude, was man ihnen auch nicht verdenken kann.«

In demselben Briefe schrieb Vater: »Hierorts ist man durchaus im Unklaren darüber, ob und eventuell bis wann das 39. Regiment nach Düsseldorf zurückkommt. Einstweilen geschehen aber bereits einleitende Schritte zur Vorbereitung der Einzugsfeier.« An demselben Tage aber, an dem in Düsseldorf die Feier in unserer Kaserne stattfand. Befanden wir uns bereits auf dem Marsche nach unserem Bestimmungsort und mussten später zu unserem nicht geringen Erstaunen hören, dass der Pöbel in Nuits die allein zurückgebliebene Telegraphenabteilung überfallen und auch gegen die reichen Bürger als angebliche Preussenfreunde eine so drohende Haltung angenommen hatte, dass diese selbst zu ihrem Schutz eine preussische Besatzung aus Dijon erbitten mussten.

Nach dem vorläufigen Friedensvertrage sollten bekanntlich einzelne Teile Frankreichs ausserhalb der neuen Grenzen bis zur allmählichen Zahlung der Kriegsentschädigung von deutschen Truppen besetzt gehalten werden und zu diesen Truppen gehörte auch das VII. Armeekorps, dem die Departements Meuse, Vosges und die französisch bleibenden Teile von Meurthe und Moselle zur Okkupation überwiesen waren. Näheres hatte man uns allerdings damals nicht mitgeteilt und als wir Nuits am 7. März verliessen, da wussten wir nur, dass das Regiment über Epinal die Richtung nach dem Departement Meurthe einschlagen solle, und glaubten immer noch an baldige Heimkehr oder mindestens doch baldige Entlassung der Reserven und Reserveoffiziere.

Unter einem neuen Kompagnieführer, dem vornehm zurückhaltenden sonst aber wohlwollenden Premierleutnant von Jess, jetzt Generalmajor z. D. in Freiburg im Breisgau rückte die 4. Kompagnie mit dem ganzen Regiment am 7. März in Dijon ein und hatte dort, wie die Regimentsgeschichte Seite 42 behauptet, nach dem ungewohnten Marsche »die freudige Ueberraschung, vor dem bisherigen Oberbefehlshaber, dem General der Kavallerie Freiherrn von Manteuffel (sprich »Mangtöffell«) in Parade vorbeimarschieren zu dürfen.« Mir ist von dieser Freudigkeit nichts erinnerlich, aber unser Bataillonskommandeur Major Herrmann war jedenfalls sehr übler Laune. Der Fahnenträger Vicefeldwebel Kuhn, der sich während des Feldzugs oft mit geringeren Ehrenbezeugungen hatte begnügen müssen, hielt die Gelegenheit für gekommen, sich wieder wie in Friedenszeiten mit einer ganzen Kompagnie und 6 Offizieren unter den Klängen des König Karl- oder Kärnthner Liedermarsches (meine Lieblingsmärsche) in's Stabsquartier geleiten zu lassen; aber als er den Major an den Erlass der betreffenden Befehle zu erinnern wagte, da fertigte ihn dieser mit den schnöden Worten ab: »Scheren Sie sich weg mit Ihrer alten Stange!« Kuhn war tief geknickt und ich weiss nicht, wie er mit seiner beleidigten Fahne nach hause gekommen ist.

In meinem Quartier hatten die Leute bisher nur Badois' u. Wurttembergeois *(Badener und Württemberger)*, aber noch keine Preussen kennen gelernt und schienen sich von diesen noch die wunderlichsten Vorstellungen zu machen. Das Dienstmädchen fragte mich ganz naiv: »Est-ce que vous êtes prussien, monsieur? Vrai prussien?« *(Sind Sie Preuße, mein Herr? Richtiger Preuße?)* Allmählich aber schien sie doch zu der Ansicht zu gelangen, dass auch die Preussen ganz nette Kerle seien, und Buschmann le petit beau konnte mir bald pflichtschuldigst melden, dass die kleine wütende Patriotin für seine Annäherungsversuche durchaus nicht unempfänglich sei. Leider schieden wir aber von der Hauptstadt des alten Herzogtums Burgund mit einem hässlichen Misston. Ein Soldat der Nr 39 hatte in einem Goldwarengeschäft 3 falsche Banknoten à 25 Taler, sogenannte Vexierscheine oder Vanille- Räuchertaler *(Scherzgeld)* in Zahlung gegeben. Sämtliche Tornister wurden vergeblich durchsucht, das ganze Regiment musste am Denkmal der Jungfrau von Orleans antreten und der Geschäftsinhaber wurde durch die geöffneten Reihen geführt, ohne jedoch den Schuldigen herausfinden zu können. Zum Andenken an Dijon, wo es mir immer weniger gefiel, kaufte ich mir eine Garibaldi-Medaille mit der Inschrift: »Honneur à Garibaldi, Défenseur des libertés europées« *(Zu Ehren von Garibaldi, dem Verteidiger der europäischen Freiheiten)*, und dann haben wir aus einem Briefe des Kameraden, der meine Stelle bei der Präfektur angenommen hatte, nur noch erfahren, dass der Hass der Bevölkerung untereinander und gegen die Besatzung so zunehme, dass der Aufenthalt dort fast unerträglich sei.

In 14 Tagesmärschen ging's nun durch herrliche Gegenden bei meistens schönem Frühlingswetter nach den uns angewiesenen Standquartieren. Am 8. März Quartier in Thil-Châtel, am 9. & 10. in Prauthoy (20 km südlich von Langres), am 11. in Grandchamps, am 13. in Pierre-Faites und am 13. und 14. in Jussey, einem freundlichen Städtchen im Département Haute Saône, wo meiner eine denkwürdige kleine Ueberraschung harrte. Der Maire des Ortes, mit dem ich als Quartiermacher zu verhandeln hatte, führte mich persönlich in mein feines Quartier beim Notar, einem sehr gebildeten und politisch vernünftig denkenden Herren, dessen Gattin sich zur Zeit in ihrer Heimat Pontarlier befand, und als wir nach Tisch gemütlich beim café noir und einem petit Kirsch zusammensassen, da brachte mir die Feldpost ein Paket, enthaltend – eine Flasche 20 jährigen »Kirschegeischt«. So konnten wir sofort eine Gegenprobe machen, wobei der liebenswürdige Franzose natürlich dem deutschen Erzeugnis den Vorzug gab. Der Flasche aber lag folgender Zettel bei:

»Den lieben Herrn Vicefeldwebel Viebig bittet die Jägerei freundlich, sich den kleinen Gruss der Hochburg gut schmecken zu lassen. Die Flasche enthält neben dem einst in Sigmaringen gebrauten Kirschwasser noch eine Menge guter Wünsche. Mit den besten Grüssen Ihre M. Jäger. Hochburg, den 27. Oktober 70.« (Anm. 70)

Die gute Frau Jäger hatte mal etwas von einer Grossherzoglich badischen Felddivision läuten hören, und hatte nun einfach an den Vicefeldwebel Viebig »bei der Königl. Preuss. Felddivision« adressiert. So war die Sendung fast 1/2 Jahr umhergeirrt und es war wunderbar genug, dass sie schliesslich überhaupt noch in meine Hände kam.

Am 15. März Quartier in Vauvillers, am 16. in Chapelle-aux bois, Département des Vosges bei dichtem Schneegestöber, das uns in Gedanken vorübergehend noch einmal in die winterlichen Juraberge zurückversetzte. In der aus zerstreuten Gehöften bestehenden Gemeinde Chapelle waren wir merkwürdigerweise die erste Einquartierung während des ganzen Krieges, und als wir am Abend mittels eines Fläschchens Pomeranzenextrakt *(Extrakt der bitteren Orange)* zum ersten Male wieder eine heimatliche Bowle brauten, da war unsere Bäuerin aus Angst vor Vergiftung nicht eher zu einem Probeschluck zu bewegen, als bis ihr jeder von uns ein ganzes Glas des rätselhaften Gebräues vorgekommen war. Dann allerdings fand sie Geschmack an dem süssen Gift und kaufte sich sogar einen niedlichen kleinen Schwips. Die gute Laune unserer Füsiliere zeigte sich am folgenden Morgen, als wir auf dem Marsche einen kleinen Badeort namens Bains passierten. Die ganze Kompagnie fing an »bäh« zu meckern und noch jetzt nach 40 Jahren musste ich an dieses Gemecker denken, als ich am 10. Februar 1911 im Museumskonzert in Frankfurt a/M. die kühnen Dissonanzen der blökenden Schafe im Don Quixote von Richard Strauss vernahm.

Schon in Jussey hatte ein letzter Nachschub von 269 Rekonvaleszenten und Ersatzmannschaften das Regiment erreicht, darunter auch mein früherer Bursche Breidenbach, und am 17. Kamen wir nach Ueberschreitung der Monts Faucilles in's sonnenbeglänzte Moseltal nach der malerisch gelegenen Stadt Epinal, die mit ihren vielen Kirchen und schönen Anlagen, überragt von den Ruinen eines alten Schlosses, einen prächtigen Anblick gewährte. Freudig begrüssten wir die heimwärts fliesende Mosel, und nachdem ich inzwischen wieder mit Stroh- und Matratzenlagern Bekanntschaft gemacht, schwelgte ich während des Ruhetages auf den weichen Pfühlen eines jeden unergründlichen französischen Paradebetten, in denen man sich selbst beim Erwachen kaum wiederzufinden weiss.

Am 19. März Quartier in Vincey, wo ein bedeutender Handel in Handarbeitsspitzen getrieben wird, und ich für Mutter und Schwester ein paar kleine Proben erstand, die ich meinem nächsten Briefe beilegen konnte. Am 20. Quartier in Blainville aux Miroirs und am 21. Ankunft in Nancy, unserer endgültigen Garnison für den Regimentsstab und die 1., 3. und 4. Kompagnie, während die 2. Kompagnie in Frouard, das 2. und 3. Bataillon in Toul und Pont-â- Mousson Standquartier bezog.

»C'est la ville aux fiers capitaines,
Nancy, qui voyait autrefois
Flotter les bannières hautaines
De ses ducs, plus grands que des rois.«

(Das ist die Stadt der stolzen Feldherrn,
Nancy,die einstmals die hochmütigen Banner
Ihrer Herzöge, größer als die
der Könige, flattern sah)

So lasen wir auf dem »Nouveau guide de l'étranger dans Nancy« *(Neuen Fremdenführer in Nancy)*, aber trotz dieser hochtrabenden Verse wären wir eigentlich lieber nach Toul, – »der Langweilige Puhl« – gegangen, um fern von unserem Oberst Eskens, der noch dazu als Kommandant von Nancy fungierte, ein ungestörteres Dasein zu führen. In der Tat war zunächst von Toul die Rede gewesen und mein Vater sah mich schon im Geiste dort und glaubte mir für die voraussichtliche Mussezeit eine weitere Vervollkommnung in der französischen Sprache durch Uebersetzung deutscher Zeitungen u .s. w. empfehlen zu sollen.

»Recht angenehm ist es, dass ihr noch gerade zu Königsgeburtstag nach Toul kommt. Wir werden Deiner an diesem Tage, wo es hier auch sehr animiert zugehen wird, lebhaft gedenken. In der Kaserne findet am 22. ebenfalls wieder eine Festfeier statt, nun aber ohne Franzosen. Letztere sind heute (am 18. März) nach Wesel spediert *(befördert)*, während die Elsässer direkt nach ihrer Heimat befördert werden. Es bleiben nur noch Schwerverwundete von den Franzosen zurück, welche später per Sanitätszug heimgeschickt werden sollen. Auf den Eisenbahnen geht es fortwährend sehr lebhaft zu, indem Landwehr pp aus Frankreich zurückkehrt, während Transporte von Gefangenen in umgekehrter Richtung sich bewegen. Die Strecke der Eisenbahn von der Neustadt an unserem Hause vorbei bis zum bergischmärkischen Bahnhof ist mit bekränzten Mastbäumen, Wimpeln und Flaggen versiert, während die benachbarten Häuser und öffentlichen Gebäude ihre Fahnen ausgesteckt haben. Für den seinerzeitigen Einzug der rückkehrenden Truppen soll eine Ehrenpforte am Elberfelder Tor erbaut werden.

Gott gebe, dass die Zeit der Demobilmachung erst herangekommen wäre! Lang genug wird sie Dir werden und uns auch.«

Also waren wir nicht in Toul, sondern in dem schönen Nancy, das ja gewiss seine unverkennbaren Vorzüge hatte, uns aber trotz alledem von Anfang bis zu Ende nicht recht warm werden liess. Die Bevölkerung verhielt sich ablehnend und feindselig - einen flegelhaften gamin *(Gassenjunge)*, der uns auf dem Bahnhof anrempeln wollte, habe ich eigenhändig etwas unsanft aus dem Wartesaal auf den Bahnsteig befördert - und gleich das erste entrée in der Stadt war wenig vielversprechend. In meinem Quartier wies mir die Dame des Hauses eine schäbige Kammer auf halber Treppe an, obschon eine ganze Reihe von Prunkgemächern unbenutzt zur Verfügung stand. Für eine Nacht hätte die Bude allenfalls genügt, aber wenn ich auch nicht an 10 Wochen dachte, so musste ich doch mit der Möglichkeit längeren Verweilens rechnen. Daher beklagte ich mich über diese Behandlung, wurde sogar »zum ersten Male grob« und begab mich, als das nichts half, auf das städtische Einquartierungsbüro. Der Bürovorsteher war empört und bestätigte mir, dass die Leute zu den leistungsfähigsten Bürgern der Stadt gehörten. Ich solle nur gehörig auftreten und auf meinen Schein bestehen. Doch ich erklärte, ich sei nicht gewohnt, mich mit einer so streitbaren Dame herumzuzanken und das hatte die Wirkung, dass ich sofort ein anderes, besseres Quartier und zwar wieder mal bei einem Exnotaire bekam.

Das Haus lag am gepflegten Platz der Rennbahn, gegenüber dem kaiserlichen Gerichts-Palast, worin sich zur Zeit ein Lazareth befand, und ich eines Tages den schwererkrankten Leutnant von Tschudi besuchen konnte. Ich bekam ein anständiges Zimmer mit Alkoven im I. Stock mit der Aussicht auf eine Hintergasse, in der sich des Morgens die Bewohnerinnen öffentlicher Häuser in Nachtjacken und Unterröcken am Brunnen zu zeigen pflegten. Aber das war auch alles. Für die Familie, bei der ich wohnte, existierte ich weiter nicht. Ich war ohne Verpflegung einquartiert, für den Morgenkaffee liess man mich selber sorgen und meine Bedienung fiel ausschliesslich dem treuen Buschmann zu, dessen sonstige Künste an diesem schlangenglatten Sonderling wirkungslos abglitten. Der Herr des Hauses gratulierte mir zwar, als er mich zum ersten Male mit dem eisernen Kreuze sah, erkundigte sich auch neugierig bei Buschmann, wo ich gewesen sei, als ich einmal einen Ausflug nach Saint-Nicolas unternommen hatte, und liess sich sogar eines Tages feierlich bei mir melden, um mir einen besseren Verschluss meiner Gelder anzuempfehlen. (Wir bekamen ja seit dem Waffenstillstand eine tägliche Feldzulage von 15 Francs, später allerdings nur noch 5 Fr., und ich hatte in der Tat einen ganzen Haufen Silbertaler in meinem nicht immer verschlossenen Koffer.) Es sei ja sehr schön, dass ich dem Burschen soviel Vertrauen schenken könne, indess würde es ihm doch unangenehm sein, wenn mir etwas abhanden käme und etwa ein Schatten an seinem Hause hängen bliebe. Kurz und höflich. Sonst aber schnitt er mich, wo er konnte, und Frau und Tochter bekam ich niemals zu sehen. Die Tochter huschte, wenn sie mir auf dem Flur nicht ausweichen konnte, schleunigst hinter einen der dort aufgestellten Schränke, und ich kann nicht mal sagen, ob sie hübsch oder hässlich war. Vermutlich nicht hübsch, sonst hätte sie sich nicht versteckt.

Andere Kameraden mögen's ja besser getroffen haben. Ich weiss z. B. von einer jungen Strohwitwe, die sich während der Abwesenheit ihres zu den Fahnen einberufen Gatten durch eine Liebelei mit dem Königl. preussischen Vicefeldwebel Gustav Bayerlein, meinem alten Düsseldorfer Regimentskameraden von 1869 recht angenehm zu trösten wusste. Im allgemein aber war und blieb die Damenwelt und die ganze bessere Gesellschaft überall gleich unnahbar, und nur stark vertretene Demimonde *(Halbwelt)* liess sich – zum Schaden vieler Offiziere – von weniger patriotischen Gefühlen leiten.

Am 22. März, dem ersten Tag nach unserer Ankunft, dem ersten Kaisersgeburtstag im neuen Reich, fand vor dem Gouvernementsgebäude ein evangelischer Feldgottesdienst und dann auf der nahen Place Stanislas die Parade der ganzen, aus Preussen, Sachsen und Bayern bestehenden Besatzung statt. Das Wetter war tadellos und die kunstvollen, reich vergoldeten Gitter des berühmten Platzes mit der fontaine de Neptune *(Neptunbrunnen)* und der fontaine d'Amphitrite *(Brunnen der Meeresgöttin)* gewährten im Sonnenglanz einen wirklich festlichen Hintergrund. Ich selbst war in gehobener Stimmung, weil ich mich an diesem Tage zum ersten Male im Schmucke des mir am 16. Februar gleichzeitig mit meinem Kompagnieführer von Jess verliehenen Kreuzes sehen lassen konnte. »Wenn ich auch, nachdem die Verleihung des Kreuzes so allgemein geworden, weit entfernt bin, eine ganz besondere Auszeichnung darin zu sehen, so hat es mich doch als eine Anerkennung seitens meiner Vorgesetzten sehr gefreut und vor allem wird es mir stets eine schöne Erinnerung an die hinter uns liegende grosse Zeit sein.« So schrieb ich am 23. nach hause, und mein Vater antwortete umgehend: »Deine Zeilen haben mir und der Mutter und nicht minder Deiner Schwester Clara wegen der darin enthaltenen Nachricht über die Dir zuteil gewordene Auszeichnung grosse Freude gemacht. Wir gratulieren dir allesamt von ganzen Herzen. Wenn auch das eiserne Kreuz nicht immer an den rechten Mann gekommen ist, was schon 1813/15 ganz ebenso wie jetzt der Fall gewesen, so bleibt es nichts destoweniger für den, der es wirklich verdient hat, ein herrliches Erinnerungszeichen an eine grosse Zeit, und es wird einmal in Deinen alten Tagen den rechten Wert für Dich erhalten, wenn eine kommende Generation in Dir den Mitkämpfer aus dem grossen glorreichen Nationalkriege erblicken wird, aus welchem Deutschland als gereinigte Grossmacht hervorgegangen, und der unserem Volke die gebührende Stelle in der Reihe der Nationen wiederverschafft hat. In den Reihen der Zivilbeamten dürften übrigens auch schon jetzt die Ritter vom eisernen Kreuz selten genug zu finden sein. – Königsgeburtstag, oder wie es jetzt heisst Kaisersgeburtstag wurde diesmal hier unter noch nie dagewesener Beteiligung der gesamten Bevölkerung gefeiert. Der Tag war ein allgemeiner grosser Feiertag. Man merkte nirgends etwas von der gewohnten Werktagstätigkeit und alle Strassen waren belebt mit sonntäglich geputzten Leuten aus allen Volksklassen.

Die Aprikosenbäume stehen schon seit mehreren Tagen in vollster Blüte und der Hofgarten schimmert über und über von jungem Grün. Es ist als ob die ganze Natur teilnähme an der Friedensfeier und an der Volksfreude, die sich auf allen Gesichtern wiederspiegelt.«

Meine Mutter hatte ich auf Grund einer Zeitungsnachricht schon von Epinal aus auf das in Düsseldorf konzertierende Florentiner Streichquartett (Jean Becker und Genossen) (Anm. 106) aufmerksam gemacht, und nun war der »Jammer gross« und sie konnte es »nicht leicht verschmerzen«, dass sie wider Willen um diesen langgewünschten Genuss gekommen war. »Seit der ganzen Zeit des Krieges habe ich keine Zeitungen oder irgendwelche Annoncen gelesen. – Ausser dem Vater sehe und spreche ich auch niemand und als ich einen Abends aus der Kaserne kommend erfahre, dass Frau Richter dagewesen und gefragt, ob ich nicht in's Konzert gehe, wundre ich mich, wie sie zu der Frage kommen möchte und sage zu Vater, ob er nicht wisse, was für ein Konzert wäre. Sagt dieser ganz naiv zu mir, dass es das Florentiner Quartett sei und er vergessen habe, mir das zu sagen.« Auch die im Malkasten zum besten der Landwehrfrauen gestellten lebenden Bilder hatte die Mutter versäumt, da das Entrée à Person 5 Taler betrug und die Eltern schon genug andere Ausgaben für solche wohltätigen Zwecke hatten. Ausserdem machte sie sich gerade »um Ernst's willen« viel Sorge und Unruhe (Anm. 107) wegen »des Pfarrers Versetzung aus Höpfigheim« gesteht dann aber doch in den demselben Brief vom 23. März, dass sie sich nicht besinnen könne, »jemals einen so schönen Königsgeburtstag erlebt zu haben als den gestrigen.« »Das Wetter war von einer so seltenen Pracht, und Klarheit und sommerlichen Wärme, dass einem das Herz aufgehen musste.

Auch das vergangene Jahr fiel mir wieder ein, besonders da ich diesmal statt Deiner den ganzen Tag in der Kaserne war und dort die Freuden und Leiden mit den Soldaten teilte. Es ist uns gelungen, unsere Kranken, überhaupt das ganze Personal durch splendide Bewirtung zu erfreuen. Freilich bin ich heute sehr müde und hatte gestern dick geschwollene Füsse, doch nehme ich das gern in den Kauf, da ich weiss, die Leute waren froh. Oft muss ich mich über mich selbst wundern, dass ich mich jetzt nach mehr Ruhe sehne, zumal Clara unter meiner Tätigkeit nach aussen doch sehr leidet. Auch sind unsere Verwundeten nachgerade so verwöhnt und anspruchsvoll geworden, dass es an Unannehmlichkeiten aller Art nicht fehlt. Von dem Augenblick, wo wir Landwehrmänner in Pflege bekamen, kehrte ein anderer Geist im Lazareth ein und in der letzten Zeit erhielten wir eine Sorte von Kranken, die uns jedenfalls bald ganz vertreiben wird.«

So also sah es zur Zeit in Düsseldorf aus. Bei uns dagegen hiess es: »Qu y a-t-il à voir à Nancy? Telle est la demande ordinaire de l'étranger arrêté dans notre ancienne capitale lorraine.« *(Was gibt es in Nancy zu sehen? Das ist die übliche Frage von Fremden, die in unserer ehemaligen Lothringer Hauptstadt Halt machen.)* Für mich bestanden die Hauptsehenswürdigkeiten in der äusserst reinigunsbedürftigen »Caserne d'infanterie, composée de trois vastes bâtiments parallèles, limités sur la rue par une très belle grille,« *(Infanteriekaserne, bestehend aus drei ausgedehnten parallelen Gebäuden, zur Straße hin begrenzt durch schönes Gitterwerk)* und in der Place de Grève *(Strandplatz)* am Cours Leopold, wo ich tagtäglich meine Rekruten drillte. Da ausser den Kompagnieführern im ganzen Bataillon kein Linienoffizier *(Offizier der regulären Truppe)* mehr vorhanden war, hatte man mich zum Mitglied der Waffenreparaturkommission und sogar zum Mitglied der Prüfungskommission für die Einjährig-Freiwilligen gemacht, vor allem aber hatte man mir die nachträgliche Ausbildung der von Wesel gekommenen Ersatzmannschaften aufgehalst und der Maréchal Antoine Drouet *(1774 – 1847)* »Der Weise der Grand Armee, Géneral der Artillerie, Gouverneur der Insel Elba, Kommandant der kaiserlichen Garde, Grosskreuz der Ehrenlegion und Reichsgraf«, zu dessen Füssen sich dieses geisttötende Geschäft vollzog, hat gewiss über das preussische Exerzierreglement manchmal sein bronzenes Haupt geschüttelt. Da sah man wohl mal hilfeflehend an dem stattlichen Hause empor, wo die schöne junge Aristokratin stundenlang am Fenster sass; aber sie betrachtete uns natürlich als nicht vorhanden und so musste man sich denn in der Pause mit einer kleinen Stärkung in der nahen Brasserie Biber begnügen. Der Wirt war ein findiger Kopf, er hatte sogar für Würstel mit Kraut gesorgt, und man ging allein schon aus dem Grunde hin, um von der niedlichen Kellnerin mit unnachahmlicher Drôlerie *(Drolligkeit)* das schwere Wort »Szaurkraut« sprechen zu hören.

Die vielen am Orte weilende Generäle pp wollten doch auch unterhalten sein, es fehlte daher nicht an Paraden und Besichtigungen und so hatte man denn in der Tat nicht allzuviel Zeit, um über die unfreiwillige Verlängerung unseres Aufenthalts nachzudenken. Unser Oberst hielt streng auf standesgemässe Toilette. Ein Vertreter der Firma Mohr & Speyer *(bekannte Militäreffektenhandlung)* war bald zur Stelle, durch den ich endlich wieder zu einem neuen Helm gelangte. Auch den kleineren Operngukker, den ich heute noch gern benutze, habe ich damals dort in Nancy gekauft. Ausserdem nahm die Feldpost jetzt wieder Pakete grösseren Umfangs an und man brauchte sich also keinerlei Entbehrungen aufzuerlegen. Ich hatte ja das heidenmässig viele Geld und so bestellte ich mir denn trotz des Abmahnens meines Vaters eine ganze neue Uniform, um bei dem freilich noch viel zu fernen Einzug in Düsseldorf in vollem Glanze erscheinen zu können.

Der Garnisonswachdienst beanspruchte täglich 2 Offiziere, 20 Unteroffiziere und 247 Mann und auch mich traf mitunter das Los, einen Tag auf Wache zuzubringen. Das »Hôtel de ville, qui occupe tout un côté de la place Stanislas« *(Das Rathaus, das eine ganze Seite des Platzes Stanislas einnimmt)*, zeigte über dem Eingangstor das Wappen der Stadt »avec la célèbre devise«: »Non inultus premor, traduite librement par: Qui s'y frotte s'y pique« *(mit der berühmten Devise: Non inultus premor, frei übersetzt mit: Wer sich daran reibt, sticht sich daran)*, und es war doch eigentlich eine köstliche Ironie der Weltgeschichte, dass sich gerade unter dem Schutze dieses Wappens die deutsche Hauptwache und Offizierwachstube befand. Dort pflegten sich die Bekannten des Wachhabenden gegen Abend zum Besuche einzufinden und manche »cannette« *(Fässchen)* des süsslichen lothringischen Bieres wurde dann über die Strasse herübergeholt.

Nach dem Vormittagsdienst frühstückte man irgendwo in einem Restaurant oder ich liess mir häufiger etwas nach hause holen, eine knoblauchgewürzte hure roulée *(gerollter Schweinskopf)* oder was ich sonst etwa in den verlockenden Schaufenstern gesehen hatte. Vormals hatte sich Buschmann, wenn er Eier für mich beschaffen sollte, nur pantomimisch verständlich machen können, indem er sich auf die Erde kauerte und wie ein Huhn zu gackern begann; jetzt aber hatte er sich bereits einen Wortschatz angeeignet, mit dem er sich in den schwierigsten Fällen durchzuhelfen wusste. Um 7 Uhr abends hatten wir 39er unter Leitung eines österreichischen Oberkellners unser gemeinsames Diner im Hotel de commerce, und bei vorgerückterer Jahreszeit arrangierte ich auf allgemeinen Wunsch in einem anderen Hotel einen Mittagstisch nach deutscher Sitte um 1:30 Uhr, der freilich für den Preis eines Talers ziemlich knapp und dürftig ausfiel. An den Abenden schlossen sich zuweilen längere Sitzungen an, dann wurde mancher Flasche Moet Chandon der Hals gebrochen und der gute Premierleutnant Cadenbach, der nie viel vertragen konnte und dann leicht gerührt war, – jetzt lebt er als Oberstleutnant z.D. in Cöln-Lindenthal – musste über den Jammer der Menschheit manche Träne der Wehmut vergiessen. Einmal geriet ich auch mit in ein Nachtcafé, wo die weissbeschürzten Kellner mit den anwesenden Dämchen einen richtigen Cancan tanzten und ich zum erstenmal das originelle Schimpfwort »sale vache« *(dreckige Kuh)* vernahm, als eine der ausgelassenen Koketten ihre tadellosen dessous's nach der Ansicht ihrer Genossinnen etwas allzuhoch in die Höhe hob. Bei einer anderen Gelegenheit war es sogar so spät geworden, dass Premierleutnant Döbler, um in sein Quartier zu gelangen, im Morgengrauen eines der verschlossenen Gittertore am Stanislausplatz überklettern musste. Im allgemeinen aber ging des Abends jeder seinen besonderen Neigungen nach.

Meine Anregung die Regimentsmusik hie und da in einem geeigneten Saale spielen zu lassen, scheiterte an der Weigerung sämtlicher Lokalbesitzer, und bei dem einzigen Konzert, das in dem eleganten Stadttheater zustande kam, blies zwar unser Pistonvirtuose *(Cornettvirtuose)* Karle seine schmelzenndsten Solo's, aber die französische Gesellschaft glänzte durch vollständige Abwesenheit. Ich selbst ging mit einigen Freunden auf's Land hinaus, »car les environs de Nancy sont peut-être encore plus beaux, que la ville même.« *(denn die Umgebung von Nancy ist vielleicht noch reizender, als die Stadt selbst)* In Malzéville und wie die Orte alle hiessen, verzehrte man unter blühenden Bäumen eine mâtelotte *(Fischragout)* oder une petite friture *(kleiner Bratfisch)* von frisch gefischten Fischen, Löwenstein zeigte seine Meisterschaft in der Salatbereitung und an den nötigen Getränken fehlte es ja nirgends. Einmal suchten und fanden wir im Buchenwalde auch die heimatlichen Maikräuter, aber die französischen Weine eignen sich nicht zur Bowle und so kehrte man denn reumütig zu der bewährten Mischung Burgunder und Sekt zurück. Kein Wunder, dass mich eines Tages der kommandierende General von Zastrow auf der Strasse stellte, mir mit zwei Fingern zwischen den zweiten und dritten Knopf fasste und zu mir sagte: »Na, lieber Viebig, Sie platzen ja aus allen Nähten.« Worauf ich: »Zu befehlen, Ew. Excellenz.«

Während der Fastenzeit hatte ich meinen besonderen Spass an den escargots *(Schnecken)* und den Fröschen, die in der Markthalle in unglaublichen Mengen feilgeboten wurden. Jedes Froschweib hatte vor sich drei Wassertonnen, In der ersten griff sie die lebenden Frösche, knipste sie mit einer Schere in der Taille durch, zog ihnen mit grosser Geschicklichkeit das Fell über die Ohren und warf das Vorderteil in die zweite, die nackten Schenkel in die dritte Tonne, wo sie einstweilen munter weiterhupften. Bei dem Diner maigre *(Fastenessen)*, das unser Hotel am Charfreitag den 7. April servierte, fehlten auch die landesüblichen Froschschenkel nicht, sie erschienen sogar in zwei verschiedenen Zubereitungen gebacken und als Ragout, und das muss man ja den französischen Köchen lassen, dass sie aus allem etwas zu machen wissen.

Zuweilen huldigte ich aber auch minder materiellen Genüssen und lauschte voll Andacht den Klängen der grossartigen Orgel in der sonst weniger bemerkenswerten Kathedrale. »Un des plus beaux instruments que la France possède.« *(Eines der schönsten Instrumente, das Frankreich besitzt)* Nur schade, dass sich der treffliche Organist durch seine Virtuosität zu gelegentlichen Tonmalereien verführen liess, die weder für die Orgel noch in die Kirche passten, und z.B. die Auferstehung – oder war es das Pfingstwunder? – mit Blitz und Donner darzustellen suchte. Ausserdem hatte man dort Gelegenheit, bei bestimmten Gottesdiensten, besonders auch den späteren Mai-Andachten die sämtlichen vornehmen Damen der Stadt versammelt zu sehen, von denen dann immer eine mit der Sammelbüchse durch die Kirche ging, um die Opfer der Gläubigen in Empfang zu nehmen. Irgendwie hatten wir in Erfahrung gebracht, wenn meine aristokratische Beauté vom Cours Léopold an die Reihe kam und am betreffenden Tage war ich natürlich mit einigen Kameraden zur Stelle. Wir hatten jeder einen blanken Silbertaler in der Hand, doch »es hat nicht sollen sein.« Unter Vorantritt des rotgekleideten Domschweizers, der mit seinem Stabe auf den Boden stiess, schritt sie würdevoll durch die dichtgedrängten Reihen und reichte nach rechts und links ihre Sammelbüchse; an uns aber ging sie stolz erhobenen Hauptes vorüber, als ob wir nicht vorhanden wären, und wie die begossenen Pudel zogen wir mit unseren verschmähten Talern wieder ab.

Die Ostertage gingen ziemlich spurlos an uns vorüber. Ein Spaziergang in der nahen Pepinière *(Baumschule)*, dem Hofgarten von Nancy und ein Frühlingsstrauss von Wald- und Feldblumen, die ich mir von draussen holte, musste einen vor Heimweh schützen. Clara, die mit No. 1-2 in die 3. Klasse gestiegen war, berichtete, dass sie »viele gekochte Eier, 2 Hasen, 2 Zuckereier und 2 Chokoladeneier« bekommen habe, aber wir sahen den Osterhasen nur in den luxuriösen Schaufenstern sitzen. Gerüchte und Gegengerüchte über Heimkehr und Demobilmachung tauchten auf und nieder und niemand ahnte, dass wir auch Pfingsten, das liebliche Fest noch hier in Nancy feiern würden.

An den Strassenecken waren täglich amtliche Depeschen über die »convulsions« *(Zuckungen)* der Pariser Kommune angeschlagen, die bei den Franzosen ungeheure Sensation, bei uns aber nur ein bedenkliches Schütteln des Kopfes erregten. Man erkennt darunter, – so sagte Thiers (Anm. 84) bei der Schilderung eines unbedeutenden Gefechtes –, »die braven Soldaten von Gravelotte, die einer gegen zweie kämpfend, eine der grössten Schlachten dieses Jahrhunderts geschlagen haben, ohne zu weichen oder ihre Position zu verlassen.« Immer las man nur von grossartigen Siegen und dem »élan admirable« (wunderbare Begeisterung) der Versailler Truppen; aber über die eigentliche Lage der Dinge erfuhr man daraus nichts, und ich war nicht wenig froh, dass ich seit dem 1. April mit einigen Kameraden die Kölnische - Zeitung hielt, die uns über die spannenden Ereignisse gut und regelmässig unterrichte. –

Im übrigen herrschte eine wahre Photographierwut, der auch ich zum Opfer fiel. Bei der grossen Gruppenaufnahme hatte ich aber wieder Pech. Im entscheidenden Augenblick kam ich gerade aus dem Dienst und hatte den Helm auf dem Kopf. Statt dessen wurde mir die schirmlose Feldmütze eines Burschen aufgestülpt und so falle ich im Kreise der Kameraden unangenehm auf. Indessen bleibt dieses Bild, auf dem zwar nicht alle, aber doch viele der obengenannten Kriegsgefährten vereinigt sind, mir doch eine liebe Erinnerung, ohne die ich mich heute nicht mehr so in jenen Kreis hineinversetzen könnte. In der vordersten Reihe sitzen – von links gesehen – die Herren Dr. Mittweg, Herrmann, Eskens, Köppen, von Jess, in der mittleren Reihe sieht man die Leutnants Eltester, Müller (+), ?, Hengstenberg, Fleischhammer, Cadenbach, Fröhlich, und in der hintersten Reihe stehen der obenerwähnte payemaître *(Zahlmeister)*, meine Wenigkeit, die Reserveoffiziere Betzendahl, Witting, Riepe, Mathieu, Dr. Zahn und ?. –

Die dienstältesten Landwehr- und Reserveoffiziere wurden nun allmählich der Reihe nach in die Heimat entlassen und zu diesen Glücklichen gehörte am 15. April auch mein erkrankt gewesener Freund Bäumer. Infolge von Abkommandierungen und Erkrankungen mancher Linienoffiziere blieben schliesslich überhaupt nur noch 2 Secundeleutnants im ganzen Bataillon zurück und Bäumers nie versagenden Humor vermisste ich jetzt umso schmerzlicher, als ich mich in der 4. Kompagnie seit Ostern noch einmal an einen neuen Kompagnieführer, den bis dahin zum Landwehrbataillon Detmold kommandiert gewesenen Premierleutnant Doebler (jetzt Major a. D. zu Baden in der Schweiz) gewöhnen musste. Der sonderbare Schwärmer legte mir keine Schwierigkeiten in den Weg, obschon er immer furchtbar mit den Augen rollte; aber hatte den Feldzug nicht mitgemacht und deshalb kam ich ihm nicht mehr so nahe, wie ich sonst mit meinem nächsten Vorgesetzten zu stehen pflegte.-

Einförmig floss das dienstliche Leben weiter, bis in der zweiten Hälfte Mai die grösseren Truppenübungen auf dem »Champs de Mars« etwas mehr Interesse erregten. Das grossartige Leichenbegräbnis eines jungen, im Kampfe gegen die Aufständigen vor Paris gefallenen französischen Offiziers, die neuen Munizipalwahlen *(Stadtratwahlen)* und im durchaus republikanischem Sinne verliefen, eine hübsche Wagenfahrt nach Marbache, wo wir mit den Regimentskameraden aus Pont- à -Mousson zusammentrafen, und die lebensgefährliche Verwundung eines Füsiliers aus meinem Zuge durch einen Füsilier der 1. Kompagnie, der mit dem Messer einem anderen aufgelauert und ihn mit jenem Unschuldigen verwechselt hatte, sorgten für einige Abwechslung. Aber die Zeit der grossen geschichtlichen Ereignisse begann allmählich im Sande zu verrinnen, und als ich jetzt erst erfuhr, dass Rudolph Spies bei St. Quentin einen leichten Streifschuss am Kopfe erhalten hatte, und als mir ein Kamerad der seinen in Thionville stehenden Bruder besuchte, einen Gruss von Monsieur Bertrand aus Châtaeu Bétange überbrachte, der sich sogar noch an die Namen seiner ehemaligen Novembergäste erinnerte, da klang es mir schon wie eine späte Kunde aus einer guten alten Zeit, die niemals wiederkehrt. Ich freute mich ein heimatliches Gesicht zu sehen, wenn mir auf der Strasse der Regierungsbaumeister Sebaldt aus Trier, der spätere Konstantinopolitaner begegnete, und ich freute mich insonderheit, wenn ich aus Briefen aus der Heimat entnehmen durfte, dass unser bescheidener Anteil an jenen grossen Tagen dort noch nicht vergessen war. –

Mein Freund Richter, seit Ostern Garnisonsprediger zu Mainz, glaubte aus meinem letzten Briefe »manche kurze, aber drastische Schlaglichter aus dem Einzelleben« erfahren zu haben, »weil sie keine Zeitung und kein offizieller Berichterstatter entwerfen kann.« »Gerade Ihr habt doch etwas riesiges in diesem ganzen Feldzuge mitgemacht, und zwar das weniger Erbauliche und Erhebende, wenn ich an das Belagern der 4 Festungen denke, dann die Streifzüge hinauf an die belgische, dann in solcher Winterkälte wieder hinab bis an die schweizerische Grenze, Garibaldi und Bourbaki nebst ihrem beiderseitigen Soldatengemengsel und Gesindel! Wahrlich, wer das alles bestand, der hat einen Schatz für's Leben.« –

Und dann der gute Pfarrer! »Mein lieber Herr Leutnant! Gratulor intimo ex amino zum Offiziersrang. Noch mehr zum eisernen Kreuz und am meisten zu von Gott so gnädig erhaltener guter Gesundheit. Es ist mir nicht erinnerlich, dass mir schon seit langer Zeit eine grössere Freude wäre zuteil geworden als Ihr eben an uns gekommener Brief. Ich sende denselben heute auch Ihren werten Eltern zu mit der Bitte um Zurücksendung an mich und um Einschluss dieser Antwort an Sie. Täglich haben wir an Sie gedacht. Täglich haben wir von Ihnen geredet. Ich hatte in meinem Studierzimmer mein besonderes Plätzchen, an dem ich täglich zu Gott für Sie gebetet habe. Nun der treue Gott hat ja alles, gar alles erhört und alles zum besten gelenkt. Deo gratia in aeternum! Ihre werten Eltern hatten die Freundlichkeit uns stets über Sie zu benachrichtigen, und alle die guten Nachrichten haben mich fast zum trinkenden Pastor gemacht; jedesmal nach eingelaufener guter Nachricht abends ein Schöpplein extra. Ein Schöpplein extra ist eben halt Schwabenart. –

Sie gönnen sich doch nach Haus gekommen eine Erholung. Darf ich Ihnen nicht auf etliche Wochen das Pfarrhaus in Entringen zum stillen erholenden Aufenthalt empfehlen« Champagner u.s.w. und feine Genüsse, die Kost betreffend, könnte ich Ihnen nicht bieten. Allein den Tag über Ausflüge, und haben Sie sich wieder an unsere Weine gewöhnt, trinken wir abends miteinander unseren Schwabenwein u. bildeten Ihre aufmerksamsten Zuhörer, begierig lauschend Ihren Erzählungen. –

Ob Ernst wohl die Ereignisse in ihrer ganzen Tragweite aufgefasst hat, fragen Sie. Leider muss ich nein sagen. Sie werden Ihren Bruder Ernst sehr verändert finden, an Körper und Geist. Ein kolossaler Mann, dessen Aeusseres es aber schon giebt, dass seine Geisteskräfte abnehmen. Man kann nichts mit ihm tun, als ihn angenehm leicht beschäftigen und ihm den Rest seines Lebens versüssen. Alle Augenblicke nimmt die Krankheit andere Formen an, was ihm früher schadete, ist ihm heute nützlich u.s.f. Ich habe schon Aerzte aller Art gefragt. Jeder sagte, es sei da gar nichts zu machen; einen Arzt haben u.s.w. sei total nutzlos. Daher bin ich Ernst's Stubenbursche, guter Freund, Arzt, Uhrenaufzieher, sein factotum, sein Bedienter im Bett und wir zwei Beide gehören so unzertrennlich zusammen wie in jenem Soldatenlied der Mantel und sein Soldat, dass nur der Tod des einen oder anderen uns trennt. Sie haben uns durch Ihr Bild eine namenlose Freude gemacht. Allein 1.) ist kaum eine Freude vollkommen und 2.) kennen Sie mich in solchen Dingen längst als einen unbescheidenen Menschen, Was soll das alles heissen? Ich erkläre es. Mein Louis hat neustens ein Photogr. Alb. Er liess nicht nach, er weinte endlich bis ich es zugab, er hat Ihr Bild in seinem Album. Es kommt Ihnen auf ein Exemplar nicht an. Darf ich unbescheidener Mensch nicht um ein anderes Exemplar für uns mit Gelegenheit bitten, sonst ist unsere Freude gestört. –

Ja, Ja, der Eintritt in's elterliche Haus ist freilich ein Freudenfest. Wie freudig wird namentlich das mütterliche Auge den herrlichen Sohn betrachten! Ich wollte nur heimlich zu einer Türspalte hineinsehen können.

Sie von uns allen bestens grüssend Ihr dankbarer Pf. Holzbaur. Höpfigheim, den 8. April 1871.«

Zum Schluss noch ein Brief, der in mir besonders freundliche Erinnerungen weckt. –

»Heidelberg den 10. April 1871. Lieber Freund! Ich weiss nicht, ob der Brief, den ich jetzt schreibe, das gleiche Schicksal hat wie zwei vorhergegangene, nicht in Ihre Hände zu gelangen, oder ob er Sie erreichen wird, will jedoch das letztere hoffen., da ich ja von Herrn Zeiler Ihre genaue Adresse erfahren habe. Ich sage Ihnen den herzlichsten Dank für Ihre jedenfalls wohlgelungene Photographie und gratuliere zugleich zu der ehrenvollen Auszeichnung des eisernen Kreuzes und dem Titel des Herrn Leutnants. Hoffentlich werden Sie sich bei dem Nachhause-Marsch als solcher in Heidelberg in höchst eigener Person produzieren und mir dann Ihre Erlaubnisse in dieser schweren, traurigen Zeit mündlich mitteilen. Ich dachte sehr oft an die lieben Bekannten und Freunde, die für das Vaterland und uns alle ihr Leben und ihre Gesundheit preisgaben, und dass ich dann sicher nicht zuletzt an Sie dachte, dürfen Sie überzeugt sein. Mein herzlicher Wunsch, dass Sie sicher und wohlbehalten aus allen Kämpfen zurückkehren möchten, wurde noch übertroffen, denn Sie kamen ja ausser diesem noch mit dem schönsten Ehrenzeichen geschmückt, das ein Soldat nur haben kann, und können nun auch froh sich sagen: Ich habe meine Pflicht wirklich getan. –

In der ersten Zeit der Aufregung, wo alles sich voll Begeisterung in den Kampf stürzte, wünschte ich auch mitziehen und etwas für das Vaterland tun zu können, doch bald bedachte ich mich besser und bewaffnete mich mit Kochlöffel und sonstigen Küchengerätschaften und zog damit in die Barackenküche, um für die armen Verwundeten zu kochen, und bin heutigen Tages noch daselbst beschäftigt. Meine Schwester, die mit mehr Courage die Leiden und Wunden der Soldaten sehen kann ist seit fast 9 Monaten bei der Krankenpflege und so tut eben jeder was es kann, um auch sein Scherflein der Dankbarkeit beizutragen. –

Es ist wahrlich gut für mich gewesen, die Leiden zu sehen, ich habe vieles gelernt dabei und nun die ernsteste Seite des menschlichen Lebens kennen gelernt.« –

Es folgen Grüsse von Mina Bossbach, von Kätchen und Anna Wachter, Erzählungen über die Heidelberger Friedensfeier, einige bittere Bemerkungen über den obenerwähnten Dr. Köhler und dann der einfache Schluss mit dem Ausdruck der Hoffnung, »dass mein Brief Sie so gesund antrifft, als Sie auf Ihrem Bilde aussehen.« »Die herzlichsten Grüsse von meiner ganzen Familie, besonders aber von Ihrer aufrichtigen Freundin Therese Krausmann.«

Die neue Photographie, von der leider kein Stück in meinem Besitz geblieben ist, fand sogar den ungeteilten Beifall meiner Mutter, die am 30. April ihre Tätigkeit in der zum Empfang der Truppen herzurichtenden Kaserne beendigte. »Göring's«, so schrieb mein Vater, »haben sich kürzlich in Honnef angekauft und wollen dort eine Villa erbauen, die sie später zu bewohnen gedenken. Die Mutter ist durch die Lazarethtätigkeit mit Frau Göring in nähere Beziehung gekommen und verkehrt ziemlich viel mit ihr; Clara ist dort im Hause ganz heimisch und ebenso die kleine Elisabeth bei uns. Die Familie ist sehr gut und brav, aber es sind doch Leute von ganz eigentümlicher Art. Der Reichtum ist offenbar eine grosse Last für sie, der sie nicht gewachsen sind. –

Am 2. Mai war die Oberin der Nonnen in Begleitung von fünf anderen Ordensschwestern in unserem Hause, um bei der Mutter feierlichen Abschiedsbesuch zu machen. Gegenbesuch im Kloster darf natürlich nicht unterbleiben. Im ganzen waren während des Krieges und bis jetzt gegen 10.000 Kranke und Verwundete im grossen Reservelazareth hierselbst aufgenommen. Eine Menge kleiner Lazarethe bestanden ausserdem und bestehen zum Teil noch. Die Mittel welche der hiesige Regierungsbezirk für Zwecke der freiwilligen Krankenpflege bis jetzt aufgebracht hat, sind enorm. Allein die Kreiskommunalverbände hatten kraft gesetzlicher Verpflichtung über 500000 Taler für Landwehrfamilien aufzubringen, haben aber in Wirklichkeit über das doppelte freiwillig geleistet. Einzelne Private, wie z.B. Krupp in Essen haben für Lazarethe und ähnliches viele Tausende von Talern hergegeben. Es ist jetzt kein kleines Stück Arbeit, all diese verdienstlichen Leistungen zusammenzustellen und angemessene Belohnungen und Anerkenntnisse zu erwirken.« –

Bald aber lauteten die Nachrichten aus dem Elternhause nicht mehr so erfreulich. Der Vater fühlte sich, teils infolge einer unvermeidlichen Erkältung wochenlang recht unwohl und plante mit Frau und Tochter eine gemeinsame Kur in Rippoldsau. Der Regierungspräsident von Kühlwetter war zwar aus Strassburg zurückgekehrt, hatte aber infolge seiner Ernennung zum Oberpräsident der Provinz Westfalen die Düsseldorfer Geschäfte nicht wieder übernommen und einen Nachfolger einstweilen noch nicht erhalten, sodass der Vater den gewünschten fünfwöchigen Urlaub erst vom 6. Juli ab beantragen konnte. Auch die Mutter war von ihrer Arbeit erschöpft und abgemagert, ausserdem aber auch merklich verstimmt und unbefriedigt, zwar hatten die Höpfigheimer ihren Umzug glücklich bewerkstelligt, Ernst war auf der Fahrt sogar »überglücklich« und die Nachwirkungen der Reise machten sich erst später durch vorübergehende Anfälle bemerklich. Aber nun machte sich die Mutter übertriebene Sorgen über Clara's Gesundheitszustand. Alle Mitteilungen über meine baldige Heimkehr nahm sie mit ungläubigen Pessimismus auf, und schon fürchtete sie, dass ich an der Feier ihrer silbernen Hochzeit am 9. Juli nicht würde persönlich teilnehmen können. Ich redete ihr zu, sich mit Fräulein Fuxius wenigstens einen Tag des Kölner Musikfestes zu gönnen. Die Wahl des Händel'schen Oratoriums Josua schien mir besonders zeitgemäss. –

»Seht, er kommt mit Sieg gekrönt,
Schallt Drommeten, Cympeln tönt.
Auf zum Fest! Die Siegerkron
Und Triumphlied sei ihm Lohn.«

Aber sie konnte sich nicht entschliessen und klagte statt dessen am 15. Mai, dass meine Briefe, sonst ihre »einzige Erheiterung und Zerstreuung« in letzter Zeit »auffallend seltener« geworden seien. Sie erblickte darin »kein günstiges Zeichen« und fürchtete sehr, »dass Kneipen ist in neuerer Zeit stark in Aufnahme gekommen.« Tatsächlich hatte ich wie immer jede Woche geschrieben und nur einmal hatte sich ein Brief verlaufen, der dann mit dem folgenden zusammen in Düsseldorf eintraf. Ich wehrte mich natürlich gegen diese Vorwürfe, sah aber doch immer mehr ein, dass meine baldige Heimkehr auch im Interesse meiner Eltern dringend zu wünschen war. –

Am 14. Mai hatte mir der Divisionsadjutant eine Depesche mitgeteilt, wonach mit dem Abmarsch des VII. Armeekorps binnen 14 Tagen zu rechnen war, und bei der nachmittäglichen Gartenmusik ging diese freudige Nachricht wie ein Lauffeuer von Mund zu Mund. Aber kaum war unser Abmarsch auf Dienstag den 23. festgesetzt und vorbereitet, als er am 18. Bis auf weiteres wieder aufgeschoben wurde. Es verbreitete sich das Gerücht, dass wir zunächst noch die Einnahme von Paris durch Mac-Mahon würden abwarten müssen, und mein Vater teilte diese Vermutung. Wir richteten uns also wohl oder übel von neuen auf längeres Verweilen ein, und gleich am 18. hatte ich eine Begegnung, von der ich zum Schluss auch mal wieder einen besseren Eindruck von der vielgerühmten Liebenswürdigkeit der Franzosen mit nach hause nahm. Bei einem grösseren Spaziergang geriet ich in einen durch herrliche Aussicht ausgezeichneten Garten und fand dort in dem Besitzer des betreffenden Landhauses einen alten Herrn mit dem roten Bändchen im Knopfloch, der sich im Gegensatz zu den seit dem 21. März gemachten Erfahrungen in der freundlichsten Weise mit mir und meinen Begleitern unterhielt. Es war ein Pariser – »malheureusement«, wie er sagte – der vor 14 Tagen Hab und Gut unter dem Schutze des amerikanischen Gesandten zurückgelassen hatte, mit seiner Familie unter Benutzung falscher Pässe geflohen war und in St. Denis die Weiterhilfe preussischer

Offiziere gesucht und dankbar empfunden hatte. Sein Sohn war früher russischer Prinzenerzieher gewesen und er stellte uns auch seine beiden Enkel, einen prächtigen Jungen Alexander und ein hellblondes Mädchen Olga in Clara's Alter, vor, bei denen das russische Kaiserpaar Pate gestanden hatte. Er erzählte uns, welch gewaltigen Respekt man in Paris vor einer etwaigen Intervention des Mons. de Bismarck hatte, und dann schieden wir als die besten Freunde. –

Am Sonntag den 21. Mai unternahm ich mit einigen Bekannten einen Ausflug nach den Schlachtfeldern des 18. August und berichtete darüber demnächst folgendes nach Hause. »Wir fuhren morgens 5 Uhr von hier nach Metz und dann direkt nach Amanvillers, St. Privat, St. Marie aux Chênes, Gravelotte. Mit Generalstabskarte und Feldglas versehen habe ich einen ziemlichen Ueberblick über die ganze Schlacht gewonnen. Zunächst fesseln freilich die Aufmerksamkeit die wahrhaft zahllosen Gräber. Bei St. Privat und Gravelotte besonders sieht man, soweit das Auge reicht, die Felder mit den weissen Kreuzen übersät. Es macht einen traurigen Eindruck und ist doch eben bei der furchtbaren Masse nicht anders möglich, dass auf den Kreuzen kein Name, nicht einmal die Anzahl oder der Truppenteil angegeben ist; es heisst einfach: »Gefallen am 18. August 1870.« Nur auf den Offiziersgräbern u. auch da wohl nicht auf allen stehen die Namen. Sonst ist aber für die Instandsetzung der Gräber alles mögliche geschehen; in den Dörfern sind überall Pionierkommando's stationiert, die die Hügel mit Rasen bekleiden und mit lebenden Hecken umgeben. In den Dörfern, namentlich in St. Privat und St. Marie sieht es noch recht traurig und öde fast schauerlich einsam aus. Nur einzelne Menschen und Tiere sieht man, vielfach sind noch die Schiessscharten in den Häusern oder kahle Mauern ragen in die Luft. Moscou, Leipzig, St. Hubert u.s.w. liegen noch vollständig als Schutthaufen da. Nur Gravelotte ist ziemlich vollständig bewohnt; es kommen eben täglich viele Fremde hin, sodass sich sogar bereits ein ganz guter Gasthof etabliert hat. Die nächste Umgebung von Gravelotte war natürlich für uns der bei weitem interessanteste Teil; wir kannten Schritt für Schritt unsere eigenen damaligen Wege und Stellungen und konnten die Punkte verfolgen, wo unsere Kameraden gefallen sind. So steht mir jetzt unvergesslich die ganze Situation vor Augen. –

Im Kirchhof von Gravelotte fand ich das Grab des Hauptmanns Denhard vom 29. Regiment mit einem frischen Immergrünkranz geschmückt. Daneben Unteroffizier Landfermann aus Coblenz vom selben Regiment. Welch eigentümliches Zusammentreffen, dass uns bei der Rückkehr ins Dorf ein alter Herr mit einer jungen Dame in tiefer Trauer anredete, indem er uns für 29er hielt, und ich sowie Leutnant Müller, der in Coblenz zu hause ist, sofort den alten Schulrat Landfermann erkannte. –

Auf dem Rückwege nach Metz erkletterten wir auch im Schweisse unseres Angesichts den St. Quentin und sahen uns durch die grossartigste, zugleich landschaftlich herrliche Aussicht auf das ganze einstmalige Zernierungsgebiet belohnt. Es ist ausserordentlich interessant, sich aus dem Gewirr von Dörfern die bekannten Punkte herauszusuchen und dabei die überstandenen Strapazen in der Erinnerung aufzufrischen. –

Gegen 6 Uhr abends nach Metz zurückgekehrt, machten wir noch einen kurzen Besuch in der Kathedrale und dann auf der Esplanade, wo es ungeheuer lebendig herging. Bei der preussischen Militärmusik sitzen die eleganten Damen unter den herrlichen Bäumen und scheinen es schon natürlich zu finden,, dass die preussischen und bayerischen Offiziere dazwischen promenieren. Nach dem flüchtigen Eindruck zu urteilen, hat sich Metz entschieden darin geändert, dass wenigstens ein äusseres Einvernehmen zwischen der Bevölkerung und dem Militär zu herrschen scheint. –

Wie man eben auf der Esplanade alles trifft, so traf ich auch Frau Offermann und Herrn Daniel. Erstere sah bedeutend besser aus wie bei meinem damaligen Besuche, sie zieht nächstens nach Forbach und lässt vielmals grüssen. Herrn Daniel's Aussehen hat mich im entgegengesetzten Sinne überrascht, er hat gealtert und sieht mager und etwas eingefallen aus, so dass die gewaltige rote Nase noch mehr hervortritt. Er sprach davon sich nächstens seine Familie kommen zu lassen. Auch von ihm viele Grüsse.«

Am folgenden Tage, den 22. Mai kamen in Nancy die ersten Depeschen über die blutigen Kämpfe an, die zur endgültigen Niederwerfung der in den letzten Zügen liegenden Kommune führen sollten (Anm. 108). Auf dem Bahnhof wurden bereits 22 flüchtige Communards verhaftet, und dichte Menschenmassen standen auf weitere Nachrichten wartend, bis in die Nacht auf den Strassen. Für uns knüpften sich neue Hoffnungen an diese entscheidenden Ereignisse und diesmal sollten sie uns nicht mehr täuschen. Am 26. Mai konnte ich nach hause schreiben, dass der Rückmarsch der 14. Division in's Vaterland begonnen und unsere Artillerie-Abteilung uns bereits am Morgen dieses Tages verlassen habe. Bei Veuve Lévy-Jonas, Rue des Dominicains Nr. 20, fabrique de broderies, lingerie et dentelles *(Fabrik für Stickereien, Wäsche und Spitzen)* kaufte ich für Clara eine breite schottische Seidenschärpe und ein gelbes, weiss gesticktes Piquékleid, das später noch in zweiter veränderter Auflage meinem Sohne Werner als Tragekleidchen diente. Auch für meine Mutter erstand ich einige Kleinigkeiten, darunter das schottische Nadelschächtelchen, das sich jetzt noch im Besitze meiner Frau befindet, und dann stand dem Abmarsch auch meinerseits nichts mehr im Wege. Am 1. Juni marschierte unser 3. Bataillon und am 2. Juni um 4 Uhr früh verliess ich Nancy, um dem am 3. Juni marschierenden 1. Bataillon als Fourieroffizier (*Quartiermeister*) voranzugehen. –

Noch einmal habe ich Nancy wiedergesehen, als ich während meiner letzten Uebung im Jahr 1883 von Metz aus mit einigen Kameraden ohne Urlaub den streng verbotenen Ausflug dorthin unternahm; aber viel Freude habe ich nicht davon gehabt. Die Stadt war noch ebenso schön und das französische Militär passte viel besser hinein wie wir, aber die Bevölkerung war noch ebenso feindselig und abweisend wie anno dazumal und an unseren sonnverbrannten Gesichtern und dergleichen wurden wir überall sofort als preussische Offiziere erkannt.

Der Bahnhofvorsteher redete uns gleich in deutscher Sprache an und warnte uns vor längerem Aufenthalt. In dem wohlbekannten café Stanislas machten uns in der Tat die bösen Blicke und stichelnden Redensarten den Aufenthalt bald so ungemütlich, dass wir es doch für geraten hielten, der ungastlichen Stadt baldmöglichst für immer den Rücken zu kehren, und auf der Rückfahrt mussten wir uns noch von einem angeheiterten citoyen *(Bürger)* anöden lassen, der fortwährend französische Vaterlandslieder voll anzüglicher Bemerkungen sang und erst bei der Einfahrt in die deutsche Grenzstation (Novéant) plötzlich verstummte.

»C'est la ville des fiers capitaines.«

(*Das ist die Stadt der stolzen Heerführer.*)

Heimkehr und Nachklang.

Der ganze Rückmarsch war das reinste Vergnügen. Die Tagesmärsche waren lang und die Sonne brannte heiss, aber es ging ja nach Hause und ich war mein eigener Herr und konnte tun und lassen, was ich wollte. Die Kompagnie-Equipage *(Fuhrwerk)* hatte ich bei mir, und wenn ich Lust hatte, setzte ich mich vorne hinein und die fröhlich singenden Fouriere legten ihre Tornister hinten drauf. Nur einmal sollte ich noch die hässliche Einrichtung erfahren, dass bei den Rosen gleich die Dornen stehn. Nachdem ich am 2. Juni in Chambrey, Moncel und Pettencourt Quartier gemacht, kam ich am 3. über Château Salins nach Baronville, Achain und Bellange. In Baronville wurde mir durch einen bayerischen Doppelposten der Eintritt verwehrt, da im Ort die Pocken herrschten. Kurz entschlossen belegte ich statt dessen das etwas abseits gelegene Dorf Marthille und ging am folgenden Morgen meinem Bataillon entgegen um es gleich auf die richtige Fährte zu setzen. Major Herrmann aber, statt mich für meine Umsicht und Fürsorge zu belobigen, schimpfte wie ein Rohrspatz und tat ungefähr so, als ob ich aus persönlicher Bosheit dafür gesorgt hätte, dass nun ein Teil des Bataillons etwas weiter marschieren musste. Ich kannte ja meinen Major und machte mir daher nicht viel daraus. Das Schimpfen war ihm Bedürfnis und war so böse nicht gemeint. Er lebte zuletzt in Kreuznach als Oberstleutnant a. D. und ist jetzt wohl längst zur grossen Armee versammelt. Er ruhe in Frieden! –

Am 4. Juni gings bei Faulquemont vorbei nach Maxstadt, Barst und Bidingen, und am 5. schrieb ich die letzten Zeilen nach hause. »Soeben habe ich mit meinem kleinen Kommando in Emmersweiler, unter grünen Triumphbogen durch, von der ganzen Bevölkerung in wahrhaft rührender Weise begrüsst, die alte deutsche Grenze überschritten. Es drängt mich in diesem festlichen Augenblick Euch noch meine herzlichsten Grüsse vorauszusenden. Ich gebe diese Zeilen in Völklingen zur Post, gehe morgen nach Dillingen und Pachten und fahre übermorgen mit dem 3. Bataillon vom Fraulautern ab. Auf Wiedersehn also am Donnerstag!« –

In Dillingen war ich mit dem Divisionskommandeur beim Direktor der damals schon bedeutenden und später durch ihre Panzerplatten berühmt gewordenen Hüttenwerke einquartiert. Ich bekam bei Tisch einen Ehrenplatz zwischen der Tochter des Hauses und Excellenz von Senden, wir wurden festlich bewirtet und in einem Toast des Direktors Schäfer (?) *(Carl-Daniel Schaeffner Direktor von 1857 – 1883)* als Helden gefeiert. Am 7. Juni besah ich mir noch die nicht vorhandenen Sehenswürdigkeiten der Feste Saarlouis - vom Marktplatz sieht man zu allen vier Toren hinaus - und fuhr dann programmmässig mit dem 3. Bataillon über Trier und die während des Krieges fertiggestellte Eifelbahn (Anm. 109) gen Düsseldorf, wo wir nach 22 stündiger Fahrt am 8. Juni um 11:30 Uhr vormittags auf dem Bahnhof Obercassel landeten.

Die Empfangs- und Einzugsfeierlichkeiten übergehe ich. Wer sich dafür interessiert, kann sie auf Seite 429 – 430 der Regimentsgeschichte nachlesen. In der Annahme, dass wir auf dem Bergisch-Märkischen Bahnhof ankommen würden, hatte man die Königsallee besonders festlich hergerichtet, aber die ganze Stadt war eine via triumphalis und der Jubel des Volkes war schöner als Flaggenschmuck und Ehrenpforten. Von den Meinigen war niemand sichtbar. Wenigstens Clara hätte sich doch eigentlich den feierlichen Einzug ansehen sollen, aber sie hatte sich, glaube ich, den Magen verdorben und lag daheim im Bett. Nur mein Freund und Kollege Alex Francken erwartete mich auf dem Marktplatz und äusserte seine Freude in wahrhaft überschwänglicher Weise. Der sonst so kalt verstandsmässige und oft sarkastische Jurist war ganz verschönert und verwandelt und ich habe selten wieder so etwas von ungeheuchelter Freude und Begeisterung gesehen. Bald trennte ich mich von dem mir fremden Bataillon und eilte nach dem Schwanenmarkt, wo Mutter seit dem ersten Glokkenleuten voll Bewegung meiner harrte. Aber merkwürdig! Hier hat mein Gedächtnis auf einmal ein grosses Loch. So genau ich mich noch des Abschieds erinnere, so wenig weiss ich von der Wiederkehr in's Elternhaus. Es ist mir ja manches entschwunden, selbst meine Notizen sind mir nicht mehr alle verständlich und sogar auf einzelne Tatsachen, die in meinen Briefen berichtet sind, kann ich mich nicht mehr besinnen. Aber dass ich von dem Empfang zu hause nichts mehr weiss, das ist denn doch ein starkes Stück. Und dennoch ist es so. Ich weiss nur noch, dass ich zu hause war und dass am folgenden Morgen die Nachbarskinder zur Begrüssung kamen, dass eines derselben ein von Frau Steuerrätin Kretschmar gemachtes Gedicht aufsagte und das mir Henriette Göring, inzwischen zu einem stattlichen Backfisch herangeblüht, hochrot vor Verlegenheit den obligaten Lorbeerkranz überreichte.

Bald nach der Ankunft hatten mich die unvermeidlichen Fouriergeschäfte in Anspruch genommen und nun rüstete ich mich zur Audienz bei Seiner Königlichen Hoheit dem Fürsten Carl Anton von Hohenzollern, dem Militärgouverneur der Rheinprovinz, dem ich am 10. Juni 4:30 Uhr morgens bevorstehende Ankunft des Regimentsstbs und 1. Bataillons zu melden hatte. Im Jägerhof empfing mich der Kammerherr Baron von Maercken (*Gottfried Freiherr von Maercken zu Geerath, 1808 – 1886)*, der Vater unseres späteren Freundes Leo von Maercken in Coblenz und geleitete mich in die inneren Gemächer, wo sich der Fürst, in Uniform auf einen Stock gestützt und mit der anderen Hand eine Tischkante berührend, freundlich aber kurz empfing. Ich hatte eigentlich erwartet, dass er bei Nennung meines Namens sich meiner Eltern erinnern und sich nach diesen erkundigen würde. War er es doch gewesen, der unter dem 26. Februar 1871 im Auftrage Ihrer Majestät der Kaiserin und Königin mit schmeichelhaften Worten meiner Mutter die obenerwähnte Brosche hatte übersenden lassen. Aber der hohe Herr, stellte keinerlei persönliche, sondern nur einige das Regiment betreffende Fragen und fixierte dabei mit seinen stechenden Augen fortwährend den Helm in meiner linken, als ob er auf dem Adler das Kreuz des Reserveoffiziere suchen wolle. Er schien nicht recht zu wissen, wo er mich hintun sollte, und ehe ich mich's versah, war ich wieder draussen. –

Am Mittag des 10. Juni fand im Verbindungssaal der städtischen Tonhalle, während die Mannschaften im Garten bewirtet wurden, für uns Offiziere ein Festmahl statt, und die Hauptmerkwürdigkeit bestand darin, dass die Speisenfolge zum ersten Male unter ängstlicher Vermeidung jedes französischen Wortes zusammengestellt war. Ausserdem lag neben jedem Gedeck das folgende, nach der Melodie von Stöckhardt's Ulanenlied zu singende Gedicht mit der Ueberschrift »zum Empfang«. –

»Der Kampf ist aus, es ist vollbracht,
Geschlagen manche blut'ge Schlacht:
Erst Spicherns Höh'
Dann Jura's Schnee,
Von Metz bis Mézières,
Ein Weg voll Ruhm und Ehre.

Ihr Söhne aus dem Eisenland,
Ihr Tapfren von des Rheines Strand,
Wohl focht Ihr aus
Glorreichen Strauss,
Voran in Preussens Heere
Den Weg voll Ruhm und Ehre.

Im Heimatland nun seid begrüsst,
Von Braut und Mutter seid geküsst.
Hoch wackre Schaar!
Hoch Preussens Aar!
Er führte Deutschlands Heere
Den Weg voll Ruhm und Ehre!«

Der Dichter dieses Liedes aber war kein ander als – Herr Oberregierungsrat Viebig. (Anm. 110)

Am 11. Juni begann die Demobilmachung des Regiments, das während des Krieges die Hälfte seiner Offiziere und fast den dritten Teil der Mannschaften (Bl. 432 der Regimentsgeschichte) verloren hatte. Die Reservisten wurden entlassen und auch ich kehrte an diesem Tage in's bürgerliche Leben zurück. Der treue Buschmann sass unter der Traueresche in unserem Gärtchen und heulte wie ein Schlosshund, und als meine Mutter ihn fragte, warum er denn so traurig sei, da schluchzte er: »Weil mein Leutnant fortgeht. Jetzt ist alles aus!« –

Am 22. Juli 1871 erhielt ich aus Werden (Ruhr) folgenden Brief:

»Wertgeschätzter Herr Viebig! Sie werden sich wahrscheinlich wundern, dass Sie endlich mal einen Brief von mir bekommen. Mein langes Stillschweigen werden Sie hoffentlich nicht für Ungut nehmen, da die Schuld gewiss nicht an mir liegt. Meine Entschuldigung wird Ihnen indessen davon überzeugt machen. Ich bin nämlich schon am 3. diesen Monats 6 Tage beurlaubt worden, und Sie können sich wohl vorstellen dass, wenn man zu hause ist an schreiben nicht denkt. Als ich dann wieder kam aus Urlaub, konnte ich nicht schreiben, eben aus dem Grunde, dass ich nicht wusste, ob Sie noch in Düsseldorf seien oder nicht. Denn als ich noch in Düsseldorf war und Sie häufig besuchte war Ihre wertsten Mutter, ich möchte sagen schon beschäftigt gewesen, um am 6. im Bade zu fahren. Endlich ist es mir nach ein langes hin und her forschen gelungen benachrichtigt zu werden, dass Sie wertester Herr Lieutnant sich noch zu hause befänden. Deshalb unterlasse ich es auch nicht Ihnen direkt zu schreiben. Denn ich sehe es nicht als eine Pflicht, sondern als eine besondere Schuldigkeit an, Ihnen zu benachrichtigen wie es mir hier geht. Gesund und Munter am 30. Juni vormittags 11:30 Uhr hier in Werden angekommen. Müde wie ein Hund, Füsse weh, Beine versagten bald ihren Dienst. Ein Tag mit Verpflegung im Quartier, schönes Quartier im Gasthof von Unterharnscheidt. Andern Morgens umquartiert bei einem Fräulein mit Namens Anger. Werden ist ein hübsches Städtchen, Gegend ganz romantisch. trotzdem Langweilt mir sehr. Aber doch noch immer gesund wie früher. Hoffentlich werde ich Ihnen mit diesen Brief vorläufig zufriedengestellt haben. Beste Grüsse an Ihren wertsten Vater, Mutter u. der kleinen Clara. Mit aller Hochachtung verbleibe ich Ihr Füsilier J. Buschmann.«

Im Frühjahr 1877 hat Buschmann meine Eltern noch einmal in Düsseldorf besucht und dann habe ich von der treuen Seele nichts mehr gehört. –

Bei meiner Abmeldung rückte Oberst Eskens mit seinen Wünschen in Bezug auf meine Person heraus. Er wollte mich zum gänzlichen Uebertritt zu seinem Regiment bereden und direkt zu seinem Adjutanten machen. Ich habe vielleicht einen Augenblick geschwankt, aber auch nur einen Augenblick, und nachdem ich auch noch mit meinem Vater darüber gesprochen, war die Sache vollends entschieden. Zum Kommissdienst im Frieden, zum Avancement (*Beförderung*) in der sogenannten Ochsentour fühlte ich mich nicht berufen, und weiter hätte ich es mit meinen bürgerlichen Anschauungen voraussichtlich nicht gebracht. Mein Gönner Eskens räumte bald das Feld und wer weiss wie seinem Nachfolger meine Nase gefallen hätte. Am 11. Juni 1871 wurde Eskens in den Adelsstand erhoben und am 22. Februar 1873 unter Versetzung in's Kriegsministerium zum Chef der wie für ihn geschaffenen Abteilung für die Bekleidungs- und Ausrüstungsangelegenheiten ernannt. Am 29. Februar wurde ihm der Rang als Brigade-Kommandeur verliehen und am 10. April 1874 ist er bereits gestorben. –

Kaum hatte ich die bunte Jacke ausgezogen, da begann sich der Zusammenhang mit dem Regiment mehr oder weniger zu lockern, und die bekannte Scheidewand zwischen Linie (*stehendes Heer*) und Reserve trat wieder in die Erscheinung. Noch einmal versammelte ich die nächsten Freunde zum Abschied um den runden Tisch des Elternhauses und dann fiel auch dieser Kreis auseinander wie der wohlschmeckende Pudding, über dessen Haltlosigkeit sich meine Mutter gar nicht trösten konnte. Selbst meinen lieben Freund Müller habe ich in den letzten Wochen vor seinem tragischen Ende kaum noch zu Gesicht bekommen, und als ich im Jahre 1874 beim Regiment eine Uebung machte, da war man sich bereits so fremd geworden, als ob es nie ein Jahr 1870/71 gegeben und man nie auf einer Streu zusammen geschlafen hätte. –

Der zum Kaiser Alexander-Regiment versetzte Unterarzt Dr. Zahn, der sich schwer an den »Hundedienst und Gotteslohn« im Berliner Lazareth gewöhnen konnte, schrieb mir einmal von dort, wie sehr er sich freuen würde ein Lebenszeichen von mir zu empfangen oder mich einmal wiederzusehen. »Sie waren einer von den wenigen des Regiments, von denen ich überzeugt bin, dass Sie eine freundschaftliche Gesinnung gegen mich hegten und bewahren werden.« Der gute Paymaître schrieb nach vielen Jahren, ob ich wohl noch die Namen aller Beteiligten des Gruppenbildes von Nancy wisse. Löwenstein habe ich während meiner Kölner Assessorenzeit zuweilen dort gesehen und in der Wolkenburg (Anm. 111) noch einmal singen hören. Aber dann schwiegen auch diese drei Getreuen und nur das Chassepot, vom »7e Reg. De Drag.«, das in der Ecke meines Zimmers steht und mir in ungeladenem Zustand das Haus bewacht, erinnert mich täglich an Zeit und Ort, woher es stammt. –

Unter dem 30. August 1871 wurde meiner Mutter »in Anerkennung der freiwilligen Leistungen bei der Pflege Verwundeter u. Kranker während des siegreichen Feldzuges 1870 – 1871« von Seiner Majestät dem König das »Verdienstkreuz für Frauen und Jungfrauen« und demnächst auch die »Kriegsdenkmünze von Stahl am Nicht-Combattanten-Bande« verliehen. Auch meine spätere Schwiegermutter erhielt dieselben Dekorationen, während mein Schwiegervater Göring mit dem »Königlichen Kronenorden vierter Klasse am weissen sechsmal schwarzgestreiften Bande mit rotem Vorstoss und dem Abzeichen für freiwillige Krankenpflege« ausgezeichnet wurde. Meinem Vater wurde in Anerkennung seiner Mühewaltung bei der Vertretung des Regierungspräsidenten unter dem 24. September 1871 (seinem Geburtstag) eine ausserordentliche Remuneration (*Nachzahlung*) von 300 Taler und unter dem 20. Februar 1872 eine weitere Remuneration von 200 Talern bewilligt. (Vom 1. April

1872 ab erhielt er in Veranlassung der allgemeinen Erhöhung der Beamtenbesoldung eine Gehaltszulage von 200 Taler) –

Am 6. August 1871 fand auf dem Roten Berge bei Spichern an der Stelle, wo die erste französische Batterie ihr Feuer gegen uns eröffnet hatte, in Gegenwart von 12 Offizieren und Mannschaften des Regiments die feierliche Grundsteinlegung des Denkmals statt, das wir Offiziere »zum ehrenden Andenken an die in dem Feldzuge gegen Frankreich 1870/71 gefallenen und an ihren Wunden gestorbenen Offiziere und Mannschaften« zu errichten beschlossen hatten. Auch ich hatte dazu im März einen Fridrichs d'Or (*goldenes Friedrichsstück*) und noch kleine Gehaltsabzüge beigesteuert. Am Vorabend des Gedenktages 1872 wurde das Denkmal durch Hauptmann Neitzke von seinem Erbauer übernommen und der Obhut der Stadt Saarbrücken übergeben. Ich selbst habe im Herbst 1874 als Assessor in Saarbrücken mehr als einmal sinnend davorgestanden. Leider fand ich es damals schon von bösen Buben beschädigt und musste dem Regimentsadjutanten schreiben, dass es bereits reparaturbedürftig sei. –

Am 25. September 1871 erhielt ich aus Hamm in Westfalen folgenden Brief:

»Motto: Murmel, Murmel, Murmeltier!
Murmeltier, Murmeltier!
Murmel, Murmel, Murmeltier!
Murmel, Murmeltier!

Lieber Murmel! Wenn Du bei Durchlesung vorstehender Silben Dich vielleicht einiger nicht gerade sehr kriegerischen Episoden aus verflossenem gewaltigen Heldenkriege erinnerst, so freut mich das! Wenn Du aber sogar in Gedanken eine gewisse Melodie mitbrummst, oder, bei Deinem herrlichen Organ kann man ja auch wohl singen sagen, mitsingst, dann Murmel lass Dich umarmen, der alles beleckende Geist des edlen Beamtentums ist noch nicht in Dich hineingefahren. Du bist noch kein Philister, dann möchte ich Dir zurufen: »Komm lass uns ›eine‹ trinken, eine des edelsten Nasses, das aber noch immer nicht edel genug wäre für unsere edlen Kehlen!« Ja, Murmel, so gehts in der Welt; sagt neulich eine alte Grosstante von mir, ja sie hat recht, so geht's in der Welt« Das macht mich manchmal ganz traurig und melancholisch, dass es so und nicht anders in der Welt geht. Warum muss es denn gerade so in der Welt gehen?! Ich sehe das gar nicht ein! - Wenn Du Dich vielleicht erinnerst, so habe ich Dir zuweilen von einem wunderbaren Blümchen erzählt, so lieb und traut, das für mich daheim blühte, das Blümchen hab' ich wiedergefunden, ich habe zu ihm gesprochen viel tausend, tausend Worte der Liebe und Sehnsucht und es hat sie alle verstanden und genickt mit dem Köpfchen! Murmel, das war zu nett, das war wunderbarschön, das ist aber noch so schön, so hirnverrückend, dass ich mich jetzt zwingen muss zu schreiben und nicht die Hand auf den Kopf zu stützen und an's Lieb zu denken. In meinen Garten habe ich mir das traute Liebchen oder Blümchen noch nicht versetzen dürfen, – Ich bin ja noch nichts, und habe nichts. Deshalb taceas! *(schweig still)* Für dieses mein Blümchen hätte ich nun gern eine Photographie von mir aus dem Felde, lieber Murmel, da möchte ich Dich recht sehr bitten, mir die von Nancy zu schicken. Du sollst sofort umgehend am nächsten Sonntag eine andere von mir »als Mensch« wiederhaben. Murmel tue mir den Gefallen!« (*Brief von Viebigs Freund Bäumer*) –

Als ich im September 1874 das Korpsmanöver in Westfalen mitmachte, da rückten wir eines Tages mit klingendem Spiele in Dorsten ein. Und wer stand da an der Strasse? Der Herr Kreisrichter Bäumer, soeben aus der Sitzung kommend, im alten Sitzungsfrack mit hellen Hosen in hohen Stiefeln, und einem gelben Strohhut auf seinem roten Kopf. Das gab ein feuchtfröhliches Wiedersehn! Auf der Tafel des Gasthofes stand ein gebratenes Spanferkel mit einer Citrone im Maul und dazu wurde aus Biergläsern – Sekt getrunken, sodass ich nachher an meinem Rockärmel die Spuren einer frischgestrichenen Wand nach hause trug. Am 2. Februrar 1885 schrieb er mir als Amtsrichter in Dortmund und Vater von 4 Kindern einen Brief, indem er mich auf einmal siezte: »Mich treibt die Sehnsucht nach dem Rhein,« so schrieb er, und erkundigte sich nach den Verhältnissen in Coblenz, wo er sich um eine Richterstelle bewerben wollte. Später tauchte er auch einmal in einer Strafkammersitzung in Coblenz auf, und dann habe ich ihn nicht mehr gesehen, sondern nur noch die Verlobungsanzeige seiner Tochter gelesen. Als Landgerichtsrat und Präsident des Fassvereins (Anm. 112), oder richtiger als Präsident des Fassvereins und Landgerichtsrat in Dortmund genoss er eine gewisse Berühmtheit, hat aber dort wohl auch den Grund zu seinem vorzeitigen Ende gelegt. Als am 6. August 1895 das 25 jährige Jubiläum des Krieges und der Schlacht bei Spichern gefeiert wurde, da weilte er als Zuckerkranker in Neuenahr und nach einigen Jahren las ich die Anzeige seines Todes in der Zeitung. –

Besagte Jubelfeier, an der ich von Bonn aus teil nahm, war überhaupt in mancher Beziehung enttäuschend. Mein alter Regimentskamerad Oberstleutnant a. D. Augustus Bothe, der Gatte meiner Duzfreundin Alice Weismüller, der während des Krieges bis Ende Oktober 1870 beim Ersatzbataillon und dann bei der 9. Kompagnie gestanden hatte, nahm sich zwar liebend meiner an und wir taten beim Festmahl einen kräftigen deutschen Männertrunk, aber die richtigen Kriegsgefährten fehlten. Von denen, die mir am nächsten gestanden, war fast niemand mehr da, und nur der ehemalige Payemâitre und der Reserveleutnant Riepe, jetzt Direktor einer grossen Spinnerei zu Reichenberg in Böhmen, zeigten wirklich Freude mich wiederzusehen. Noch einmal grüssten wir Veteranen die alten zerschossenen Fahnen (oder waren es schon die neuen?) und hatten die Ehre, auf unserem alten Exerzierplatz das Regiment mit dem übenden Landwehrbataillon in Parade an uns vorübermarschieren zu sehen, die Landwehrleute schön und ruhig, die Füsiliere stramm aber unschön, wie ich den preussischen Parademarsch mit den unnatürlich ausgereckten Beinen allemal finde. Der Musikdirigent Kohn hatte einen Marsch »Erinnerung an Spichern« komponiert, und Speisezettel und Musikprogramm, die noch heute in meiner alten Mappe liegen, waren mit künstlerischen Federzeichnungen, insbesondere einer lebendigen Darstellung des Spicherer Waldgefechts geschmückt. Der Divisionskommandeur Generalleutnant von Funck *(Richard von Funck, 1841 – 1906),* jetzt Chef des Militärbildungswesens hielt eine schneidig sein sollende Rede, aber er redete rein miltärisch ohne jede persönliche Anteilnahme, und die Stimmung, die mir vorschwebte, wollte so recht nicht kommen. Ich hätte namens der Reserve- und Landwehroffiziere auch gern ein paar Worte gesprochen, aber so wie man nach der Rangliste sass, so wurde auch nach der Rangliste geredet; ich behielt meine Rede für mich und fuhr noch am selben Abend nach hause zurück. –

Am 20. Juli 1912 habe ich in Wiesbaden meinen alten Freund Excellenz Eltester besucht und wiedergesehen. Zum 6. August sandte er mir einen kameradschaftlichen Gruss und wir haben im halben Ernst verabredet, im Jahre 1918 das 100 jährige Stiftungsfest des Regiments 39 in Düsseldorf zu feiern. Aber wer wird dann, und wer wird bei der fünfzigsten Wiederkehr des Spicherer Gedenktages am 6. August 1920 noch unter den feiernden sein? Ich wage die Frage nicht auszudenken. (*Viebig selbst starb bereits 1919*) –

Meine Erzählung ist hier zu Ende, und wer es etwa ausgehalten hat mir bis hierhin zu folgen, der wird erleichtert aufatmen, dass der schwatzhafte Alte jetzt endlich fertig ist. Ich weiss wohl, dass ich diesen Lebensabschnitt viel zu breit und ausführlich angelegt und ausgesponnen und mich in eine Menge von Kleinigkeiten verloren habe, für die sich andere Menschen unmöglich interessieren können, aber wer es weiss, wie sehr ich an diesen Erinnerungen hänge, oder wer es zwischen den Zeilen herausfühlen kann, mit welcher Liebe ich diese Erinnerungen für mich gesammelt und niedergeschrieben habe, der wird es mir vielleicht verzeihen. –

Für mich war es jedenfalls eine der schönsten Errungenschaften, dass meine Mutter sich im Jahre 1901 noch einmal meine Kriegsbriefe schicken und durch ihren Schwiegersohn (Anm. 113) vorlesen liess; und auf die Gefahr, für eitel und eingebildet gehalten zu werden, kann ich mir's nicht versagen, zum Schluss die Worte hier wiederzugeben, die sie mit mütterlicher Uebertreibung damals am 21. März 1901 an mich schrieb: »Du glaubst nicht, welche Freude und Genuss mir dieselben gewähren. Die ganze grosse erhebende Zeit mit all ihren Schrecken und grossartigen Eindrücken tritt wieder lebendig vor meine Seele. Aber nicht die kriegerischen Ereignisse allein sind es, die mich ergreifen, vor allem ist es das, was Du in dieselben hineinträgst, Deine Anschauungen und Empfindungen, und in diesen begegne ich so vieler Liebe und so grosser Bescheidenheit und Dankbarkeit, dass ich es Dir sagen muss, wie sehr beglückt ich darüber bin und wie ich mich freue, einen so lieben und braven Sohn zu haben. Das wusste ich freilich immer, aber von neuem ist die ganze Vergangenheit an mir vorübergezogen. Du hinterlässt Deinem Sohn in diesen Briefen einen Schatz, den er gewiss hoch in Ehren halten wird und aus denen er manches lernen kann.« *(Werner Ernst Viebig, 1887 – 1916, gefallen)*

Seitdem haben sich freilich die Zeiten und wir in ihnen wesentlich geändert. Der furchtbare Ernst jener Tage ist mehr in den Hintergrund getreten, und oft genug habe ich in den am Rhein verlebten Jahren bei fröhlichen Gelagen gedankenlos miteingestimmt wenn die Kölschen nach der Melodie »Strömt herbei ihr Völkerscharen« ihren nationalen Kriegsgesang zum besten gaben:

»De Franzose lat se komme
He an unsre dütsche Rhing
Mit dä Pfeife mit dä Tromme
Hei dann sallen se ens sinn!
Sure Wing mer ihne jewwe,
Dat se all kapott dran jonn,
Un die dat noh üwerlewwe
Einzel vor die Schnüss mer schlonn.«

In Cassel hat mich später mein Nachbar Rochell in den sogenannten Feldzugabend eingeführt, eine Gesellschaft alter Excellencen und anderer Feldzugsteilnehmer, die sich zur Pflege der gemeinsamen Feldzugserinnerungen monatlich einmal zu versammeln pflegten. Indessen vom Feldzug wurde bei diesen Zusammenkünften kaum noch gesprochen und ich erinnere mich nur an einen einzigen Abend, an dem der Geheime Justizrat Köhler seine Erlebnisse in der französischen Gefangenschaft erzählte, in die er als schwerverwundeter Kriegsfreiwilliger nach rühmlichen Taten geraten war. –

Am 19. November 1910 schrieb mir Herr Franz Weissmüller aus Frankfurt a/M., er habe jetzt seine Feldzugsbriefe und Aufzeichnungen nach längeren Jahren mal wieder durchgekramt. »Die Dinge muten mich an wie im Märchen«, so fügte er hinzu, »und doch sind sie wirklich passiert.« Und ähnlich ist's auch mir ergangen. Jetzt während ich meine eigenen Jugendbriefe nach Jahrzehnten wieder und wieder las, da sind auch in mir die gewaltigen Eindrücke von 1870/71 wieder aufgewacht und ernste Gedanken sind mir dabei durch Kopf und Herz gezogen. Jetzt bin ich nicht mehr so kriegerisch, ein kränklicher, vor der Zeit ermüdeter Greis, und mehr als einmal habe ich bei der Niederschrift meiner Kriegserlebnisse mit Tränen der Rührung kämpfen müssen. Manch ein Kriegerdenkmal habe ich in Laufe der Zeit gesehen, fast lauter Kunst- und stimmungslose Machwerke des landesüblichen Hurrapatriotismus. Nur eines spricht zu meinem Herzen und das ist der löwenbewachte sterbende Jüngling im botanischen Garten zu Düsseldorf, mit der schlichten Marmorinschrift:

»Ruhm ward den Siegern genug
Und Jauchzen und grünender Lorbeer,
Tränen, von Müttern geweint,
Schufen dies steinerne Bild.«

Heute am 10. Mai 1911, an dem ich diese letzten Worte niederschreibe, heute am 40. Jahrestage des Frankfurter Friedensschlusses, heute bin ich mit meiner Frau zum Kornblumentag in Frankfurt a/M. gewesen (Anm. 114). Still und unbekannt bin ich durch die festlich gestimmte Menge geschlichen, vergeblich habe ich am Gasthof zum Schwan in das historische Friedenszimmer vorzudringen versucht, mein Scherflein für die notleidenden Kriegsveteranen habe ich beigesteuert und nun schliesse ich mit dem von Moritz Schäfer *(* 1868, Redakteur des »Frankfurter Generalanzeiger«)* zu diesem Tage gedichteten Veteranengruss:

»Kornblumentag! Des Festes Glocken grüssen,
Mit Blüten winkt der Mai verheissungsvoll,
Und huld'gend legen wir zu Euren Füssen,
Ihr Veteranen, uns'res Dankes Zoll!

Wisst Ihr es noch, wie eure Herzen glühten,
Als zu den Waffen rief der Flammenschein?
Es rauscht der Aar, in Erz stand Nord und Süden,
Und wie ein Sturm erbraust' die Wacht am Rhein.

Wisst Ihr es noch, wie Ihr aus Erz gegossen
Die Kaiserkrone für den Heldengreis?
Auf fremdem Feld, wo Euer Blut geflossen,
Entkeimt' aus deutscher Saat des Friedens Reis.

Wir wanden Lorbeer um die Siegeszeichen,
Wir streuten Palmen unter Euren Fuss,
Den Helm bekränzten wir mit deutschen Eichen
Und banden Tannenkränze Euch zum Gruss.

Im Aehrenfeld, umrauscht von deutschen Fahnen,
Das früchteschwer im Frieden reift und schwillt,
Sprosst auf zum Licht die Fülle der Cyanen
Als Euer deutschen Treue schlichtes Bild!

Dass deutsches Korn, vom Feinde unzertreten,
Auf deutscher Flur im Frieden keimt und reift,
Dass sich erfüllt' des Herzens brünstig Beten,
Dass uns kein Dämon in die Pflugschar greift,

Dass alle Völker grüssen unsre Fahnen,
Vom Rhein zum Niemen strahlt der Siegeskranz,
Das danken wir Euch wack'ren Veteranen,
In gold'nen Kornes blauen Blütenkranz.

In Treue fest! Der Schwur sei Euch gehalten!
So wir Ihr selbst zu uns'rem Heil bereit,
Sei heute unser Denken, Tun und Walten,
Im Zeichen schlichter Blüte Euch geweiht!

Fest sah'n wir Euch und treu im Felde stehen,
Ihr führtet uns durch Nacht empor zum Licht!
Nun lass den Heroldsruf für uns ergehen,
Kornblumentag, und sammle uns zur Pflicht!«

Anmerkungen

1. Kanzler von Holleben:
   Ernst von Holleben (1815–1908) Oberprokurator (Oberstaatsanwalt) in Trier; er und seine Frau zählten zu dem Freundeskreis des Oberregierungsrates Viebig in Trier; sie nahmen mit Mitgliedern des gehobenen Bürgertums an einem »Lesekränzchen« teil, das Viebig ins Leben gerufen hatte. Dort wurden regelmäßig die Klassiker, Shakespeare und Szenen rezitiert, die Viebig verfasst hatte. Ferdinand Viebig hat als Jugendlicher daran teilgenommen und im Band I seiner Erinnerungen darüber berichtet.
2. Schwester Klara:
   Die Schriftstellerin Clara Viebig (geb. 1860 in Trier; 1868–1882 Düsseldorf; 1883–1952 Berlin, beerdigt in Düsseldorf), 1910 zur Zeit der Niederschrift der Erinnerungen war sie eine der bekanntesten deutschen Autorinnen mit hoher Auflage und zahlreichen Übersetzungen. In ihren Romanen, Erzählungen und Theaterstücken schilderte sie gekonnt Schicksale und Charaktere aus der Eifel, dem Rheinland (Düsseldorf), Berlin und Posen, ihren »vier Heimaten«.
   Ferdinand erwähnt sie oft mit Stolz und Zuneigung in seinen Erinnerungen, vor allen Dingen mit ihren Briefen und ihren Werken. Es ist nicht festzustellen, warum er ihren Namen oft mit K statt C schrieb, möglicherweise zur Unterscheidung zum Vornamen der Mutter, die ebenfalls Clara hieß.
3. Einjährig-Freiwilliger (EF):
   war ein Wehrpflichtiger mit höherer Schulbildung (Obersekundareife), der nach freiwilliger Meldung seinen Wehrdienst (Präsenzzeit) ableistete und in einem Truppenteil seiner Wahl diente. Nach Ableistung der Grundausbildung konnte er Offizier der Reserve werden. Damit hatte Viebig seine Wehrpflicht abgeleistet.
4. 4. Kompanie, Niederrheinisches Füsilier-Regiment Nr. 39:
   Das Niederrheinische Füsilier-Regiment Nr. 39 war ein Infanterieverband der Preußischen Armee, zusammengestellt 1818

durch König Friedrich Wilhelm III. Regimentsstandort: Düsseldorf. Füsiliere und Musketiere waren Infanteristen. Die alten Bezeichnungen wurden aus Traditionsgründen beibehalten.

5. Der erste Affe:
Wegen der Fellbespannung wurde der Militärrucksack (Tornister) auch als Affe bezeichnet.

6. Fürst Karl Anton von Hohenzollern:
(1811–1885) Ferdinand Viebigs Vater, Ernst Viebig, (1810–1881) war von 1852–1856 preußischer Regierungsrat unter Fürst Karl Anton von Hohenzollern in Sigmaringen. Ernst Viebig war vor seiner Versetzung von Posen nach Sigmaringen auch Abgeordneter der Deutschen Nationalversammlung 1848/49 in Frankfurt. Von Hohenzollern-Sigmaringen, das seit 1849 zu Preußen gehörte, ging 1870 der blutige Krieg aus, der zur deutschen Einheit führte. Fürst Karl Antons Sohn, Erbprinz Leopold von Hohenzollern-Sigmaringen (1835–1905), war eine »Schachfigur der großen Politik«. Seine Kandidatur im Juli 1870 für den spanischen Königsthron, von Bismarck (1815–1898) gefördert, von Napoleon III. (1808–1873) abgelehnt, führte zum Streit zwischen Preußen und Frankreich. Wegen der französischen Drohungen verzichtete Karl Anton im Namen seines Sohnes Leopold, der im Urlaub nicht erreichbar war, auf die Kandidatur. Das bestätigte König Wilhelm I. (1797–1888) dem franz. Botschafter während seiner Kur in Bad Ems mündlich. Wilhelm informierte auch Bismarck in einer moderaten Depesche über das Ergebnis dieses Gesprächs. Dieser verschärfte den eher harmlosen Inhalt der königlichen Depesche und ließ sie veröffentlichen, eine preußische Ohrfeige für Frankreich und für Napoleon III. der Grund für eine sofortige Kriegserklärung im Juli 1870.

7. Auf der fernen Wacht:
»Die Nachtschildwacht« von Wilhelm Hauff (1802–1827):
»Steh' ich in finst'rer Mitternacht
So einsam auf der stillen Wacht ...«

8. <u>Schwiegertochter Hedde:</u>
   Ferdinands Sohn Werner (1887–1916) heiratete am 8. Juni 1907 Hedde (Hedwig) Göring (1886 Kettwig – 1976) die Tochter von Carl Eduard Göring (1848–1929). Sie war die Schwester des Generalreferenten im NS-Wirtschaftsministerium Herbert Göring (1889–1945) der sich in der NS-Zeit für Clara Viebig, die Schwägerin seiner Großcousine Henriette Viebig (Ferdinands Frau) eingesetzt hat, nicht sein Cousin, Hermann Göring, wie es in der Fachliteratur und bei den Viebig-Freunden immer wieder fälschlich behauptet wird. Hedde und Werner Viebigs Sohn Jost-Bernd (1909–1956) erhielt die Lebenserinnerungen seines Großvaters Ferdinand. Nach Jost-Bernds frühem Tod gingen sie in den Besitz des Urenkels Bernd Viebig (1939–1994) über. Dessen Frau Irene Viebig übergab die Lebenserinnerungen 2014 an die Herausgeber.
9. <u>Regiments-Kommandeur Wilhelm von Woyna:</u>
   Wilhelm von Woyna, (1819 Trier – 1896 Bonn). Seit 1865 Kommandeur des Niederrheinischen Füsilier-Regiments Nr. 39 bis Juli 1870, danach Generalmajor der 28. Infanterie-Brigade im VII. Armeekorps.
10. <u>Knöpfe bekommen:</u>
   In der preußischen Armee gab es die sogenannten Gefreitenknöpfe, häufig mit dem Wappen der Einheit. Sie waren sichtbares Zeichen dafür, dass ein Soldat zum 1. Mal befördert worden war. Viebig hat am 1. April 1870 mit dem Qualifikationstest zum Reserveoffizier die »Knöpfe bekommen«.
11. <u>Kommissstiefel:</u>
   lat. commissum, etwas zur Lieferung in Mengen in Auftrag Gegebenes, im übertragenen Sinne und im Volksmund steht Kommiss allgemein für Militär. Kommiss bezeichnet aber auch alles, was Soldaten vom Dienstherrn zur Verfügung gestellt wird, z. B. Kommissstiefel, Kommissbrot, Kommissrock, aber auch negativ: der Kommisskopf für eine bestimmte Geisteshaltung.

12. Zungenreden:
    Glossolalie – Sprachengebet: Darunter versteht man unverständliches Sprechen, insbesondere im Gebet; siehe Neues Testament »Pfingstwunder« als Gnadengabe des Hl. Geistes. Symbol Feurige Zungen. Die heutige Pfingstbewegung sieht in der Zungenrede eine Gebetsform, die die besondere Unmittelbarkeit des Betens zu Gott betont. (u. a. aus Wikipedia)
13. »Die Wacht am Rhein«:
    Roman von Clara Viebig, Die Hauptperson Josefine, kehrt 1870/71 nach Düsseldorf zurück, um in der Kaserne, die als Lazarett umfunktioniert ist, verwundete Soldaten zu pflegen. Sie beschreibt hier die Rolle ihrer Mutter, die auch die Verwundeten in der Kaserne aufopferungsvoll gepflegt hat. Als der Sohn im Roman zum Kriegsdienst einberufen wird, schmückt sie ihn mit der schönsten Rose im Garten. *»Komm her, Peterken! Mein Jung', laß dich noch ens schmücken.« Und er beugte das Knie und ließ sich die Rose an den Helm stecken.* Clara Viebig beschrieb diese Szene von der Verabschiedung ihres Bruders Ferdinand in der autobiographischen Skizze: »Meine Kindheit im alten Düsseldorf« aus Christel Aretz (Hrsg.) Clara Viebig: Mein Leben 1860–1952«, Hontheim 2002, S. 172
14. Pfarrer Spieß:
    Pfarrer in Stolberg bei Aachen, Sohn des Trierer Pfarrers und Oberkonsistorialrats Spieß (1804–1882) Im Bd. I seiner Erinnerungen schreibt Ferdinand: *Mein Intimus war Rudolph Spiess, der jüngste Sohn des Pfarrers und Consistorialrats Spiess, der mich am 13. April 1862 in der Trierer Basilika konfirmiert und von dem in Düsseldorf auch meine spätere Schwiegermutter* (Charlotte Göring, geb. Stein, 1826–1913) konfirmiert wurde. Pfarrer Spieß taufte auch Ferdinands Schwester Clara am 16. August 1860. Im Bd. I, beschreibt Viebig ihn als einen herzensguten Mann, *dessen endlose Predigten stets … Beifall fanden, ihn selbst aber immer zu Tränen rührten.*

15. Marode:
In den »Tagebuch-Aufzeichnungen aus dem Feldzuge 1870«, Bielefeld 1896, S. 10 schreibt Pfarrer Friedrich von Bodelschwingh (1831–1910) die schlimmen Eilmärsche der 13. Division durch die Eifel von Kall nach Trier und Saarbrücken in die Schlacht bei Spichern, oft bis zu 50 km am Tag mit 60 Pfund Gepäck im Affen: *Hunderte lagen zum Tode matt auf der Straße. Dies Marschieren in der Hitze mit vollem Gepäck und ganz wunden Füßen ist für viele ein Kampf auf Tod und Leben. Bei einem Regiment blieben an einem Tage vier tot liegen.*

16. Das »Kreuz im Venn«:
Erstausgabe 1908 des Romans. »*Mit großer Menschenkenntnis schildert Clara Viebig Schicksale und Charaktere der Bewohner des Venn, einer herben Moorlandschaft in der Nordeifel*«, so empfiehlt der Ullstein-Verlag die Ausgabe des Buches 1993. Ein Höhepunkt ist die Darstellung der Echternacher Springprozession.

17. Quartier zu Manderfeld:
Der Bau des Krankenhauses, der Hl. Elisabeth geweiht, begann 1908. Clara Viebig spendete den Erlös ihrer Novelle »Auf dem Rosengarten« zu Gunsten des sich im Bau befindlichen Krankenhauses. Einweihung 1909. Mit dem »Vaterlandswechsel« 1920 (Manderfeld wird belgisch) fand ein Nutzungswechsel statt als Heil- und Pflegeanstalt, später Lazarett und Altersheim. Heute dient es als Unterkunft für Asylbewerber. In Manderfeld gibt es auch eine Clara-Viebig-Grundschule.

18. Regimentskommandeur Oberst Eskens:
(1819–1874). Er war von 1870–1873 Kommandeur des Niederrheinischen Füsilier-Regiments Nr. 39.

19. Freund Limbourg:
Sein Trierer Schulkamerad Limbourg – er nennt nie den Vornamen – und späterer Kommilitone in Bonn und Heidelberg stammt aus Bitburg; Kreisrichter in Essen, wo er später auch starb.

20. Helenenberg:
Ehemaliges Kreuz-Herrenkloster am Schnittpunkt alter Pilgerwege, auf halber Strecke zwischen Trier und Bitburg an der B 51, heute Ortsteil von Welschbillig, 1747 barocke Wallfahrtskirche. Der gesamte Komplex wurde 1802 säkularisiert und 1805 an die wohlhabende Familie Limbourg verkauft und als Gutsbesitz und Poststelle genutzt. Heute ist Helenenberg das Jugendhilfezentrum Don Bosco in Trägerschaft der Salesianer.

21. Frau Schleicher:
Im Bd. I seiner Erinnerungen S. 104 schreibt Viebig: *Inzwischen waren wir im Jahre 1861 aus dem Simeonsstift in das Schleicher'sche Haus auf dem Zuckerberg, Zuckerbergstraße Nr. 36 (jetzt 24) übergesiedelt*

22. Oberst a. D. Modrach:
Früherer Kavallerie-Offizier; seine Pferde standen in der Stallung des Schleicher'schen Hauses. Er gab Ferdinand Viebig den ersten Reitunterricht.

23. Mathieu:
Mit der Familie des Landgerichtsrates Mathieu waren Viebigs eng befreundet. Ferdinand spielte z. B. mit Frau Mathieu vierhändig Klavier. Als Untersuchungsrichter war Mathieu im Trierer Land und in der Eifel häufig unterwegs. Von Düsseldorf aus verbrachte Clara Viebig ein Jahr in Pension bei Familie Mathieu. Sie begleitete den Richter regelmäßig auf seinen beruflichen Fahrten. Sie sammelte viele Eindrücke von Land und Leuten der Eifel, die sie später in ihren Romanen und Novellen verarbeitete. Mathieu war auch literarisch tätig. In der Deutschen Rundschau erschienen von ihm anonym die »Plaudereien eines harmlosen deutschen Kleinstädters«. Ferdinand Viebig vermutete, dass seine Schwester hier die *ersten Anregungen zu ihrem späteren schriftstellerischen Berufe* empfing. Die Familien Mathieu, Viebig, von Holleben (1) und Viehoff (Heinrich Viehoff, Realschuldirektor und Goethe-Biograph) trafen sich regelmäßig bei Viebigs zu einem »Lesekränzchen«.

24. Fräulein Fuxius:
Käthchen Fuxius (gen. »Fuxia«) Schwester des späteren Kölner Oberlandesgerichtsrates Fuxius erteilte Ferdinand Viebig Klavierunterricht bis zum Studienbeginn in Bonn. *Sie bemühte sich erfolgreich, mir Verständnis und Liebe für gute Musik beizubringen.* Erinnerungen Bd. I, S. 108a, Die Liebe zur Musik war in seinen Kriegsberichten ständig gegenwärtig und half ihm, die öde Belagerungs- und Besatzungszeit zu überstehen.

25. Die Generäle von Steinmetz, von Zastrow, von Kameke, von Goeben, von Manteuffel:
Ferdinand Viebigs Niederrheinisches Füsilier-Regiment Nr. 39 gehörte zur I. Armee, einem Großverband im Krieg 1870/71. Gliederung im August 1870: Oberbefehlshaber General Karl von Steinmetz, 74 J. (1796–1877), wegen eigenmächtiger Entscheidungen und Insubordination im Sept. 1870 als Generalgouverneur nach Posen versetzt.
VII. Armeekorps: General Heinrich von Zastrow (1801–1875), im Jan. 1871 zur Süd-Armee unter General von Manteuffel verlegt.
13. Infanteriedivision: General-Leutnant Adolf von Glümer (1814–1896) Seine Division marschierte in 11 Tagen von Kall/Eifel in die Schlacht von Spichern. (Beschrieben im Tagebuch Bodelschwinghs.)
14. Infanteriedivision mit Viebigs 39. Regiment: General-Leutnant Georg von Kameke (1817–1893), seit 1873 Kriegsminister. VIII. Armeekorps General August von Goeben (1816–1880 Koblenz), seit Januar 1871 Oberbefehlshaber der I. Armee, zwei Infanterie- Divisionen und eine Kavallerie-Division.
I. Armeekorps: Kavallerie-General Edwin Freiherr von Manteuffel (1809–1885). Zwei Infanterie-Divisionen und eine Kavallerie-Division. Seit Sept. 1870 Oberbefehlshaber der I. Armee, seit Jan. 1871 Oberbefehlshaber der Süd-Armee, nach Kriegsende Oberbefehlshaber der Besatzungsarmee in Frankreich.

26. Erstürmung Weißenburgs und des Geißberges
Die Schlacht von Weißenburg, Tor zum Elsass, 4.8.1870. Der Rückzug der franz. Truppen am 2.8.1870 von preußischem Territorium in Saarbrücken, initiierte die erste deutsche Offensive auf franz. Boden. Die III. Armee, genannt »Die Deutsche«, begann den Angriff. Sie war der erste gesamtdeutsche Heeresverband, überwiegend nichtpreußische Truppen, unter Kronprinz Friedrich Wilhelm (1831–1888). Sie überraschte am frühen Morgen des 4.8. Teile der »Elsassarmee« von Marschall Mac Mahon (1808–1893) mit einem Artillerieüberfall von den Höhen der Pfalz. In blutigen Straßenkämpfen unter großen Verlusten durch die Chassepot- Gewehre der algerischen Scharfschützen, den Turkos, fiel Weißenburg. Vor der Überzahl der deutschen Bataillone (22 gegen 11) und deren blindwütigen Sturmangriffen zog sich die franz. Hauptmacht vom Geißberg zurück. Die Deutschen hatten ihr strategisches Ziel, die Spaltung der franz. Linien zwischen der »Rheinarmee« und der »Elsassarmee« erreicht. Alle folgenden Augustschlachten verliefen nach dem gleichen Muster:
1. franz. Operationen mit Chassepot-Gewehren aus starken Stellungen unter Einsatz von Mitrailleusen;
2. deutsche Sturmangriffe in Überzahl frontal, ohne Rücksicht auf Verluste mit überlegener Artillerieunterstützung
3. franz. Rückzug

27. Angriff der Franzosen auf Saarbrücken:
Auf Befehl von Napoleon III. fand am 2.8.1870 das erste Gefecht des Krieges auf preußischem Boden in Saarbrücken statt. Die kleine preußische Garnison zog sich nach geringen Verlusten zurück. Der französische General Frossard (1807–1875) besetzte in Anwesenheit des Kaisers und seines Sohnes Louis (1856–1879) Saarbrücken, zog sich aber wegen der unklaren militärischen Lage am 5.8. in die starken Stellungen auf den Spicherer Höhen zurück.

28. Spicherer Höhen:

Die Schlacht bei den Spicherer Höhen am 6.8.1870
Nach 13-tägigen strapaziösen Gewaltmärschen seit dem 25.7. schickte Generalleutnant von Kameke am Morgen des 6.8. seine 14. Division als Avantgarde (Vorhut) in die Steilhänge zu den Spicherer Höhen. Er handelte eigenmächtig, ohne Plan und Kenntnis der starken französischen Stellungen von General Frossard. Die Heeresleitung von Moltke (1800–1891), von Roon (1803–1879) saß nichtsahnend weitab in Mainz. Die Kletterpartie wurde zum Himmelfahrtskommando für die erschöpften Soldaten. Ein mörderisches Feuer der überlegenen Chassepot-Gewehre erwartete sie und trieb sie in Panik zurück. Erst am Nachmittag stabilisierten Einheiten des VIII. Korps (General von Goeben) und der II. Armee (Prinz Friedrich Karl 1828–1885) die verzweifelte Lage und wandelten unter entsetzlichen Verlusten, 5 000 von 20 000 Mann, die drohende Niederlage in einen Sieg. Pfarrer Bodelschwingh beschrieb die besonderen Umstände von Viebigs Regiment am 6.8.: »Da plötzlich kam der Befehl zum sofortigen Vormarsch … unaufhaltsam ging es nun vorwärts – um 12 Uhr langte das 39. Regiment als das erste in Saarbrücken an und ging sofort über die Brücke zum Angriff auf die zweite waldige Terrasse über, auf welche die Franzosen sich zurückgezogen hatten – eine sehr feste Stellung … die Bewohner Saarbrückens erquickten die Truppen nach Kräften; sie bedurften dessen auch zum unaufhaltsamen Anlauf auf die steilen Höhen«. Bodelschwingh a. a. O., S. 12 Wegen ausbleibender Verstärkung zogen sich die Franzosen zurück. Der Weg nach Metz war frei. Die Generäle von Steinmetz und von Zastrow deckten im Nachhinein von Kamekes Eigenmächtigkeit.

29. Chassepotfeuer:

Beide Heere benutzten im Gegensatz zu den Vorderladern früherer Kriege moderne Zündnadelgewehre (Hinterlader). Das preußische Zündnadelgewehr »Dreyse«, nach dem Entwickler Nikolaus von Dreyse (1787–1867), hatte eine Reichweite von 600 m. Es war dem französischen Zündnadelgewehr »Chassepot«, nach dem Entwickler Antoine Chassepot (1833–1905), hoffnungslos unterlegen. Das präzisere Chassepot-Gewehr hatte dank einer höheren Treibladung eine Reichweite von 1 200 m. Das führte bei den deutschen Sturmangriffen der Schlachten von 1870/71 zu schrecklichen Verlusten, weil die Franzosen aus sicherer Entfernung agieren konnten. Pfarrer Bodelschwingh über die Situation bei Spichern: *Es ist nicht zu beschreiben, wie furchtbar das Kleingewehrfeuer wütete, stundenlanges Schnellfeuer, hunderttausend Schüsse in der Minute.* a.a.O. Seite 13

30. Tschako:
aus dem Ungarischen csákó, eigentlich Schachthut. Militärische Kopfbedeckung aus Leder oder Filz mit flachem Deckel nach Art der Schachtgräber, im deutschen Heer noch von den Jägern getragen.

31. Mitrailleusenfeuer:
von Mitraille, gehacktes Eisen, Kartätschenladung. Die Mitrailleuse war eine Kartätschenkanone oder Kugelspritze, wegen des ratschenden Geräusches beim Drehen der Kurbel auch »Kaffeemühle« genannt. Sie war ein aus einer Reihe von (1870 bei den Franzosen 25) zusammengeschmiedeten Gewehrläufen, fahrbares Geschütz, der Vorläufer des Maschinengewehrs. Sie hatte ein relativ starres Rohr und daher kaum Streubreite. Dennoch waren die 190 französischen Mitrailleusen bei den deutschen Soldaten gefürchtet.

32. Korps Frossard:
Charles Frossard (1807–1875) Ingenieur-General, 1870 Befehlshaber des II. Korps der »Rheinarmee« leitete den Krieg am 2.8.1870 durch seinen Angriff auf Saarbrücken ein. Bei seinem Rückzug versäumte er die Zerstörung der Brücken über die Saar und ermöglichte so den Verbänden der I. Armee den Angriff auf seine Stellungen, die er hartnäckig verteidigte. Zog sich zurück, als die Unterstützung durch Marschall Bazaine (1811–1888) ausblieb, Teilnahme an den Augustschlachten um Metz und der Belagerung der Stadt, nach der Kapitulation in deutscher Gefangenschaft.

33. Generalmajor von François:
Bruno von François (1818–1870). Seit Juli 1870 führte er die 27. Infanteriebrigade der 14. Infanterie-Division. Zu seiner Brigade gehörte auch Viebigs Niederrheinisches Füsilier-Regiment Nr. 39, das er am 6.8. in Spichern befehligte. Kurz nach der Erstürmung des Roten Berges fiel er, wie viele Offiziere, von Chassepot-Kugeln getroffen. Seine angeblich letzten Worte: »Es ist doch ein schöner Tod auf dem Schlachtfeld.« Sein Grab befindet sich auf dem Ehrenfriedhof in Saarbrücken im Deutsch-Französischen Garten.

34. Wandgemälde A. von Werner (1843–1915):
Anton von Werner, Historienmaler in fotografischer Manier, zeitweise im deutschen Hauptquartier. Im Januar 1871 in Versailles, um die Proklamation des Kaiserreichs in seinem bekanntesten Gemälde für die Nachwelt festzuhalten. In keinem späterem Sammelalbum über die deutsche Geschichte fehlte dieses Bild. Er malte viele Schlachtszenen u. a. den Tod von Bruno von François in Spichern.

35. Samariterdienst:
Eine dieser Samariterinnen bei der Schlacht war Katharina Weißgerber (gen. Schultze Kathrin), Saarbrücker Kindermädchen und Hausgehilfin. Sie brachte unter Lebensgefahr auf dem Schlachtfeld deutsche und französische Verwundete in Sicherheit, besorgte Wasser und suchte Priester für die Sterbenden. Nach dem Krieg von König Wilhelm I. hoch dekoriert, ruht sie auf dem Saarbrücker Ehrenfriedhof.

36. Die Wirkung dieser Siege (Spichern und Wörth)
Die Schlacht von Wörth 6.8.1870: Nach der Niederlage bei Weißenburg zog sich Marschall Mac Mahons geschlagene »Elsass-Armee« in eine geeignete Abwehrstellung gegen die nachrückende III. Armee zurück. Die Truppen besetzten starke Stellungen auf den Höhen westlich von Wörth (Woerth, Département Bas-rin) und versperrten die Wege zu den Vogesenpässen. Am Morgen des 6.8. begann nach ersten Scharmützeln die mörderische Schlacht. Die Dörfer auf den Höhen bei Wörth wurden im grausamsten Häuser-

kampf genommen. 45 000 Franzosen zogen sich am Nachmittag gegen 88 000 Deutsche in panischer Auflösung nach Westen zurück. Nur die algerischen Scharfschützen (Turkos) verhinderten die völlige Vernichtung. Der Weg zu den Vogesenpässen war frei, um den Preis von etwa 11 000 Toten und Verwundeten auf deutscher Seite.

37. Bagage:
Seit denm 16. Jh. bezeugtes Fremdwort aus der Soldatensprache für Gepäck, Tross, Kriegsgepäck, Futterwagen für ein Heer auf dem Marsch. Heute veraltet und nur noch als Schimpfwort für »Gesindel, Lumpenpack« gebräuchlich.

38. Herr Göring:
Matthias Heinrich Göring (1823–1916), wohlhabender Düsseldorfer Kaufmann und Gutsbesitzer, Ehrenbürger von Honnef. Er vermietete das Haus Schwanenmarkt 3 in Düsseldorf (1868) an die Familie des Regierungsvizepräsidenten Ernst Viebig. Görings Tochter Henriette (1855–1938) schwärmte für den feschen Studenten, Soldaten und angehenden Juristen Ferdinand Viebig aus dem Nachbarhaus und heiratete ihn 1875.

39. Kanonendonner aus Colombey:
Die Schlacht von Colombey-Nouilly, 14.8.1870. Nach der Schlacht von Spichern hatten sich die französischen Korps der »Rheinarmee« (Marschall Bazaine) vom 7. bis 13.8. Richtung Metz zurückgezogen Am 13.8. näherten sich die I. Armee (General von Steinmetz) und die. II. Armee (Prinz Friedrich Karl) den franz. Truppen kurz vor Metz. Am 14.8. begann der franz. Übergang über die Mosel Richtung Chalons-sur-Marne zur Vereinigung mit der in Wörth geschlagenen »Elsassarmee«. Am Nachmittag eigenmächtiger Angriff der 26. Brigade des VII. Armeekorps (Generalmajor Kuno von der Goltz 1817–1897) gegen die übermächtige Nachhut zweier franz. Korps. Folge: Eine ungewollte, neue große Schlacht; nach schweren Verlusten Rückzug der Armee. Der moralische Sieg der Preußen, Standhalten gegen Übermacht um jeden Preis,

kostete 5 000 Mann, verzögerte den Rückzug Bazaines aber um einen Tag.

40. Die Rheinarmee des Marschalls Bazaine:
François-Achille Bazaine (1811–1888 Madrid). Seine militär. Karriere begann als Offizier der Fremdenlegion. Als Kommandeur des franz. Expeditionsheeres in Mexiko zur Unterstützung von Kaiser Maximilian I. (1832–1867, hingerichtet) 1864 zum Marschall ernannt. Sein Zögern bei der Schlacht von Spichern führte zur franz. Niederlage. Mit den Augustschlachten von Colombey, Mars-la-Tour und Gravelotte erzwangen die Deutschen seinen Rückzug in die Festung von Metz und Ende Oktober 1870 die Kapitulation mit 170 000 Mann. Ein Kriegsgericht verurteilte ihn 1873 als Sündenbock für die franz. Niederlage zum Tode. Nach seiner Begnadigung Flucht nach Madrid und Tod 1888.

41. Napoléon est un méchant:
Napoleon ist ein Schurke: Charles-Louis Napoléon (1808–1873), Neffe von Napoleon I. wird nach dem Tode von Napoleons Sohn (Herzog von Reichstadt 1811–1832) 1832 Haupt der napoleonischen Familie; verfolgt mit Putschversuchen die Wiederherstellung des Kaisertums. Nach drei Volksabstimmungen 1848, 1851, 1852 und Staatsstreich 1852 als Napoleon III. Kaiser der Franzosen, wird bald von allen Mächten anerkannt, gerät im deutsch-französischen Krieg 1870/71 bei der Schlacht von Sedan am 1.9.1870 in Gefangenschaft (Kassel, Wilhelmhöhe – daher der Spruch im Volksmund: Ab nach Kassel!), 1871 begibt er sich ins Exil nach England, wo er 1873 stirbt.

42. Mit meinen Leuten ein freudiges Hurra angestimmt:
Wilhelm I. 1797 geb., als 2. Sohn von Friedrich Wilhelm III. (1770–1840) und Königin Luise (1776–1810); militärisch ausgebildet seit dem 10. Lj., nahm an den Befreiungskriegen teil und zog 1814 in Paris ein, nach dem Tod des Vaters 1840 Prinz von Preußen, während der Revolution 1848 als »Kartätschenprinz« verspottet, seit 1858 Prinzregent für seinen erkrankten Bruder König Friedrich Wilhelm IV. nach dessen

Tod 1861 als Wilhelm I. König von Preußen, Oberbefehlshaber im Krieg 1870/71. Am 18. Januar 1870 wird mit seiner Proklamation im Spiegelsaal von Versailles als deutscher Kaiser die Einheit des Reiches vollendet. Bis zur Proklamation wurde der berühmte Spiegelsaal von den Deutschen als Lazarett zweckentfremdet.

43. Französische Gefangene von Mars-la-Tour – Vionville:
Schlacht von Mars-la-Tour (in Frankreich Bataille de Vionville), 16.8.1870. Am Abend des 15.8. hatten die franz. Korps den Übergang über die Mosel beendet. Den weiteren Verlauf am 16.8. schildert Theodor Fontane: *Bazaine gedachte seine Armee Korps hinter Korps westwärts zu dirigieren* (Chalons) *und zwar auf nebeneinanderher laufenden Straßen, von denen eine über Gravelotte, Vionville, Mars-la- Tour nach Verdun* (heute D 903), *die andere über Gravelotte nach Etain führt* (heute D 603). *Gravelotte war Gabelpunkt für beide. Die Absicht Bazaines scheiterte. Wir* (die preuß. Armeen) *trafen ihn bei ... Vionville in seine linke Flanke und warfen ihn zurück. An einen Weitermarsch war nicht weiter zu denken.* Fontane beschrieb aber nicht die unvorstellbare Brutalität dieser Schlacht, die sich unentschieden vom Morgen bis zum späten Abend hinzog. Die gegen eine franz. Übermacht anstürmenden Preußen verloren 16 000, die Franzosen 17 000 Mann. Ergebnis: ein strategischer Sieg der Preußen *eine Marschstörung im großen Stil.* (Fontane) Die Franzosen zogen sich in den Schutz der Forts von Metz zurück. Th. Fontane (1819–1898): Aus den Tagen der Okkupation, Berlin 1984, S. 295.

44. Auf dem linken Flügel bei St. Privat:
Schlacht bei Gravelotte-St. Privat (in Frankreich Bataille de St. Privat) am 18.8.1870. Tagesbefehl Marschall Bazaine am 17.8. »der nach der Schlacht vom 16. eingetretene Mangel an Munition und Lebensmitteln zwingt uns, auf Metz zurückzugehen«. Bazaine formierte dazu eine neue vorzügliche Auffangfront westlich von Metz zwischen Gravelotte im Süden und St. Privat im Norden. Er zwang damit die deutschen Truppen zum Anrennen auf ansteigendem vielfach

deckungslosem Gelände. Von 12 Uhr am 18.8. kämpften 190 000 Deutsche gegen 130 000 Franzosen, und wieder trieben die preußischen Offiziere ihre Soldaten in blutigste Gemetzel. Die Einnahme von St. Privat gegen 20 Uhr, der franz. rechten Flanke, veranlasste Bazaine, das Schlachtfeld zu räumen und seine Armee nach Metz zurückzuziehen. Damit begann die deutsche Belagerung von Metz, bis zur franz. Kapitulation Ende Oktober 1870. Bei Gravelotte verloren beide Armeen fast 1/8 ihres Bestandes, die Deutschen 20 000, die Franzosen 12 000 Mann, für die Deutschen die größten Verluste seit der Völkerschlacht von Leipzig (16.–19.10.1813).

45. Emanuel Geibel:
Bedeutender deutscher Lyriker des 19. Jh. (1815–1884). Sein Liederwerk wurde von zeitgenössischen Komponisten wie Mendelssohn Bartholdy, Schumann, Brahms und Wolf vertont. Aus seinem Gedicht »Deutschlands Beruf« stammt die Verszeile »An deutschem Wesen soll die Welt genesen«. Als politisches Schlagwort für die deutsche Musterschülerrolle in vielen Lebensbereichen etwas in Verruf geraten.

46. Zernierung von Metz:
Einschließung von Metz: 20. Aug, – 27. Okt.1870. Am 18. Aug., nach der verlorenen Schlacht bei St. Privat – Gravelotte, zog Marschall Bazaine die franz. Rheinarmee in den Festungsring um Metz zurück. 250 000 deutsche Soldaten der I. und II. Armee unter dem Kommando von Prinz Friedrich Karl und Edwin von Manteuffel schlossen ab dem 20. Aug. 1870 6 franz. Armeekorps mit 185 000 Mann ein. Schon am 19. Aug. hatten die Deutschen ihr Heer vor Metz neu organisiert. Vier Korps und die Kavallerie der II. Armee bildeten nun unter Führung des Kronprinzen Albert von Sachsen (1828–1902) die IV. Armee, genannt die »Maasarmee«. Sie marschierte in Richtung Chalons sur Marne, um die Armee Mac Mahons am Entsatz von Metz zu hindern. Bazaines Ausbruchsversuch misslang am 30.8. in der Schlacht von Noisseville. Fast gleichzeitig scheiterte der Entsatz von Metz durch die Chalons-Armee in der Schlacht von Sedan am 1. und 2.9. Spätere

Ausbruchsversuche schlugen ebenfalls fehl. Das Schicksal der Rheinarmee in Metz war damit besiegelt. Ohne Verstärkung, ausreichende Versorgung und nach Ausbruch einer Ruhr-Epidemie kapitulierte Bazaine am 27. Okt. 1870 mit 150 000 Mann. Die deutschen Verluste sind nicht bekannt. Die freiwerdenden deutschen Truppen, 170 000 Mann, 650 Geschütze und die 1600 erbeuteten franz. Feld- und Festungsgeschütze wurden nach Westen verlagert, um den Belagerungsring um Paris (seit 19. Sept. 1870) zu stärken.

47. Von dem Prinzen Friedrich Carl geleitete Zernierung:
Friedrich Carl Nikolaus von Preußen (1828–1885) war der einzige Sohn des Prinzen Carl von Preußen (1801–1883), dem jüngeren Bruder von Wilhelm I. Er hatte im Krieg 1870/71 das Oberkommando über die II. Armee. Nach den entscheidenden Einsätzen seiner Truppen bei Mars-La-Tour, Gravelotte und St. Privat erhielt er nach Ablösung des überforderten Generals von Steinmetz den Oberbefehl über die I. und II. Armee zur Einschließung von Metz. Nach der Kapitulation von Marschall Bazaine wurde er zum Generalfeldmarschall ernannt; im Dezember besiegte er die franz. Loire-Armee, die Paris entsetzen sollte und besetzte Orléans.

48. In Begleitung meiner Frau:
Am 23.10.1875 heiratete der Gerichtsassessor Ferdinand Viebig Henriette Göring (1855–1938) »in dem architektonisch so reizvollen Rathaus zu Cöln« standesamtlich. Die kirchliche Trauung fand am 26.10.1875 »im Ahnensaal der Villa Göring« (Honnef) statt. (Erinnerungen Bd.III, S.472) Nach der Versetzung seines Vaters, Ernst Viebig, 1868 von Trier nach Düsseldorf mietete die Familie das Haus am Schwanenmarkt Nr. 3, das dem wohlhabenden Gutsbesitzer Matthias Heinrich Göring gehörte, der mit seiner Familie am Schwanenmarkt Nr. 4 wohnte. Dort begegnete Ferdinand nach Beendigung seines Studiums 1868 zum ersten Mal der Nachbarstochter Henriette, der älteren Freundin seiner kleinen Schwester Clara. Sie schwärmte für den angehenden feschen Juristen. Als der »Kriegsheld« 1871 heimkehrte, schmückte sie ihn

mit einem Lorbeerkranz. In gemeinsamen Urlaubsreisen der befreundeten Familien kamen sich die jungen Leute näher, und im Februar 1875 verlobte sich Ferdinand mit der »vollerblühten Jungfrau« Henriette (Erinnerungen Bd. II, S. 402). 1930 schrieb Henriette Viebig im Sippenbericht der Fam. Göring über »Die Viebigs«: Henriette zog »dann im Jahre 1875 als junge Frau mit ihm nach Köln ... Lange, lange Jahre eines treuen Zusammenstehens, in Auf und Nieder eines bewegten Daseins, das den Schauplatz oft wechselte, war ihnen beschieden.«

49. Panzerfeste Graf Häseler:
Gottlieb von Haeseler (1836–1919), er war ein preußischer Generalfeldmarschall, der nach dem Friedensschluss 1871 als Oberquartiermeister in der Besatzungszone eingesetzt wurde.

50. Anlegung von Schanzen:
Die Schanze ist eine Verteidigungsanlage nach den Reisigbündeln benannt, mit denen sie ursprünglich befestigt war. Das Wort Schanze war im Mittelalter gleichbedeutend mit Reisigbündel oder Schutzbefestigung. Das Schanzzeug, d. h. Werkzeug zur Erdbefestigung führten die Soldaten im Krieg 1870/71 mit sich. Quellen: Duden Bd. 7 von 1997 und Sprach-Brockhaus von 1948.

51. Kampf um Noisseville:
In der Schlacht bei Noisseville (Dorf 8 km östlich von Metz) kämpfte vom 31. Aug.–1. Sept. die Rheinarmee Bazaines gegen die deutsche Zernierungsarmee. Ziel Bazaines: mit allen Kräften auf der rechten Moselseite aus Metz ausbrechen, bei Thionville die Mosel überqueren und sich bei Sedan mit der Chalonsarmee Mac Mahons zu vereinigen. Schlechtes Wetter und halbherzige Vorbereitung verzögerten den Ausbruch. Bei den verlustreichen Kämpfen standen sich 70 000 Deutsche gegen 95 000 Franzosen gegenüber. Noiseville wechselte z. B. in blutigen Gefechten dreimal den Besitzer. Die Franzosen zogen sich schließlich wieder geordnet in die Festung zurück. Die Verluste der Deutschen betrugen etwa

2900 Mann und 130 Offiziere, der Franzosen 3400 Mann und 150 Offiziere. Zur gleichen Zeit wurde die Armee Mac Mahons bei Sedan geschlagen. Der Weg nach Paris war damit frei.

52. Isabellenfarbiges Tier:
isabellfarben = lehmfarben, graugelb, benannt nach der Infantin Isabella von Spanien (1566–1633), Tochter Philipps II. (1527–1598). Sie soll gelobt haben, nicht eher ihr Hemd zu wechseln, bis ihr Mann, Erzherzog Albrecht von Österreich (1559–1621) das belagerte Ostende erobert habe. Quelle: Grimm'sches Wörterbuch und Wahrig: Fremdwörterlexikon

53. Freund Zeiler aus Heidelberg:
Heinrich Krausmann (1818–1887), war während Viebigs Studium (1866/67) in Heidelberg 1. Bürgermeister. Mit seinen Töchtern Elise und Theresa war Viebig befreundet.

54. Die ganze Armee Mac-Mahon's ist bei Sedan vernichtet:
Bei der Verfolgung der Armee Mac-Mahon nach der Niederlage bei Wörth ging die deutsche Kriegsleitung von einem Rückzug nach Paris aus. Mac-Mahon wurde aber von Kaiserin Eugénie von Chalons-sur-Marne zum Entsatz Bazaines nach Metz beordert. Durch Kavallerieaufklärer wurde der III. Armee des Kronprinzen und der Maasarmee die neue franz. Stoßrichtung klar. Im anschließenden »historischen Rechtsschwenk« der beiden Armeen Richtung Norden wurde Mac-Mahon der Weg nach Metz abgeschnitten. Am 30. Aug. kam es bei Beaumont an der Maas zum ersten Gefecht mit insgesamt 5 000 Mann Verlusten und 3 000 franz. Gefangenen. Die Franzosen zogen sich nach Sedan zurück, wo es am 1. und 2. September zur entscheidenden Schlacht kam. Mac Mahon wurde früh verwundet, und durch eine Fehleinschätzung seines Nachfolgers General von Wimpffen (1811–1884) wurden die Franzosen um Sedan eingekesselt. Der ortskundige und erfahrene General Ducrot ((1817–1872) beschrieb die aussichtslose Lage mit drastischen Worten: »Nous sommes dans un pot de chambre et nous y serons emmerdés – wir sitzen in einem Nachttopf und werden darin zugeschis-

sen.« (Quelle: Wikipedia) Wimpffen, Moltke und Bismarck handelten die unvermeidliche Kapitulation aus, die am 2. Sept. unterschrieben wurde. Die Verluste auf beiden Seiten waren hoch: 8 450 Deutsche mit 282 Offizieren, 3 000 tote Franzosen, 14 000 Verwundete und 86 000 Gefangene. Den Verbleib Napoleon III. als Gefangener handelten die beiden Monarchen fast wie Freunde aus. Wilhelm I. bot seinem Kollegen an, Schloss Wilhelmshöhe in Kassel zu beziehen. Im Verlauf der Schlacht von Sedan kam es auf beiden Seiten zu schlimmen Kriegsverbrechen. In Deutschland wurde der 2. Sept. als »Sedantag« patriotischer Feiertag, bis er 1919 von der Weimarer Republik als negatives Symbol der Kaiser- und Preußenzeit abgeschafft wurde.

55. Verwundete Turco's:
Sie waren im Krieg 1870/71 gefürchtete Tirailleure, d. h. arabischgekleidete algerische Scharfschützen. (des sauvages = die Wilden)

56. Place Stanislas:
Stanislav Leszczynski, (1677–1766), einst König von Polen, von August dem Starken (1670–17733) abgelöst. Er erhielt als Entschädigung das Herzogtum Lothringen, da Ludwig XV. (1710–1774) mit Stanislas Tochter Maria verheiratet war. Er hatte die Idee zur Schaffung des Platzes, der von 1752 bis 1755 gebaut wurde und seinen Namen erhielt.

57. Proklamation der Republik:
Nach der Niederlage in Sedan und Unruhen in Paris riefen Leon Gambetta (1838–1882) und Jules Favre (1801–1880) am 4. Sept. 1870 die Republik aus. General Louis Trochu (1815–1896), vorläufiger Präsident, Favre Außenminister, Gambetta Innen- und Kriegsminister. Er organisierte die Verteidigung gegen die Deutschen als »Résistance à outrance (Widerstand bis zum Äußersten)«, nachdem die ersten Friedensverhandlungen zwischen Favre und Bismarck wegen Elsaß/Lothringen gescheitert waren. Nach seiner Flucht aus Paris im Ballon mobilisierte er von Tours aus 4 neue Armeen, so dass sich der blutige Krieg bis zum 28. Jan. 1871 (Waffen-

stillstand) hinzog. Erster Präsident der 3. Republik wurde Adolphe Thiers (1797–1877), Politiker und Historiker. Sie bestand bis zur Niederlage Frankreichs 1940.

58. Maler Sell aus Düsseldorf:
Christian Sell (1831–1883) bedeutender Maler der Düsseldorfer Malerschule. Er hat u. a. Schlachten gemalt (Königgrätz)

59. vielbesungene Erbswurstsuppe:
Sie war eines der ältesten industriellen Fertiggerichte, eine sämige Erbsensuppe, bestehend aus Erbsenmehl, Fett, Salz und Gewürzen. Sie wurde entwickelt vom Konservenfabrikanten Johann Heinrich Grüneberg aus Berlin. Er verkaufte seine Kreation an die preußische Armee. Der Namen Erbswurst stammt von der wurstähnlichen Verpackung. Sie gehörte im deutsch-französischen Krieg zur eisernen Ration.

60. Deine Kräfte nicht zu sehr angreifen:
Auf die angeschlagene Gesundheit von Ferdinands Vater wies seine Frau in verschiedenen Briefen hin. Aus Ernst Viebigs Personalakte geht hervor, dass er häufig krank war. »Schon 1834 ließ er sich während seines Referendariats in Magdeburg für einen längeren Aufenthalt … bei seinen Eltern beurlauben, um den anhaltend schlechten Gesundheitszustand zu verbessern.« (Thea u. Wolfgang Merkelbach: »Die letzten Lebensjahre Clara Viebigs«, Düsseldorf 2012 S. 136) »Auch mein Vater, von dessen ›Hypochondrie‹ schon in einem bei seinen Personalakten befindlichen ärztlichen Zeugnis vom 12. März 1833 die Rede ist, kränkelt nicht selten« F.Viebig, Erinnerungen, Bd I S. 107. Kuraufenthalte, im In- und Ausland waren die Regel. In Sigmaringen und Trier pflegte er noch den Umgang mit Freundeskreisen. In Düsseldorf zog er sich immer mehr vom gesellschaftlichen Leben zurück. Von Ferdinand ließ er sich lieber »aus der großen Welt erzählen, die ihm bei seiner Kränklichkeit …von Jahr zu Jahr fremder wurde. Auf die Regierung ging er … nur vormittags und gewöhnte sich immer mehr daran, die Geschäfte schriftlich zu Hause zu erledigen und jedes persönliche Hervortreten … ängstlich zu vermeiden und wenn nicht Clara mit ihren

Freundinnen für Leben und Abwechslung gesorgt hätte, so wäre vielleicht schon jetzt die große Stille eingetreten, die später drückend auf dem Hause lastete.« (Erinnerungen Bd. II, S. 405)

61. Unter Führung der Maler Hoff und Baur:
Karl Hoff, der Ältere (1838–1890), deutscher Maler und Kunstschreiber, seit 1858 gehörte er der Düsseldorfer Malerschule an und war auch aktives Mitglied im Künstlerverein Malkasten. Albert Baur, der Ältere (1835–1906) Historienmaler und Mitglied der Düsseldorfer Malerschule.

62. Divisionskommandeur Generalleutnant von Senden
Ernst Schuler von Senden, (1812–1899) preußischer Generalleutnant, seine 3. Landwehrdivision gehörte 1870 zu den Belagerungstruppen von Metz, nahm Ende August an der Schlacht von Noisseville, im Nov. an der Belagerung von Mézières teil, im Jan. Nachfolger von General Kameke bei der 14. Division Viebigs, die er zu den Kämpfen gegen die franz. Ostarmee führte, Gefechte an der Schweizer Grenze bis zum Waffenstillstand am 28. Jan. 1871.

63. Loulou:
Ferdinands Namensgebung für den Findling weist ihn einmal mehr als Spötter aus. ›Loulou‹ war Napoleon Louis Bonaparte, (1856–1879), einziger Sohn von Kaiser Napoleon III. und seiner Frau Kaiserin Eugénie, kaiserlicher Prinz. Bei dem franz. Angriff auf Saarbrücken am 2.8.1870 (Anm. 28) soll er in Anwesenheit seines Vaters den ersten Kanonenschuss auf die kleine preußische Garnison abgegeben haben. Die angebliche Heldentat wurde in der franz. Presse gefeiert. Nach dem verlorenen Krieg: Exil der kaiserlichen Familie in England, britische Militärlaufbahn des Prinzen, nach dem Tod des Vaters (1873) 1874 erfolglos als Napoleon IV. proklamiert, als Freiwilliger beim Zulukrieg fiel er 1879 in Südafrika. Der »Lulustein« an der Stelle des angeblichen ersten Kanonenschusses erinnert in Saarbrücken an den jungen Loulou.

64. Übergabe Straßbourg's:
Belagerung von Straßburg vom 12.8.–27.9.1870. Nach der Schlacht von Wörth rückte General August von Werder (1808–1887) auf Befehl von Kronprinz Friedrich von Preußen nach Straßburg vor. Damit sollte der Weg von Frankreich in den Schwarzwald gesichert werden. Gegner auf franz. Seite war General Jean Jacques Uhrig (1802–1886) 40 000 württemberg. u. bad. Soldaten mit 10 000 Pionieren und Artilleristen standen 23 000 Franzosen gegenüber. Uhrigs veraltete Artillerie hielt dem 4-tägigen Bombardement der deutschen Artillerie mit schwersten Mörsern nicht stand, er kapitulierte am 28.9.1870, weil er verlustreiche Straßenkämpfe vermeiden wollte. Dem Bombardement fielen zahlreiche bedeutende Kunstschätze und Wahrzeichen u. a. Teile des Münsters zum Opfer. Nach dem Fall von Straßburg wurde das Werder'sche XIV. Armeekorps für weitere Operationen im Elsass und Ostfrankreich frei. Es hielt in Dijon die Freischärler Garibaldis in Schach und belagerte seit Anfang November die Festung Belfort.

65. Mein Verbandszeug – damals noch ›Charpie‹:
(auch Scharpie) Zupflinnen, Pflücksel; von charpieren = zerzupfen. Um Verbandszeug für die Soldaten herzustellen, wurde in der Heimat massenweise Leinen und Wolle gezupft. Das hatte den Nachteil, dass das Verbandsmaterial nicht steril war und daher viele Verwundete an Blutvergiftung starben. Clara Viebig schrieb später darüber: »Wenn die kleine Klara auf der Steinstufe vor der Haustür saß und … am Strumpfe strickte oders Charpie zupfte, dann wurde oft gefragt: ›Habt ihr Nachricht von deinem großen Bruder?‹ »Clara Viebig: Mein Leben 1860–1952, a. a. O., S. 173

66. Maler Max Volkhardt (1848–1924):
Genremaler und Radierer an der Düsseldorfer Malerschule, von holländischen Meistern beeinflusst. Sein Gemälde »Die Verwundeten von Gravelotte« wurde von Kaiser Wilhelm I. erworben.

67. Freund Knackfuss:

Der Maler Hermann Knackfuß (1848–1915) war als Freiwilliger im Krieg 1870/71. Seine Zeichnungen von Kriegsszenen erschienen z. B. 1870 in der »Gartenlaube«. Seit 1880 war er Lehrer an der Kasseler Akademie. Ihn verband zeitlebens eine Freundschaft mit Ferdinand Viebig.

68. Aufruf Canrobert's:

François de Canrobert (1809–1895), franz. Marschall. In der Rheinarmee Bazaines führte er das 6. Armeekorps bei Mars-la-Tour, in Metz eingeschlossen, nach der Kapitulation als Gefangener bei Kaiser Napoleon III. in Kassel, nach dem Krieg als Bonapartist im Senat.

69. Die Garde stirbt:

Pierre Cambronne (1770–1842), franz. General, treuer Gefolgsmann Napoleons I., bei der Schlacht von Waterloo Kommandeur der ›Alten Garde‹. Seine angebliche Antwort auf die Forderung des engl. Generals Colville zur Aufgabe: »La Garde meurt, mais ne se rend pas. – Die Garde stirbt, aber sie ergibt sich nicht.« Die wiederholte Forderung des Generals verleitete ihn zur Antwort: »Merde! – Scheiße!« Dieser Ausspruch wird im Französischen, vor allem in der Literatur, vergleichbar dem deutschen Götz-Zitat als »Le Mot de Cambronne. – Cambronnes Wort.« verwendet. Cambronne bestritt zeitlebens diesen Ausspruch.

70. Frau Jäger von der Hochburg:

Zu den »Hauptfreunden meiner Eltern« in Sigmaringen von 1852–1856 gehörte »das liebenswürdige Ehepaar Jäger, fürstlicher Domänenverwalter auf dem Bauhof und später Direktor der landwirtschaftlichen Schule auf der Hochburg in Emmendingen in Baden« (Erinnerungen Bd. I. S. 53). Mit Familie Jäger stand Viebig in regelmäßigem Kontakt.

71. Moritz Dietz und Oberstleutnant Lauchert:

Von 1852–1856 leitete Ferdinands Vater, Ernst Viebig, als Regierungsrat das Steuer- und Kassenwesen in Hohenzollern-Sigmaringen. Zu den »Hauptfreunden meiner Eltern« zählte dort u. a. der Sigmaringer Professor Dietz, dessen Sohn

Moritz Ferdinand später in Koblenz als Major wiedertraf. Zu dem engen Freundeskreis gehörte auch die Familie des fürstlichen Hofkammerrats Lauchert. Der erwähnte Oberstleutnant Carl Lauchert war einer ihrer sieben Söhne. Ein Bruder war der spätere hohenzollern'sche Hofmaler Richard Lauchert (1823–1868). Der »Prinzessinnenmaler« war ein bedeutender Porträtmaler der deutschen und europäischen Aristokratie. Zum Abschied der Viebigs aus Sigmaringen porträtierte er Ferdinands Mutter Clara (geb. Langner (1825–1907). Eine werkgetreue Kopie des Gemäldes schenkte Irene Viebig, Witwe von Ferdinands Urenkel Bernd Viebig, der Clara-Viebig-Gesellschaft in Bad Bertrich. Dort ist es im Pavillon zu sehen.

72. Ruhestätte der Familie de Tschudi:
Jean Baptiste de Tschudi (1734–1784) war franz. Botaniker und Dichter. Er verwandelte das Gebiet um Schloss Colombey in einen Park mit exotischen Bäumen.

73. Garde und Zuaven:
Zuaven waren eigentlich Söldner aus dem Stamm der Zuaven, nach türkischer Art gekleidete franz. Fußsoldaten. Zu den Zuaven gehörten auch franz. und europäische Abenteurer und Kriminelle (vgl. Fremdenlegion) unter der Führung französischer Offiziere. Quelle: Dr. Alfons Genius: Fremdwörterbuch , Regensburg 1913

74. Meisterwerk meines Freundes Kolitz:
Der deutsche Maler Louis Kolitz (1845–1914), Kriegsfreiwilliger im Krieg 1870/71; Schlachten-, Historien- und Porträtmaler; Mitglied im Düsseldorfer Künstlerverein Malkasten und später Direktor der Kasseler Akademie. Er war zeitlebens Ferdinand Viebigs Freund.

75. Was mag aus all den Menschen gworden sein?
Mit Sicherheit strandeten auch zahlreiche Gefangene von Metz bei Viebigs Mutter im Lazarett in Düsseldorf. Etwa 77 000 demoralisierte und vielfach kranke franz. Soldaten wurden nach der Kapitulation am 28. Okt. 1870 zunächst mit der Bahn in offenen Güterwaggons bis Trier transportiert. Von dort schleppten sie sich ab dem 2. Nov. zu Fuß von Trier

über Bitburg-Neustraßburg-Densborn nach Gerolstein zum dortigen Ende der Eifelbahn von Köln. Sie wurden von den Preußen und vor allen Dingen von der Bevölkerung versorgt. Nach ihrer Ankunft biwakierten sie notdürftig am Fuß des Aubergs, bis sie im Verlauf von 2–3 Wochen in Biwaks und Lazarette im Rheinland (Düsseldorf) und Ruhrgebiet transportiert wurden. Die kleine Gemeinde Gerolstein stieß schnell an ihre Grenzen. Die im Koblenzer Archiv gelagerten Dokumente nennen die Namen der Bauern, Lieferanten und Bürger, die hauptsächlich Stroh, Kartoffeln, Fleisch und Trinkwasser lieferten. Im Sterbebuch des Amtes Gerolstein ist von 10 Gefangenen der Typhus- oder Ruhrtod nachgewiesen. Neuere franz. Forschungen gehen von einer höheren Ziffer aus. Heute erinnert ein Grab-Denkmal auf dem alten Gerolsteiner Friedhof an die toten Franzosen. Kurz nach Kriegsende 1871 ließen ihre Kameraden dieses repräsentative Sandsteinkreuz – im Volksmund das »Franzosenkreuz« – errichten. Der franz. Text lautet auf deutsch: »Zum Gedenken an die franz Soldaten, gestorben 1870-71. Errichtet von ihren KAMERADEN. Betet für sie. Jetzt mahnen sie für ein besseres Vaterland.« Im 2. Weltkrieg wurden im Umfeld dieses Kreuzes alle ausländischen Kriegstoten, so auch die franz. Widerstandskämpferin Marcelle Dorr beigesetzt. Quellen: eigene Recherchen und Karl-Heinz Böffgen: »Meine Geschichte von Gerolstein«, Gerolstein, 2013, S. 57/58

76. General Wimpffen:
Emanuel Freiherr von Wimpffen (1811–1884) war ein franz. General mit deutschen Wurzeln. Im Krieg 1870/71 übernahm er bei Sedan den Befehl über das V. Korps der Armee Mac Mahons. Nach dessen Verwundung wurde ihm der Oberbefehl übertragen. Im Auftrag Napoleons III. führte von Wimpffen die Kapitulationsverhandlungen mit Bismarck und Moltke.

77. Die Festungen der Ardennenbahn:
1870 verbanden acht wichtige Eisenbahnlinien die einzelnen Landesteile mit Paris. Die Linie Straßburg-Paris (le chemin

de fer de Straßbourg) war eine davon. Ihr nordöstliches Teilstück führte als »Ardennenbahn« von Straßburg aus über die u. a. von Viebigs Regiment belagerten Festungen von Metz, Thionville, Montmédy, Mézières und weiter über Reims, Soissons nach Paris Nach der Kapitulation von Mézières am 1. Jan. 1871 war die ganze Strecke für den deutschen Nachschub zur Belagerung von Paris frei und Viebig konnte mit seinen Kameraden am 5. Jan. die mehrtägige, strapaziöse Fahrt von Boulzicourt/Mézières ohne seinen Hund Loulou zum vorerst nächsten Einsatz vor Paris antreten.

78. Die kleinen Kinder abzuschlachten:
Der makabre Scherz von Viebigs Freund Bäumer war sicher kein spontaner Einfall. Ähnliche Anekdoten wurden vor allem von bayerischen Soldaten der III. Armee überliefert. Auch Fontane schrieb darüber. Die Bayern »gefielen sich schließlich darin, den Menschenfresser zu spielen« und mit ihrem Wunsch »pour déjeuner un enfant rôti« *(zum Frühstück ein gebratenes Kind)* sorgten sie im Quartier regelmäßig für »Tränen und Geschrei«. Fontane: Aus den Tagen der Okkupation, a. a. O., S. 206

79. Von Franctireurs überfallen u. ausgeraubt:
Franctireurs waren franz. Freischützen, Angehörige von Freikorps im Krieg 1870/71. Sie wählten ihre Offiziere selber, waren von der Armee unabhängig, mit Chassepot-Gewehren bewaffnet und waren mit ihren Überfällen aus dem Hinterhalt hinter den deutschen Linien eine ständige Gefahr; der deutsche Befehlshaber Helmut von Moltke legte fest, dass gefangene Franctireurs zu erschießen seien. Sie wurden auch in Deutschland bekannt durch ihre Gefangennahme des Journalisten Theodor Fontane am 5. Okt. 1870 in Domremy, dem Geburtsort Jeanne d'Arcs, als er gerade mit seinem Stock ihre Statue berührte. Wegen seiner Pressenotizen mit Zeichnungen und bewaffnet mit Revolver und Stockdegen wurde er als preußischer Spion verdächtigt. Über verschiedene Stationen gelangte er am 10. Nov. in ein Gefangenenlager auf der Ile d'Oléron im Atlantik. Nach verschiedenen Interventio-

nen und der preuß. Geiselnahme von Bürgern aus Domremy wurde er am 29. Nov. freigelassen. Er kehrte am 5. Dez. mit der Bahn über die Schweiz nach Berlin zurück. Als Journalist hatte Fontane schon während der Haft seinen Bericht »Kriegsgefangen 1870« angefangen. Dieser erschien bereits am 25. Dez. 1870 in der Vossischen Zeitung und wurde bald als Buch veröffentlicht. Fontane: »Kriegsgefangen Erlebtes 1870«, Berlin 1984, S. 47 – 211.

80. Das bekannte Gumbert'sche Lied:
Ferdinand Gumbert (1809–1896). Sehr beliebter Liederkomponist, der über 400 Lieder geschrieben hat und gleichzeitig Schauspieler und Sänger war.

81. Patti Konzert in Bonn:
Adelina Patti (1843–1919) war eine der ganz großen Koloratursopranistinnen ihrer Zeit.

82. Schloss des Baron de Gargan:
Das Schloss von Baron Theodor de Gargan war die Privatresidenz der früheren Hochöfendynastie. Heute ist das Schloss eineTouristenattraktion in Thionville.

83. Großherzog Friedrich Franz von Mecklenburg:
(1823–1883), brach mit seinen Truppen auf dem Weg nach Paris den Widerstand der Festung Soissons.

84. Von dem schlauen Thiers nicht düpieren lassen:
Adolphe Thiers, Führer der Opposition gegen Napoleon III., Anhänger einer konstitutionellen Monarchie, Leiter der Exekutivregierung 1871 in Versailles. Auf seinen Befehl blutige Niederschlagung der Pariser Kommune, 1. Präsident der III. Republik (1871–73).

85. Ein Stück von Schumann spielen:
1863 konzertierte Clara Schumann in Trier. Dabei war sie auch Gast bei Familie Viebig. »Meine Mutter, ihre begeisterte Verehrerin, wagte nicht sie zum Spielen auf unserm alten Flügel aufzufordern. Sie setzte sich aber unaufgefordert ans Klavier und spielte uns mehrere Stücke vor.« Clara Schumann und ihr Mann Robert traten später noch einmal zusammen in Trier auf. Ferdinand erinnert sich noch deut-

lich« eines gemeinsamen Ausflugs nach Karthause bei Beurig- Saarburg, wobei in dem vollen Eisenbahnabteil für mich nur ein Stehplatz blieb und Frau Schumann immer in Sorge war, dass die Tür sich öffnen und ich hinausfallen möchte.« Erinnerungen Bd. I, S. 108

86. Ferme de Neurbourg – Gassion-Ferme:
Gassion-Ferme ist der frühere Name von Neurbourg; seit der französische Marschall Gassion bei der Belagerung von Thionville 1643 hier sein Quartier hatte.

87. Kameraden vom 2. Schweren Reiter-Regiment:
Das Regiment war ein Kavallerieverband der Bayerischen Armee, gestiftet 1815. Im Krieg 1870/71 gehörte es zum I. Armee-Korps der III. Armee unter Kronprinz Friedrich von Preußen und nahm an der Schlacht bei Wörth teil.

88. Major von Wangenheim:
Ernst Wilhelm von Wangenheim (1829–1887), später preußischer Generalmajor.

89. Chasseurs d'Afrique:
Die leichten Jägerregimenter im Kavalleriekorps der franz. Armee d'Afrique rekrutierten sich aus franz. Freiwilligen oder Siedlern in Nordafrika im Gegensatz zu den Spahi-Kavallerie-Regimentern nordafrikanischer Herkunft. 1863 zeichneten sie sich im franz. Expeditionsheer unter Marschall Bazaine in Mexiko aus. In der Schlacht von Sedan 1870 erlitten sie große Verluste.

90. Zweitägige Schlacht von Orléans:
Nach der Schlacht von Sedan bildete die junge Republik eine Regierung der nationalen Verteidigung mit dem linken Anwalt Leon Gambetta als Kriegsminister. Nach dem Scheitern der Friedensverhandlungen zwischen Außenminister Jules Favre und Otto von Bismarck rief Gambetta zum »guerre à outrance« (Krieg bis zum Äußersten) auf. Die Erfassung aller wehrfähigen Männer wurde auf den Weg gebracht und noch im Herbst mehr als 1,5 Millionen Männer bewaffnet und in den verschiedenen Regionen neue Korps gebildet. Im Raum Orléans hatten sich schon Ende Sept.

etwa 60 000 Mann, Reste von geflohenen Soldaten, Kriegsfreiwilligen, Mobilgardisten und Franctireurs gesammelt. Bis zum Dezember wurden weiträumig 200 000 Mann als Loire-Armee zum Entsatz des belagerten Paris mobilisiert. 80 000 Soldaten davon, kaum ausgebildet und noch unzureichend bewaffnet, trafen am 3. und 4. Dez. 1870 bei Orléans unter den Generälen Louis de Paladine (1804–1877) und Charles Bourbaki (1816–1897) auf 30 000 kampferprobte, hochdisziplinierte Soldaten der II. Armee unter Prinz Friedrich Karl von Preußen und der Armeeabteilung unter dem Großherzog Friedrich Franz von Mecklenburg. In zwei hartumkämpften Tagen unter widrigsten Bedingungen wurden die Franzosen geschlagen. Deutsche Verluste: 1 300 Mann, franz. Verluste: 7 000 Mann und 12 000 Gefangene. Die Loire-Armee war in zwei Teile getrennt und stellte seitdem keine Gefahr mehr für die Belagerer von Paris dar. Ein Teil der Loire-Armee zog sich unter General Bourbaki nach Südosten zurück. Als neuformierte Armée de l'Est (Ostarmee) bedrohte sie fortan im Raum Belfort, Besancon und Dijon mit der Vogesenarmee Garibaldis die deutsche Südflanke.

91. Maler Bendemann aus Düsseldorf:
(1811–1889) Hochschullehrer Eduard Bendemann war ein wichtiger Vertreter der Düsseldorfer Malerschule.

92. Regierungspräsident von Kühlwetter aus Düsseldorf:
Friedrich von Kühlwetter (1809–1882) Verwaltungsjurist, Regierungspräsident von Düsseldorf, 1870 Zivilgouverneur von Elsass/Lothringen, von Ernst Viebig in Düsseldorf als Vizepräsident vertreten, war zuletzt Oberpräsident der preußischen Provinz Westfalen.

93. Durch Kuss und Umarmung Schmollis getrunken:
Smollis für sis mihi mollis – sei mir hold -, Trinkspruch unter Studenten beim Brüderschaftstrinken.

94. »Officier garibaldien«:
Giuseppe Garibaldi (1807–1882), republikan. Freiheitskämpfer für die italienische Einheit, eilte im Herbst 1870 zur Unterstützung der jungen Republik nach Frankreich. Er formte

ein Freikorps in den Vogesen, das zur Armée des Vosges verstärkt, bis zum Waffenstillstand in Burgund gegen die Deutschen kämpfte und z. B. das Werder'sche Korps zum Rückzug aus Dijon zwang. Fontane begegnete auf dem Weg in die Gefangenschaft Garibaldis Korps, das sich als »Linie, Gardes-Mobiles, Legionäre ... Franctireurs ... theaterhaft bunt drängte und sich »wie ›Wallensteins Lager‹ ... in Szene setzte«, Fontane: Kriegsgefangen. Erlebtes 1870; a. a. O. S. 79. Mit der abfälligen Bezeichnung »Garibaldianer/Garibaldiner« unterschätzten die Preußen Kampfkraft und fanatischen Einsatz des Freikorps.

95. Das Werder'sche Korps:
Das XIV. Armeekorps wurde auch Werder'sches Korps genannt nach dem Befehlshaber General August von Werder (1808–1887). Es wurde nach dem Ende der Belagerung von Straßburg formiert mit der Aufgabe, die elsässischen Festungen und Belfort einzunehmen und in Ostfrankreich und Burgund die rückwärtigen Verbindungen der Belagerungsarmeen vor Paris zu sichern. Im Januar 1871 hielt es die überlegene franz. Ostarmee unter General Bourbaki bis zur Ankunft der deutschen Südarmee auf und nahm an der Entscheidungsschlacht an der Lisaine (15.–17. Jan. 71) und der Verfolgung der franz. Truppen teil.

96. Orléanist:
Orléanisten nannte man die Anhänger des Hause Orléans, einer Seitenlinie des franz. Königsgeschlechts der Bourbonen. Der Bürgerkönig von 1830 Louis Philippe (von Orléans) wurde durch die Revolution von 1848 gestürzt. Die Familie Orléans war seitdem bis 1870 aus Frankreich verbannt.

97. Gambetta, Jules Favre und Crémieux sind ja alle drei Juden:
Ernst Viebig, damals Düsseldorfer Regierungsvizepräsident, dokumentierte in diesem zornigen Brief an seinen Sohn gegen die Minister der jungen franz. Republik den Antisemitismus sowohl im gehobenen preußisch-protestantisch-monarchischen als auch katholischen Bürgertum und in der durch die Wirtschaftskrise der 1870er Jahre von Armut bedrohten Arbei-

terschaft. Dieser Antisemitismus war weniger rassistisch als politisch-wirtschaftlich motiviert. Von den drei franz. Ministern Gambetta (Innen + Krieg), Favre (Außen) und Adolphe Crémieux (1796–1880 – Justiz), die Viebig nannte, war Crémieux Jude. Crémieux hatte sich als Minister und Jude mit internationalen Verbindungen entscheidend für die frühzeitige Freilassung Theodor Fontanes aus franz. Kriegsgefangenschaft eingesetzt.

98. Minié-Gewehre:
Eine Art Büchse, ein sehr weit schießendes, zylindrisches Geschoss, erfunden 1849 von dem franz. Kapitän Claude-Etiénne Minié (1804–1879).

99. Dreitägige Schlacht an der Lisaine:
General Charles Bourbaki nahm an den Augustschlachten 1870 um Metz teil und wurde nach der Belagerung gefangen genommen. Er entkam nach Paris. Im Dez. bildete er aus einem Teil der Loire-Armee die Ostarmee, auch Bourbaki-Armee genannt. Ziele von Bourbakis Angriff im Südosten Dijon einnehmen, die Festungen Belfort und Langres entsetzen und die deutschen Linien zwischen Paris und dem Rhein unterbrechen. Nach ersten Gefechten Anfang Jan. 1871 kam es vom 15.–17. Jan. in der Nähe von Belfort am Fluss Lisaine zur entscheidenden Schlacht zwischen August von Werders XIV. Armee-Korps mit ca. 50 000 Mann und Bourbakis Ostarmee mit ca. 150 000 Mann. Bourbakis überlegene aber schlecht ausgebildete Truppen wurden von Werders disziplinierten Soldaten aus gesicherten Stellungen blutig zurückgeschlagen. Deutsche Verluste: 1 850 Mann, franz. Verluste: fast 8 000 Mann. Wegen der Ankunft der deutschen Südarmee konnte sich Bourbakis Armee nur noch in Richtung Schweizer Grenze zurückziehen und wurde bei Pontarlier eingeschlossen. Nach Bourbakis Selbstmordversuch übernahm General Justin Clinchant (1820–1881) das Kommando und führte 87 000 erschöpfte Soldaten mit 12 000 Pferden vom 1.–3. Febr. 1871 in die entwürdigende Internierung in

die Schweiz. Für Viebig, dessen Einheit bis Pontarlier vorgedrungen war, war der Krieg endgültig vorbei.

100. Schuppenketten:
Verzierungen aus Metall auf Pickelhauben, z. B. mit Landeswappen, Gardesterne oder Namensbänder. Für Offiziere war die Schuppenkette aus Silber oder vergoldetem Messing.

101. Vom 18. Januar verkündete Kaiserproklamation:
Noch während der Belagerung von Paris und der Kämpfe gegen die franz. Ostarmee bei Belfort fand am 18. Jan. 1871 im Spiegelsaal von Versailles die Proklamation König Wilhelm I. von Preußen zum Deutschen Kaiser statt. Der 18. Jan. wurde auch als Reichsgründungstag gefeiert, obwohl die süddeutschen Staaten schon am 1. Jan. 1871 dem von Preußen dominierten Deutschen Bund beigetreten waren. Die Proklamation begann mit einem feierlichen Gottesdienst. Anschließend begab sich König Wilhelm auf die Fahnenbühne und nahm die ihm angetragene Kaiserkrone an. Seine Proklamation an das deutsche Volk las Bundeskanzler von Bismarck vor. Danach »brachte der zur Linken des Kaisers stehende Großherzog von Baden (1826–1907) ein Lebehoch auf den Kaiser aus und rief mit … weit vernehmbarer Stimme: Hoch lebe seine Majestät, der Kaiser Wilhelm!« Nach den Hochrufen aller Anwesenden« sang die Versammlung … drei Strophen von der Nationalhymne ›Heil Dir im Siegerkranz‹.« Nach der Truppenparade vor dem Schloss »endete das Fest, auf welches das deutsche Volk mit Stolz für alle Zeiten zurückblicken kann«. Karl Mewes: Leiden und Freuden eines kriegsfreiwilligen hallenser Studenten 1870–1871, Leipzig 1898, S. 222–223

102. »Der Kyffhäuser wäre also wieder …«:
Das Kyffhäusergebirge liegt südöstlich vom Harz, auf der Höhe verziert mit dem Kyffhäuser-Denkmal. Der Sage nach schläft in der Höhle des Kyffhäuserberges Kaiser Friedrich I. (1122–1190), genannt Barbarossa. Er wacht alle 100 Jahre auf. Kreisen noch die schwarzen Raben um den Berg – gemeint

damit sind die Franzosen – schläft er wieder ein. Er wird eines Tages aufwachen und das Reich als Friedenskaiser retten.

103. So lebten wir alle Tage ... – öder Gamaschendienst:
Mit der leicht veränderten ersten Textzeile der studentischen und soldatischen Spottverse nach der Melodie des Dessauer Marsches gesungen, beschrieb Viebig seine und seiner Kameraden wunderbaren Tage als Besatzer in Burgund (Côte d'or) nach fast 12 Monaten in hartem Dauerkriegseinsatz. Im Original heißt es: So leben wir, so leben wir, so leb'n wir alle Tage in der allerschönsten Saufkompanie! Des Morgens bei dem Branntewein, des Mittags bei dem Bier, des Abends bei dem Mägdlein im Schlafquartier. (Allg. Deutsches Kommersbuch 1896–1906). Auch Karl May (1842–1912) verwendete die erste Textzeile in seinen Humoresken über den Alten Dessauer Leopold I. (1676–1747). Die Tage in Burgund entschädigten die Kompanie für den öden Gamaschendienst, wie der Soldatendienst in Friedenszeiten verspottet wurde, wo angeblich mit kleinlicher Strenge die Knöpfe an den Gamaschen (Knöpfstiefel) gezählt wurden. Quelle: Petri's Handbuch der Fremdwörter. Gera, 1896, S. 144

104. Die Müllerlieder und andere Schubert'sche Lieder:
Wilhelm Johann Müller (1794–1827) schrieb »Die schöne Müllerin« und »Die Winterreise«, beide Zyklen vertonte Franz Schubert (1797–1828), z. B. »Das Wandern ist des Müllers Lust« (aus »Die schöne Müllerin«) und »Der Lindenbaum« (aus »Die Winterreise«).

105. Majestät Kaiserin Augusta:
(1811–1890), deutsche Kaiserin und Königin von Preußen, Ehefrau von Kaiser Wilhelm I. Sie war Gegnerin des deutschen Einigungskrieges und auch des deutsch-franz. Krieges 1870/71.

106. Florentiner Streichquartett:
Von Jean Becker 1865 während einer Konzertreise in Florenz gegründete, sehr bekannte und beliebte Streichquartett, das bis 1880 bestand.

107. Um Ernst's Willen:
Als Ferdinand 3 Jahre alt war, wurde am 9.7.1850 sein Bruder Ernst geboren. Der Vater war bereits in Sigmaringen. Die Mutter lebte mit den beiden Jungen daheim in Posen. 1851 erkrankte Ferdinand an Scharlach, überstand die Krankheit gut. Aber sein Bruder Ernst, der ebenfalls Scharlach bekam, erlitt als Folge einen Schlaganfall, der seine rechte Körperhälfte lähmte. »Das Bein blieb zeitlebens kürzer, der Arm verkümmerte immer mehr und auch die geistigen Fähigkeiten blieben zurück.« F. Viebig: Erinnerungen, Bd. I, S. 43. Auch eine frühere Heilmethode, den kranken Ernst, für kurze Zeit in ein Kuhfell einzunähen, brachte keine Besserung. 1852 fuhr die Mutter mit beiden Jungen mit dem Zug zu ihrem Mann nach Sigmaringen. Ernst blieb weiterhin behindert und jammerte unentwegt. 1856 wurde Oberregierungsrat Ernst Viebig nach Trier versetzt. Ferdinand schreibt: »Meinem Bruder ging es in den ersten Jahren in Trier leidlich«. Aber bald stellten sich Zuckungen und krampfartige Zustände ein, »sein Zustand verschlimmerte sich allmählich so, dass die Eltern im Jahr 1862 oder 1863 sich entschliessen mussten, ihn in Privatpflege bei Pfarrer Holzbaur in Höpfigheim bei Marbach (Station Ludwigsburg), dem Großvater des zuletzt bei meiner Mutter und jetzt im Hause meiner Schwester lebenden Fräuleins Marie Holzbaur unterzubringen« F. Viebig: Erinnerungen, Bd.I, S. 105/106. Frau Viebig sorgte sich 1870 um Ernst wegen Holzbaurs Versetzung nach Entringen. Dort besuchten ihn Ferdinand und seine Mutter gelegentlich. Von Besuchen seines Vaters und seiner jüngeren Schwester Clara ist nichts bekannt. Ernst Viebig starb 1877 mit 27 Jahren in Entringen. Seine Mutter und sein Bruder nahmen an der Beerdigung teil, die von Pfarrer Holzbaur und Ferdinand organisiert wurde. Holzbaurs Enkelin, Marie, war mit Unterbrechungen Hausmädchen bei Clara Viebig bis zu deren Tod 1952.

108. Die blutigen Kämpfe bis zur Niederwerfung der Kommune:
Gegen die neugewählte Regierung mit Adolphe Thiers als Präsident, die im März 1871 ihren Sitz nach Versailles ver-

legte, brach in Paris der Aufstand der Commune und Regierungsgegner aus. Ein von Sozialisten und Kommunisten beherrschter revolutionärer Gemeinderat, die Commune, wurde gewählt. Die Kommunarden erkannten die Versailler Regierung nicht an. Sie stützten ihre Macht auf die noch nicht entwaffnete Nationalgarde und Tausende bewaffnete Zivilisten. Soziale Spannungen zwischen Bürgern und Proletariat führten zu blutigem Terror. Thiers ließ die Stadt mit deutscher Unterstützung von März bis Mai belagern und beschießen. Auf seinen Befehl machten Regierungstruppen unter Mac Mahon dem Verlierer von Sedan, der Commune nach achttägigem mörderischen Barrikadenkampf ein Ende. Tausende Kommunarden wurden niedergemacht. Mac Mahons Standgerichte exekutierten 20 000 Aufständische. Die Kommunarden erschossen Hunderte Geiseln, darunter den Erzbischof von Paris und brannten zahlreiche öffentliche Gebäude nieder. Der Aufstand endete mit der Gefangennahme Zehntausender Kommunarden. Mindestens 3 000 von ihnen wurden nach Neu-Kaledonien deportiert. Patrice Mac Mahon, der erzkonservative «Schlächter« der Commune, gewann 1873 die Präsidentenwahl gegen Thiers und wurde 2. Präsident der III. Republik.

109. Die während des Krieges fertiggestellte Eifelbahn:
1870 sollten 24 000 deutsche Soldaten zum Kriegseinsatz transportiert werden. Sie konnten mit der Eifelbahn von Köln aus nur bis Kall fahren. Hier endete der Streckenausbau. Ab hier mussten die Soldaten mit ihren Pferden, Fahrzeugen und Geschützen den kräftezehrenden Marsch durch die Eifel bis Saarbrücken antreten. Am 15. Nov. 1870 war die Bahnstrecke bis Gerolstein fertig gebaut. Anfang Nov. 1870 marschierten 80 000 franz. Kriegsgefangene von Trier in ein Biwak nach Gerolstein, um ab 15. Nov. mit Zügen Richtung Köln, Düsseldorf und Ruhrgebiet in die Lager transportiert zu werden. (s. Anm. 75) Die Lücke Trier/Ehrang bis Gerolstein wurde bis März 1871 geschlossen. Sie durfte bis Mitte Juli 1871 jedoch nur für Militärtransporte genutzt werden.

Quelle: Karl Josef Bales: »Bau der Eifelbahn vor 150 Jahren«, Mitteilungsblatt des Vereins Eisenbahnfreunde Jünkerath, EFJ, 1/2021 In seinem Bericht im Trierischen Volksfreund vom 25./26. Juni 21schreibt Bales, dass im Nov. 1870 auch etwa 500 franz. Gefangene zwischen Birresborn und Kyllburg zum Bahnbau eingesetzt wurden. »Weil mehrfach Kriegsgefangene desertierten, wird nach kurzer Zeit deren Einsatz abgebrochen.«

110. Oberregierungsrat Viebig, der Dichter des Liedes:
Ferdinand Viebig berichtete immer wieder von Gedichten und Versen, die sein Vater zu verschiedenen Anlässen verfasste (s. Anm. 1). Im Band I hat er auf 8 Seiten den gesamten Text seines Vaters wiedergegeben, den dieser 1864 vor dem Lesekränzchen vorgetragen hatte mit dem Titel: »Das Lesekränzchen. Idyllisches Epos in vier Gesängen« Im Dez. des gleichen Jahres verfasste der Vater ein Gedicht zum Geburtstag seiner Frau, das die kleine Clara am 30. Dez. vortragen durfte. Es beginnt:

»Die Liebe mein, mein Herz ist Dein
Dir weih' ich alle Treue, so wird es heut
Und immer sein, stets lieb' ich dich aufs Neue.«

Auch Ferdinand schmückte seine Erinnerungen immer wieder mit kleinen Gedichten. Dieses Talent und die Liebe zum Reimen hatten auch sein Sohn Werner, Enkel Jost-Bernd und Urenkel Bernd.

111. Wolkenburg:
ehemaliges Kloster bei Köln, am 31. Mai 1942 durch Bomben zerstört, der historische Teil (erste Anfänge 1141) vom Kölner Gesangverein 1955 wieder aufgebaut, heute Top-Eventlokal für höhere Ansprüche mit mehreren Häusern.

112. Präsident des Fassvereins:
Der Fass-Verein Dortmund existierte von 1854–1904. Wie der Name andeutet, wurde das Bier fassweise angeschafft. In den Statuten heißt es: »Sobald Abends nach 5 Uhr zwei Mitglieder versammelt sind, haben diese das Recht, ein Fässchen

auflegen zu lassen.« Der einzige Zweck des Vereins war das Vergnügen im engeren Kreise von Freunden.

113. Durch ihren Schwiegersohn vorlesen ließ:
Friedrich (Fritz) Theodor Cohn (1844–1936) Ehemann der Schriftstellerin Clara Viebig. »Am 1. Oktober 1896 überraschte sie (Schwester Clara) uns (Bruder Ferdinand und Frau Henriette) durch die Mitteilung ihrer Verlobung mit ihrem Verleger Fritz Th. Cohn, in Firma Fontane & Co., jetzt Egon Fleischel & Co., mit dem sie schon im Vorjahr in Manderscheid zusammengetroffen war . *Ich bin durch mein Schreiben eine andere geworden, ich bin kaum mehr die Clara, die Du gekannt hast.* Am 24. Nov. 1896 war bereits die Hochzeit, das junge Paar bezog eine Wohnung in Mutters Nähe«. Erinnerungen: Bd. IV, S. 777. Die letzten Lebensjahre bis zum Tod 1907 wohnte Claras Mutter in der Villa von Familie Cohn (»Claras Haus«) in der Königstr. 3 in Zehlendorf, wo sie sich von Schwiegersohn Fritz aus Ferdinands Erinnerungen vorlesen ließ.

114. Kornblumentag in Frankfurt:
Dieser Tag nutzte die im 19. Jahrh. entstandene Bedeutung der Kornblume als preußische Blume und Symbol des Deutschtums. (Vergleiche auch das Gemälde »Die blaue Blume« von Fritz von Wille, von Kaiser Wilhelm II. 1908 erworben.) Veranstalter waren oft Kriegervereine, die für kranke und bedürftige Veteranen der Einigungskriege sammelten.

Nachwort

Ferdinand Viebig (1847–1919)
Stationen im Berufsleben eines preußischen Staatsanwalts, Bildungsbürgers und Familienmenschen im Kaiserreich

Ferdinand Viebigs Eltern waren der Posener Regierungsrat Ernst Viebig (1810–1881) und die Pfarrerstochter Klara, geb. Langner (1825–1907) aus dem Posener Land. Nach der Heirat 1846 wohnen sie in **Posen** im *Haus mit dem runden Erker am Kanonenplatz Nr.1, … in dem ich am 17. November 1847 das Licht der Welt* erblickte. Ferdinands frühe Kindheit fällt *in die Revolutionszeit … die große Zeit im Leben meiner Eltern.* Er ist kaum ein halbes Jahr alt, als sein Vater in die deutsche Nationalversammlung gewählt wird und im Mai 1848 als Posener Abgeordneter in der **Frankfurter** Paulskirche erscheint.

Anfang Juli 1848 folgt ihm seine Frau nach. Klara *sieht ein, dass unser Aufenthalt Jahr und Tag dauern wird.* Daher wird Ferdinand von der Großmutter Ende September 1848 zu den Eltern nach Frankfurt gebracht. Im Frühjahr 1849 scheitert die Nationalversammlung und im April wird *mein Vater von dem Kgl. Regierungspräsidium in Posen im »Interesse des Dienstes« ersucht,* Anfang Mai zurückzukehren. *Vaters Tage in der Paulskirche waren gezählt* und nach seinem Austritt am 21. Mai fuhren wir wieder nach Posen zurück.

Am 9. Juli 1850 wird Ferdinands Bruder Ernst geboren. Die Brüder erkranken 1851 an Scharlachfieber, das für Ernst verhängnisvoll wird. Er erleidet als Spätfolge *einen Schlaganfall, der die ganze rechte Körperhälfte lähmte … die geistigen Fähigkeiten blieben in der Entwicklung zurück.* Diesen Schock verwinden die Eltern bis zum Tod ihres Sohnes 1877 nicht.

Im Februar 1852 wird Ernst Viebig an die in **Sigmaringen** errichtete Regierung für die Hohenzollernschen Lande (preußische Enklave in Württemberg) versetzt, um dort das Finanzwesen zu organisieren. 1853 wird Ferdinand eingeschult und besucht ab 1856 das Gymnasium. Der Vater wird im August 1856 zum Oberregierungsrat befördert und in die Finanzabteilung der Königlichen Regierung zu **Trier** versetzt. Sigmaringen bleibt Ferdinand zeitlebens als »die Lieblingsstätte meiner Kindheit« in Erinnerung.

Die Mutter kommt mit den beiden Jungen Anfang Dezember 1856 in Trier an. Ferdinand tritt sofort nach der Ankunft in die Sexta des dortigen Gymnasiums ein und muss sich als einziger evangelischer Schüler unter lauter Anwärtern für das Priesterseminar behaupten. Am 17. Juni 1860 wird seine Schwester Clara geboren. Dem Bruder Ernst geht es in Trier anfangs leidlich. Es gelingt *mit unsäglicher Mühe ihm durch Privatunterricht die notdürftigsten Volksschulkenntnisse beizubringen,* bis sich Ernsts Zustand durch ständige Krämpfe verschlimmert. Die Eltern entschließen sich, ihn *im Jahre 1862 oder 1863 in Privatpflege bei Pfarrer Holzbaur* (Christoph Ludwig Holzbaur, 1820–1891) *in Höpfigheim bei Marbach, dem Großvater der zuletzt bei meiner Mutter und jetzt im Hause meiner Schwester lebenden Fräuleins Marie Holzbaur* (1885–1959, Berlin) *unterzubringen.* Trotz dieser Belastung und der angegriffenen Gesundheit des Vaters erlebt Ferdinand die rege Teilnahme der Eltern am musikalischen und literarischen Leben der gehobenen Trierer Gesellschaft mit einem regelmäßigen Lesekränzchen im Hause Viebig. 1863 musiziert Clara Schumann nach einem Konzert in Trier als Gast bei den Viebigs. Im Sommer 1865 erhält Ferdinand mit dem Abitur, *noch keineswegs reif ... im Alter von 17 ¾ Jahren unter allen möglichen Lobhudeleien das Zeugnis der Reife.* Die Frage, was aus ihm werden soll, bereitet ihm kein Kopfzerbrechen, denn *wenn der Mensch nicht weiss, was er werden soll, studiert er bekanntlich Jura.* So findet er es ganz selbstverständlich *in des Vaters Fußstapfen zu treten.*

Darum wird am 17. Oktober 1865 der *praenobilissimus Ferdinandus Viebig, Rhenanus, Studiosus iuris et cameralium (der sehr edle Herr Ferdinand Viebig, Rheinländer, Student der Rechte und der Staatswissenschaft) 17 Jahre 11 Monate alt, ein schmächtiger, schüchterner Jüngling unter die Zahl der akademischen Bürger der Rheinischen Friedrich-Wilhelms-Universität in* **Bonn** *aufgenommen.*

Am 24. Oktober 1866 wechselt er zur Ruperto-Carolina-Universität in **Heidelberg.**

Als vorletzte Station wird er am 2. November 1867 bei der Universität **Berlin** eingeschrieben.

Am 2. Mai 1868 wird Ferdinand wieder in **Bonn** immatrikuliert, um sich auf das Examen zur 1. juristischen Prüfung vorzubereiten, die er am 7. November 1868 im Appellhof in **Köln** ablegt.

Zwei Studienjahre verbummelt Ferdinand zu Gunsten eines lustigen Studentenlebens als »ein richtiger Bruder Studio«. In Bonn zieht der Jüngling die aktive Teilnahme am rheinischen Leben, an Karneval, Opern- und Theaterbesuchen seinem Studium vor.

Auch in Heidelberg ist sein Bedarf an wissenschaftlichen Leistungen bald gedeckt, *denn ich hatte in der Tat Besseres zu tun durch regelmäßiges Kneipen* in der studentischen »Blase« aus Rheinländern, Trierern und Luxemburgern, die *in Heidelberg allerlei Übermut und Unfug trieben.* Im Mannheimer Nationaltheater ist er Dauergast. Er schreibt sogar Theaterkritiken für die Heidelberger Zeitung. Er organisiert einen wöchentlichen Tanz-, Spiel- und Singkreis. Hier wird gemimt, getanzt und musiziert, nur nicht studiert.

Das ausgelassene Heidelberger Leben unterbricht Ferdinand Pfingsten 1867, als er seinen Bruder in Höpfigheim besucht. Er berichtet seinen Eltern, dass Ernst dort bestens aufgehoben sei. Dennoch sei die ungeheure Veränderung mit ihm unverkennbar, die sich in einer zunehmenden Abstumpfung des Geistes zeige.

In **Berlin** verabschiedet sich Ferdinand von *diesem fortgesetzten Lebenswandel* in Heidelberg, nachdem ihm dort sein Abgangszeugnis erst nach *erfolgter Schuldentilgung ausgehändigt wurde ... Ich war mit einem Schlage solide und fleissig geworden und begann ernstlich ans Examen zu denken.*

Er führt von jetzt ab ein geregeltes Leben. Auf die regelmäßigen Theater- und Opernbesuche verzichtet er jedoch nicht.

Von Berlin aus besucht er nun seine zahlreichen Verwandten im Posener Land und Rokitten, dem Stammhaus der Viebigs. Er verbringt Weihnachten und Neujahr 1867/68 in seiner Geburtsstadt Posen. Es ist sein letzter Besuch dort.

Im Frühjahr 1868, zurück in **Bonn**, setzt er sich »auf die Hinterbeine« und wandelt sich vom »studiosus zu candidatus iuris«, denn das für den Herbst geplante Examen *warf seinen Schatten bedenklich voraus*. Einzige kulturelle Ablenkung ist *ein von Richard Wagner selbst geleitetes Konzert im Kölner* Gürzenich.

In die Vorbereitungszeit fällt der Umzug der Eltern nach **Düsseldorf**, weil sein Vater am 1. September 1868 als Vizepräsident an die Königl. Regierung in Düsseldorf versetzt wird. Diese Stadt und das Haus am Schwanenmarkt Nr. 3, das die Viebigs von Matthias Heinrich Göring, Ferdinands späterem Schwiegervater, mieten, wird in den nächsten Jahren Lebensmittelpunkt des angehenden Juristen. Im Oktober wird er zur ersten juristischen Prüfung zugelassen. Am 7. November 1868 besteht er sie in Köln »mit dem Qualificationstest pro auscultatura.« (Berechtigung zur praktischen juristischen Ausbildung)

Seit dem 24. November sammelt er erste Erfahrungen bei verschiedenen Praktika am Königl. Landgericht zu Düsseldorf bis zum Eintritt in den Militärdienst als Einjährig-Freiwilliger am 1. April 1869. Seine militärische Ausbildung und die Teilnahme am anschließenden Krieg von 1870–1871 schildert das vorliegende Buch.

Im III. Band fasst Ferdinand sein weiteres militärisches Leben zusammen. Als Reservist tritt er in die Landwehr ein und nimmt regelmäßig an Übungen teil. Im September 1880 wird er zum Premierleutnant der Landwehr befördert. Mit seiner letzten Übung im Mai und Juni 1882 in Metz erwirbt er die Qualifikation zum Kompanieführer. Ferdinand erreicht die für 1885 vorgesehene Beförderung zum Hauptmann nicht mehr, *sondern scheidet mit einem bedauerlichen Missklang aus dem militärischen Dienst aus ... und erhält mittels Allerhöchster Order vom 16. Mai 1885 den erbetenen Abschied.*

Zurück zum Kriegsende in Band II: Heimgekehrt aus dem Krieg wird Ferdinands Regiment am 11. Juni 1871 demobilisiert, die Reservisten werden entlassen. Auch er kehrt ins bürgerliche Leben zurück, lebt bei seinen Eltern in Düsseldorf und setzt nach elfmonatiger Unterbrechung den juristischen Vorbereitungsdienst am Landgericht in Düsseldorf fort. Bis 1873 arbeitet er als Praktikant bei Anwälten und Notaren. 1872 nimmt er sich Zeit für einen Besuch beim kranken Bruder in Entringen, der neuen Stelle von Pfarrer Holzbaur. Zur 13 Jahre jüngeren Schwester Clara entwickelt sich in dieser Zeit ein »näheres geschwisterliches Verhältnis«. Die Freundschaft *zur Nachbarstochter Henriette Göring als vollerblühte Jungfrau* beginnt. 1874 bereitet er sich auf die große Staatsprüfung in **Berlin** vor. Sie findet am 23. Mai 1874, *den Samstag vor Pfingsten, im Justizministerium Wilhelmstrasse 65 statt.*

Ein Kapitel seines Lebens ist abgeschlossen und so beschreibt er am Ende des 2. Bandes seiner Erinnerungen die Rückkehr nach Hause als *die Fahrt aus der Jugend in's Mannesalter.*

Unter Berücksichtigung der während des Krieges gegen Frankreich geleisteten Dienstzeit wird Ferdinand *durch Patent vom 5. Juni 1874 zum Gerichtsassessor dem Königl. Landgericht in Düsseldorf überwiesen.*

Noch schwankt er zwischen Justiz- oder Verwaltungsdienst, aber auf den erfahrenen Rat seines Vaters: »Mein lieber Sohn, du glaubst nicht, mit wie wenig Verstand die Welt regiert wird«, bleibt er dem Justizdienst treu, denn der »Herr Assessor« ist von seiner *Wichtigkeit im Staate sehr überzeugt.* Er bewährt sich als Hilfsrichter in **Saarbrücken** und kommissarischer Staatsanwalt in **Cöln.**

Am 1. Dezember 1875 tut seine Majestät der König *kund und zu wissen, dass er den Gerichtsassessor Ferdinand Viebig in Cöln zum Staatsprokurator* (Staatsanwalt) *ernannt habe* mit der Aufforderung, das neue Amt am 1. Januar 1876 bei dem Landgericht **Coblenz** anzutreten. Vorher heiratet er im Oktober 1875 seine Verlobte Henriette Göring in der Honnefer Villa seiner Schwiegereltern. In Koblenz verbringen Henriette und Ferdinand *14 Jahre unseres Lebens und nicht die schlechtesten.* Er wird dort der *Rheinländer, der ich im Herzen heute noch bin.* Ironisch beschreibt er die Koblenzer Gesellschaft in dieser Zeit, *die aus zwei Klassen von Menschen besteht ... Solche, die bei Hof verkehrten, und solche, die nicht bei Hof verkehrten. Wir selbst gehörten zur ersten Klasse.* So nehmen die Viebigs auch an Empfängen der Kaiserin Augusta teil, bei denen sie u.a. dem Prinzen Wilhelm, dem späteren Kaiser Wilhelm II. vorgestellt werden. In Bad Ems haben sie alljährlich Gelegenheit, Kaiser Wilhelm I. »dem Vater des Vaterlandes« in Zivil auf der Kurpromenade zu begegnen oder im Kurtheater hinter ihm zu sitzen. Auch den Zaren Alexander II. können sie hier treffen. In der Koblenzer Gesellschaft und bei seinen Kegelbrüdern ist Ferdinand als Stegreifredner und Verseschmied beliebt. Auf Wunsch besteigt er den Pegasus, *denn die Knittelverse saßen mir damals sehr lose.*

Geehrte Herren, werte Damen,
Die heute hier zusammenkamen,
Wie ihr mich hier so stehen seht,
Bin ich der kleine Hauspoet,
Den man bei jedem frohen Fest
Zur Unterhaltung kommen lässt,
Um zur Erhöhung solcher Feiern,
Den Gästen etwas vorzuleiern.

Die Viebigs reisen viel, vor allem in die Schweiz und erwandern die kulturellen und landschaftlichen Höhepunkte seines Dienstbereiches an Ahr, Mosel, Nahe, Rhein und Lahn. Im Hunsrück, Taunus, Westerwald und in der Eifel ist ihnen kein Berg zu hoch. Die junge Familie erlebt neben viel Frohsinn und Heiterkeit auch schwere Stunden. Zu den frohen zählen die Geburt des Sohnes Werner am 15. Mai 1878 und der Tochter Elisabeth am 26. März 1888. Am 11. März 1877 erfahren die Viebigs in Düsseldorf von Pfarrer Holzbaur die Nachricht, *dass unser unglücklicher Ernst von seinem Leiden erlöst worden sei.* Die Mutter und Ferdinand reisen sofort zur Beerdigung nach Entringen. Die Schwester Clara bleibt in Düsseldorf bei ihrem kranken Vater zurück. Ferdinand sorgt für die zukünftige Pflege der Grabstätte, die er bis 1930 sichert. Viebigs verzichten aber auf Todes- und Zeitungsanzeigen, *da jede Beileidsbezeugung uns nur erneuten Schmerz bereiten könnte. Ernst war ja längst nicht mehr vorhanden für die Welt.*

Am 1. Oktober 1881 wird Vater Viebig mit den Wünschen des Regierungspräsidenten für noch viele wohlverdiente Jahre des Ruhestands pensioniert. Aber schon am 13. Oktober 1881 stirbt er an Lungenlähmung. Ferdinand ordnet den Nachlass nach des Vaters Willen. 1908 haben Ferdinand und Clara ihren Vater auf den neuen Düsseldorfer Nordfriedhof umbetten lassen, wo er und Clara heute noch in einem Ehrengrab ruhen. Ende 1882 zieht seine Mutter mit der Schwester Clara nach Berlin, um dort die Gesangsausbildung der Tochter besser fördern zu können.

Zu den schweren Stunden zählt auch die »Schreckensbotschaft aus Berlin« über das Attentat auf den alten Kaiser Wilhelm, die am 2. *Juni 1878 unser Haus … ja das gesamte Vaterland erregte.* Der Attentäter Carl Nobiling, der sich erschießt, war der Sohn von Ferdinands *Tante Amalie, der einzigen überlebenden Schwester meines tiefgebeugten Vaters.* Es ist eine kompromittierende Situation für den jungen Koblenzer Staatanwalt und den Düsseldorfer Regierungspräsidenten, die jedoch beide unbeschadet überstehen.

In Koblenz ist Ferdinand schließlich des »ewigen Kneipens« müde und sucht eine amtliche Tätigkeit, die ihn mehr befriedigt.

Durch eine Versetzung nach **Wuppertal** am 1. Juli 1890 hofft er, dieses Ziel zu erreichen. Es wird die Enttäuschung seines Lebens. Schon bei der Ankunft stellt Ferdinand fest: *einen größeren Gegensatz als zwischen Koblenz und Elberfeld kann man sich kaum denken. Dort eine lachende Landschaft mit lebensfrohen Menschen, hier ein enges düsteres Tal mit steifen ernsten Arbeitsmenschen und grauen Schieferhäusern unter einem ewig grauem Himmel.* Die alteingesessenen Patrizier- und Fabrikantenfamilien schotten sich ab und bilden *gegenüber dem besseren Bürgerstande eine streng für sich abgeschlossene Kaste.* Die Beamtenschaft fühlt deutlich *die breite und tiefe Kluft, die uns von jenen Plutokraten schied ... und schloss sich enger als anderwärts aneinander.* Trotz einer großen Arbeitslast ist seine Tätigkeit interessant und die Kapitalsachen wie Mord sind vielseitiger als in Koblenz. Hier leitet er z. B. zum ersten Mal die Vollstreckung eines Todesurteils. Im Privatleben der Viebigs gibt es 1891 schulische Sorgen um den Sohn Werner im Elberfelder Gymnasium. Die Eltern schicken ihn in ein Internat in Zweifall in der Eifel. Die kleine Elisabeth erfreut den Vater und macht ihm die schwere Zeit leichter.

Anfang 1894 bemüht sich Ferdinand aus gesundheitlichen Gründen um eine Versetzung an das Landgericht **Bonn**, der am 5. April stattgegeben wird. Die vier Jahre seiner Elberfelder Verbannung hat er *mit Anstand ausgehalten und wenn auch manchmal knurrend und schimpfend, doch mit Eifer und gutem Willen durchgeführt.* Er freut sich auf die neue Aufgabe, ahnt aber noch nicht, dass ihn in Bonn der größte »Schmerz seines Lebens« treffen wird.

Bonn hat sich 1894, seit Ferdinands Universitätszeit 1865, *sehr zu seinem Vorteil verändert und stand im Begriff* sich ... *in die schmucke, vornehme Stadt zu verwandeln, die es heute ist.* Schon 14 Tage nach dem Amtsantritt löst er mit »mehr Glück als Verstand« einen Aufsehen erregenden Mordfall und verhaftet den Täter. Das verschafft ihm die Anerkennung seiner neuen Vorgesetzten und Kollegen. Neben den musikalischen und gesellschaftlichen Höhepunkten machen ihm vor allem die *Beziehungen zur alma mater Bonnensis ... das Leben in Bonn besonders lieb und angenehm.* Er drückt wieder die Schulbank und nutzt die vielen wissenschaftlichen Möglichkeiten der Universität. Er engagiert sich in der evangelischen Kirche und wird zeitweise Mitglied des Presbyteriums der Gemeinde. Aus Berlin erreichen die Viebigs erfreuliche Nachrichten. Am 1. Oktober 1896 erhalten sie überraschend die Mitteilung, dass Schwester Clara sich mit ihrem Verleger Theodor Cohn von der Firma Fontane & Co. verlobt hat. Am 24. November ist bereits die Hochzeit. Die Mutter wohnt danach unweit von Cohn's. Sie ist stolz auf ihre Tochter, die ihre neueste Arbeit für 2 500 Mark verkaufen kann. Am 10. Oktober 1897 wird der kleine Ernst Cohn geboren. Seit der Rückkehr des Sohnes Werner aus dem Internat 1894 ist die Familie in Bonn wieder vereint. Werner kommt auf dem Bonner Gymnasium ohne Schwierigkeiten vorwärts. Tochter Elisabeth entwickelt sich als Liebling der Familie, der Nachbarn und Lehrerinnen. Im November 1896 erkrankt sie an Scharlach und erholt sich wieder. Sie lebt in der Vorfreude auf Weihnachten und schreibt rührende Wunschbriefe. Kurz vor Weihnachten erleidet sie als Spätfolge eine Nieren- und Herzentzündung, an der sie in der Weihnachtsnacht 1896 stirbt. Am 26. Dezember wird Elisabeth auf dem Poppelsdorfer Friedhof in Bonn beigesetzt. Es wird jenes Familiengrab der Viebigs, das in Poppelsdorf heute noch unter Denkmalschutz existiert. Es trägt immer noch die schlichte Marmortafel für Elisabeth mit der Inschrift:

Sie kam, sie ging auf leiser Spur,
Ein flücht'ger Gast im Erdenland
Woher? Wohin? Wir wissen nur:
Aus Gottes Hand in Gottes Hand.

Ludwig Uhland (1787–1862), Dichter, Jurist, Abgeordneter der Frankfurter Nationalversammlung wie Ernst Viebig

Im *August* 1897 wird Ferdinand *aus Anlass der am 31. August stattgefundenen Enthüllung des von der Rheinprovinz errichteten Denkmals auf dem Deutschen Eck für Kaiser Wilhelm I. der rote Adlerorden 4. Klasse verliehen.* Am 29.11.1897 erhält er ein Versetzungsangebot als erster Staatsanwalt nach Köln. Er lehnt es mehrmals ab wegen des frischen Grabes und der besten Jahre seines Lebens in Bonn. Da seine Versetzung jedoch im dienstlichen Interesse erwünscht ist, fügt er sich als preußischer Beamter, und wird vom 6. Januar 1898 mit allerhöchster Genehmigung an das Landgericht in **Cöln** versetzt. Rückblickend schreibt er: *Es hat mir oft genug leid getan, dass ich mich darauf eingelassen habe. Ich hätte auf weitere Carrière verzichten sollen und würde in Bonn* *heute noch in Amt und Würden ein gesundes Leben führen. Eins ist sicher, das Heimweh nach Bonn werde ich nie mehr ganz verlieren.*

Die Kölner Jahre der Viebigs sind erfüllt von der Trauer um ihre kleine Tochter. Sie leben sehr still und zurückgezogen. Sie ziehen es auch vor, ihre Silberne Hochzeit ohne Freunde und Verwandte zu feiern. Als nicht eingeborene Kölner reizt sie die Kölner Gesellschaft so wenig, *dass wir gern auf eine Geselligkeit größeren Stils* verzichten ... *Zumal der vermögenslose Beamte im Hilligen* Köln keine Rolle spielt. Auch der Kölner Karneval kann sie nicht in Stimmung bringen. So verbringen sie die Fastnachtstage regelmäßig bei Mutter und Schwester in Berlin.

Die Arbeit geht Ferdinand in Köln nicht aus, denn die »Heinzelmännchen« erledigen seine Aktenberge nicht und halten den Dienstbetrieb der »Königl. Staatsanwaltschaft nicht in Gang«, die nach Berlin die größte im ganzen Staate ist. Ihm steht jedoch der Korpsgeist seiner qualifizierten Kollegen stets hilfreich zur Seite. Nach den Kapitalverbrechen zählen die Ermittlungen um den Einsturz des Neubaus der Philharmonie und die mehr als andernorts verbreiteten »Verfehlungen gegen die Sittlichkeit« zu seinen aufwendigsten Aufgaben. Gemeinsam aber engagieren sich die Eheleute mit wachsendem Erfolg in der Fürsorge für entlassene Häftlinge und im Kölner Gefängnisverein.

Als Ausgleich verbringt Ferdinand seine Urlaube mit Sohn Werner auf Klettertouren in den Alpen, wobei der »stark überarbeitete Büromensch« zusammenbricht. Krank zurückgekehrt, wird in Köln das Herzleiden festgestellt, das häufige Kuren erfordert. Die Zukunft ihres Sohnes Werner sorgt aber für neuen Auftrieb der Eltern. Im März 1898 besteht er das Abitur. Seinen Berufswunsch im technischen Bergfach kann er dank der Beziehungen seines Großvaters Göring, Großaktionär der niederrheinischen Hütte, einschlagen. Noch im März fährt er die erste Schicht und schließt das praktische Jahr im Saarland ab. Die folgende militärische Ausbildung als Einjährig-Freiwilliger beendet er als Unteroffizier. In Berlin beginnt er 1901 ein Studium an der Königl. Bergakademie. Bis zum Ende des Studiums ist er häufig Gast im Hause Cohn-Viebig, bei Großmutter und Tante Clara. Er wird der große Freund seines kleinen Vetters Ernst Cohn.

Zum 1. Februar 1900 bietet das Ministerium Ferdinand die Landgerichtspräsidentenstelle in Elberfeld an. Nach Beratung mit seiner Frau lehnt er wegen seiner früheren Erfahrungen mit dem »Elberfelder Muckertum« ab. Im Oktober 1901 wird ihm *durch allerhöchstes Patent der Charakter als Geheimer Justizrat verliehen.* Zur gleichen Zeit ist die Stelle des Oberstaatsanwalts in **Kassel** zu besetzen, und er wird durch *Verfügung des Justizministers vom 7. Dezember 1901 zum Oberlandesgericht in Cassel* versetzt. Sein letzter Berufswunsch ist nun erreicht. Wie 1870 für Kaiser Napoleon III. zu seiner Internierung nach Kassel-Wilhelmshöhe heißt es jetzt auch für Viebigs:

»Ab nach Cassel!«

Nicht als ob ich über Cassel und die dort verbrachten Jahre zu klagen hätte, – meine Frau war sogar sehr gerne dort, – aber ich kann nicht leugnen, dass meine amtliche und ausseramtliche Stellung in mancher Beziehung meinen Erwartungen nicht entsprach. Soweit die abgewogene Beurteilung des Juristen. Für den Realisten Viebig dagegen ist seine Zeit im Kasseler Bezirk eine wahre Enttäuschung in kultureller, künstlerischer, baulicher und gesellschaftlicher Hinsicht. Kassel ist für den »Wunsch-Rheinländer« lediglich ein »erbärmliches Nest« in reizvoller Umgebung. Er beklagt die *Rückständigkeit des hessischen Volkes, ... vor allem aber die Kleinheit und Kleinlichkeit der hessischen Zustände, an die ich mich nach den grosszügigen und mannigfaltigen Verhältnissen der Rheinprovinz und der Grossstadt Cöln nur schwer gewöhnen konnte.* Seine Dienststelle befindet sich im neuen, von den reichen Preussen errichteten Königl. Regierungs- und Gerichtsgebäude die damit *den poweren Hessen mal zeigen wollten, was ein großer Staat zu leisten vermag.* Ferdinand fühlt sich künstlerisch gesehen wie in der Verbannung, *denn der allgemeine Kunstsinn der Casseläner ist schwach entwickelt.* Am meisten enttäuscht ihn aber die permanente Unterforderung im juristischen Alltag. Er fühlt sich manchmal überflüssig und meint, *dass sein Obersekretär alle Geschäfte auch ohne ihn hätte erledigen können*. Bestehen seine »kriminellen Geschäfte« doch fast hauptsächlich in der Verfolgung der häufigen Jagdvergehen und ständigen Auseinandersetzung mit dem hier weit verbreiteten hartnäckigen Querulantentum. Dafür muss er jedoch oft in der Residenz- und Provinzialhauptstadt bei den häufigen Empfängen der hohen Würdenträger antreten. Dabei wird ihm z. B. aus Anlass des Kaisermanövers 1903 der rote Adlerorden III. Klasse überreicht. Bei der gleichen Gelegenheit wird er auch der greisen Kaiserin Augusta vorgestellt, mit der er ein paar Worte über die Koblenzer Jahre wechseln darf. Aus einem Empfang beim Intendanten des XI. Armeekorps, Geheimrat Theodor Fontane, entsteht ein anregender und enger Verkehr, in den auch Fontanes Bruder, der Verleger von Clara Viebigs früheren Werken, einbezogen wird. Ein Zweizeiler des Verseschmiedes Viebig für Fontanes Poesiealbum spannt den Bogen zum gefeierten Vater:

Ganz nahe ist der Intendant
mit deutscher Poesie verwandt.

Zum Schluss des letzten Bandes seiner Erinnerungen berichtet Ferdinand von den Ereignissen im engeren Familienkreise. Sohn Werner besteht 1903 bei der Königl. Bergakademie die Prüfung zum Bergreferendar. 1906 verlobt er sich mit Hedwig (Hedde) Göring, einer Cousine aus dem Kettwiger Göring-Clan. Im Mai 1907 befindet sich Werner gerade in Berlin beim Assessor-Examen. Da erreicht Ferdinand in Kassel am 11. Mai in einer Depesche seiner Schwester Clara aus Zehlendorf die Nachricht, *dass meine 81jährige Mutter sanft entschlafen sei*. Als Viebigs in Berlin ankommen, hat Werner gerade sein Examen bestanden. Gemeinsam fahren sie nach Zehlendorf, wo die Mutter seit 1905 bei Clara, Fritz und Ernst Cohn in »Claras Haus« wohnte. Seit April wurde sie dort von Marie Holzbaur, der Tochter von Pfarrer Holzbaur gepflegt. Nach dem Tod der Mutter bleibt Marie auch in Zukunft als Haushälterin bei Clara. Am 13. Mai 1907 findet die Beisetzung auf dem idyllischen

Zehlendorfer Waldfriedhof statt. Berliner Domsänger singen ihre Lieblingslieder. Schon bald bedauern Clara und Ferdinand, dass sie ihren Vater nicht nach Zehlendorf umbetten ließen.

Im Juni 1907 findet Werners Trauung in Poppelsdorf statt. Beruflich macht der Herr Bergassessor Viebig schnell Karriere. Er verlässt 1908 den Staatsdienst und wird Betriebsdirektor in einem Industriebetrieb mit einem Gehalt, *wie es der Herr Oberstaatsanwalt niemals gesehen hat.*

Am 2. Juni 1908 wird die Enkelin Elisabeth geboren und am 15. Oktober 1909 der Enkel Jost-Bernd.

Im Laufe der Kasseler Jahre nehmen Ferdinands Gesundheitsstörungen wie Kopfschmerzen, Kreislaufprobleme, Schwindelanfälle und Angststörungen verstärkt zu. Schließlich ist er Ende 1907 nur noch in der Lage, zu Hause zu arbeiten. Im Februar 1908 nimmt er 3 Monate Sanatoriums-Urlaub, kehrt jedoch »ungeheilt« nach Kassel zurück. Danach stellt er den Antrag für einen endgültigen Ruhestand aus dem Justizdienst, der ihm am 1. Januar 1909 mit gleichzeitiger Verleihung des Kronenordens II. Klasse gewährt wird. Mit Claras Geburtstagswunsch *für zunehmende Gesundheit und die Freudigkeit des Geistes, die auch an trüben Tagen die Sonne sieht,* geht er neuen Tagen entgegen.

Die Erinnerungen eines alten Staatsanwalts … müssten eigentlich mit dem 1. Januar 1909, dem Tag meines Austritts aus dem Dienst der Staatanwaltschaft schliessen. In einem Schlusswort will Ferdinand aber *noch eine kleine Nachlese halten, bis ich endlich in den Gonzenheimer Ruhehafen eingelaufen bin.* Nach dem Abschied aus Kassel beginnt er mit seiner Frau eine Kur. Bei einem Herzspezialisten erfährt er endlich die Ursache seiner Leiden: *eine Herzmuskelentzündung, die nicht ausgeheilt und dadurch chronisch geworden ist.* Diese Diagnose bestimmt sein kommendes Ruhestandsleben, sie erfordert ein Umdenken für den künftigen Wohnsitz und Verzicht auf viele Reiseträume. *Jetzt habe ich Zeit und die nötigen Mittel … aber nun fehlt die Kraft und Gesundheit.* Seinen stillen Herzenswunsch, den Rückzug nach Bonn oder Koblenz, muss er nach Henriettes Rat aufgeben: *denn zu nahe ist der allzu große rheinische Bekanntenkreis und zu nahe die vielen engen Verwandten.*

In Homburg vor der Höhe werden sie fündig und kaufen im November 1909 ein ehemaliges Künstlerhaus am Kurpark. Das Haus gehört politisch zur Nachbargemeinde Gonzenheim und erspart den Viebigs daher die hohen Steuern der Kurstadt. Hier hat Ferdinand die Ruhe, seine Lebenserinnerungen zu schreiben und diese an seinem 65. Geburtstag am 17.11. 1912 zu beenden, jetzt endlich als *Königlich Preußischer Staatshämorrhoidarius, wie mein Vater Pensionäre zu nennen liebte.*

Das Schlusswort endet mit dem Worten:

Diese Erde wird sich noch lange drehen ... Was die paar Tage, die mir noch übrig sind, bringen werden, will ich in Ruhe erwarten.

Band V
Mein Sohn
Neue Lebenserinnerungen

Ferdinand hätte nicht gedacht, dass er noch einmal zur Feder greifen müsste. Er fühlt sich aber verpflichtet, das Leben seines Sohnes Werner für dessen Kinder, Liesel (8) und Jost-Bernd (7), festzuhalten. *Ich möchte nur meinem gefallenen Heldensohne, der auf der Höhe des Lebensglückes, im schönsten Mannesalter ... ein Opfer seiner vaterländischen Begeisterung geworden ist, in diesen schlichten Blättern ein dauerndes Denkmal setzen.*

Ferdinand beschreibt den hervorragenden beruflichen Werdegang seines Sohnes bis zum Bergwerksdirektor. Er kann nicht verstehen. dass für ihn die Verteidigung des Vaterlandes wichtiger war als seine Familie und seine berufliche Zukunft. Ferdinand weiß, dass Werner schon immer eine Leidenschaft für Freiluftballonfahrten hatte, und dass er *die Entwicklung und Fortschritte des Flugzeugwesens seit Kriegsbeginn mit Interesse verfolgte.* Ab Januar 1916 ist er in der Feldfliegerabteilung als Beobachter im Einsatz. Ab dem 11. Juli soll er ein Kommando als Verbindungsoffizier erhalten. Einen Tag vorher, auf seinem letzten

Flug, wird er von feindlichen Fliegern mit seinem Kameraden bei Vélu an der Somme abgeschossen und erliegt 38-jährig seinen Verletzungen. Er wird am 17. Juli 1916 auf dem Poppelsdorfer Friedhof in Bonn beerdigt. Über 40 Seiten beschreibt Ferdinand die Trauer der Familie, der Eltern, Anverwandten, seiner Freunde, Arbeitskollegen, Vorgesetzten und Kriegskameraden.

Die Arbeit an diesem 5. Band hat Ferdinand Viebig psychisch und physisch geschwächt, so dass er am 20. Juni in Gonzenheim / Homburg vor der Höhe mit 71 Jahren, wie sein Vater Ernst, stirbt. Er wird in Offenbach / Main eingeäschert und anschließend im Familiengrab auf dem Poppelsdorfer Friedhof in Bonn neben seinen Kindern Elisabeth und Werner beigesetzt.

Wolfgang Merkelbach